"HULIANWANG+"
CHUANGYE SHIXUN
MUST TIXI JIAOCHENG

"互联网+"创业实训 MUST 体系教程

编著\ 刘秀峰　王大将　温长秋

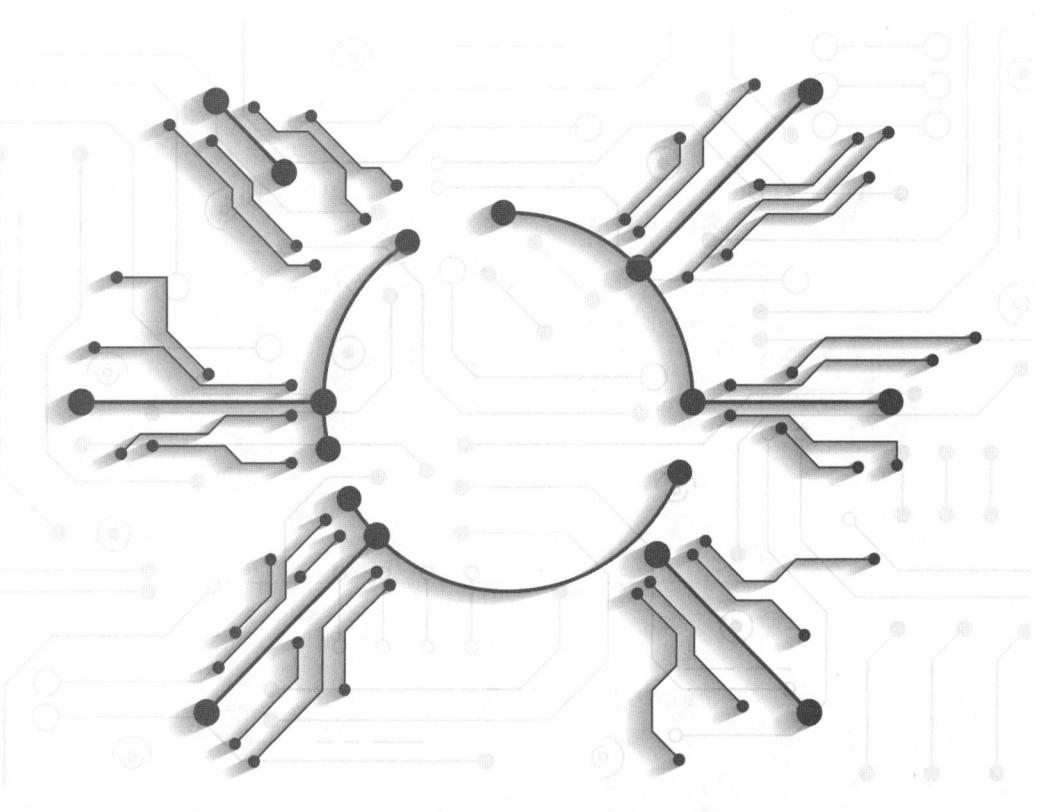

大连理工大学出版社

图书在版编目(CIP)数据

"互联网+"创业实训 MUST 体系教程／刘秀峰，王大将，温长秋编著． -- 大连：大连理工大学出版社，2023.8(2023.8重印)
ISBN 978-7-5685-4447-4

Ⅰ．①互… Ⅱ．①刘… ②王… ③温… Ⅲ．①互联网络－应用－创业－教材 Ⅳ．①F241.4-39

中国国家版本馆 CIP 数据核字(2023)第 105000 号

大连理工大学出版社出版

地址：大连市软件园路 80 号　邮政编码：116023
发行：0411-84708842　邮购：0411-84708943　传真：0411-84701466
E-mail:dutp@dutp.cn　URL:https://www.dutp.cn
大连图腾彩色印刷有限公司印刷　　大连理工大学出版社发行

幅面尺寸：185mm×260mm	印张：15.75	字数：362千字
2023 年 8 月第 1 版		2023 年 8 月第 2 次印刷
责任编辑：王晓历		责任校对：齐　欣
	封面设计：张　莹	

ISBN 978-7-5685-4447-4　　　　　　　　　　　定　价：48.00 元

本书如有印装质量问题，请与我社发行部联系更换。

前言

在经济社会发展"新常态"下,加快推动经济转型与产业结构调整离不开公民创新创业意识的提升,创新创业教育的重要性日益凸显。大学生作为高知识、高素质、高水平的劳动群体,是我国建设创新型国家主要的人力基础,是劳动力群体中创新创业的主力军。因此,加强高校创新创业教育便成为提升全民创新创业意识的重大举措。

随着科技的快速发展,移动互联网和人工智能在很大程度上开阔了大学生的视野,让他们能够用全新的视角去看待问题。在"互联网+"背景下,将互联网技术、移动互联技术与教育融合,对大学生实行以新时代的互联网思维为基础的创新创业培训,能让学生的创业学习不受时间、空间等限制,激发大学生奋发自强的心理和创新求变的意识,通过创业就业实现人生价值。

本书根据国家相关部委关于推进大学生创新创业教育和提升大学生职业创业能力的有关精神,努力吸纳"互联网+"时代下创新创业实践的新成果,试图以"互联网+"视角对新的创新创业教育理念进行科学定位和准确把握。本书结合当前互联网时代的发展热点和大学生需求实际,以市场为导向,以商业应用能力为培养目标,根据"互联网+"创新创业人才培养的特色进行编写。本书介绍了以移动互联网、物联网与云计算、大数据与人工智能等为代表的新一代信息通信技术和"互联网+"企业营销平台的相关知识及技能,设计了"Market 市场"+"User 用户"+"Strategy 策略"+"Training 赛训"四位一体的互联网创业 MUST 培训体系,有助于增强大学生面对未来的商业思维和操作技能,促进大学生创业与就业。

限于水平,书中仍有疏漏和不妥之处,敬请专家和读者批评指正,以使教材日臻完善。

编 者
2023 年 8 月

所有意见和建议请发往:dutpbk@163.com
欢迎访问高教数字化服务平台:https://www.dutp.cn/hep/
联系电话:0411-84708462 84708445

目 录

第1篇 Market 市场(M)

第1章 互联网与新业态 ⋯⋯⋯⋯ 3
1.1 "互联网+"创业故事 ⋯⋯⋯ 3
1.2 "互联网+"概述 ⋯⋯⋯⋯⋯ 7
1.3 互联网+什么？ ⋯⋯⋯⋯⋯ 10

第2章 互联网与互联网新思维 ⋯ 14
2.1 互联网思维概述 ⋯⋯⋯⋯⋯ 14
2.2 互联网思维"独孤九剑" ⋯⋯ 19
2.3 小米互联网思维七字诀 ⋯⋯ 23

2.4 案例应用:用互联网思维解决流浪动物问题 ⋯⋯⋯⋯⋯ 25
2.5 互联网新思维的基础思维 ⋯⋯ 28

第3章 互联网与新的创业机会 ⋯⋯ 32
3.1 创业机会来源 ⋯⋯⋯⋯⋯⋯ 32
3.2 互联网情境下的创业机会来源:创业目的视角 ⋯⋯⋯⋯⋯ 33

第2篇 User 用户(U)

第4章 互联网时代的用户特征 ⋯⋯ 47
4.1 互联网时代的创业故事 ⋯⋯ 47
4.2 Z世代 ⋯⋯⋯⋯⋯⋯⋯⋯⋯ 48
4.3 小镇青年 ⋯⋯⋯⋯⋯⋯⋯⋯ 51
4.4 银发族 ⋯⋯⋯⋯⋯⋯⋯⋯⋯ 57
4.5 创业工具:用户画像 ⋯⋯⋯⋯ 58

第5章 互联网时代的用户需求 ⋯⋯ 61
5.1 主动寻找创业机会 ⋯⋯⋯⋯ 61
5.2 创业工具:观察法(AEIOU法) ⋯ 65
5.3 创业工具:用户旅程图 ⋯⋯⋯ 66
5.4 创业工具:访问法(5W1H,关注广度) ⋯⋯⋯⋯⋯⋯⋯⋯⋯ 70
5.5 创业工具:采访法(5Whys,关注深度) ⋯⋯⋯⋯⋯⋯⋯⋯⋯ 70
5.6 创业工具:同理心地图 ⋯⋯⋯ 70

5.7 以用户为核心:互联网思维的本质 ⋯⋯⋯⋯⋯⋯⋯⋯⋯⋯⋯ 76

第6章 互联网时代与新型用户探索模式 ⋯⋯⋯⋯⋯⋯⋯⋯⋯⋯⋯ 81
6.1 设计思维 ⋯⋯⋯⋯⋯⋯⋯⋯ 81
6.2 从"需求"到"问题描述" ⋯⋯ 87
6.3 创业知识点:创意方案探索的一般过程 ⋯⋯⋯⋯⋯⋯⋯⋯⋯ 89
6.4 价值主张设计画布 ⋯⋯⋯⋯ 96

第7章 互联网时代的用户服务方案 ⋯ 99
7.1 凯文·凯利的1 000位铁杆粉丝理论 ⋯⋯⋯⋯⋯⋯⋯⋯⋯ 99
7.2 美国创业公司获取1 000位粉丝的七种策略 ⋯⋯⋯⋯⋯⋯ 101
7.3 寻找客户的新逻辑 ⋯⋯⋯⋯ 110

  7.4 增长黑客…………………… 115
  7.5 找到目标用户聚集的地方：
     找对池子捞鱼…………… 125

**第8章 互联网与用户价值创造新
    逻辑** …………………… 128
  8.1 你的商品是你的商业模式…… 128
  8.2 价值创造的逻辑……………… 137
  8.3 商业模式画布………………… 139
  8.4 商业模式描述………………… 143
  8.5 商业模式创新………………… 143

  8.6 Johnson 和 Christensen 的
     四要素模型………………… 147
  8.7 创业工具：精益创业画布…… 148

第9章 互联网时代的商业模式匹配 …153
  9.1 "互联网+"商业模式………… 153
  9.2 多边平台式商业模式………… 153
  9.3 长尾式商业模式……………… 157
  9.4 免费式商业模式……………… 159
  9.5 开放式商业模式……………… 164
  9.6 评估商业模式………………… 168

第3篇 Strategy 策略（S）

第10章 互联网时代的营销策略…… 171
  10.1 新的主导：消费者中心时代
     来临………………………… 171
  10.2 内容营销…………………… 173
  10.3 口碑营销…………………… 187
  10.4 社群营销…………………… 191
  10.5 大数据营销………………… 198

第11章 互联网时代的品牌策略…… 203
  11.1 创业故事…………………… 203
  11.2 "互联网+"品牌…………… 207
  11.3 互联网与品牌……………… 211
  11.4 互联网时代品牌的建设
     与传播……………………… 212

第12章 互联网时代的资源策略…… 216
  12.1 认知你的三大资源………… 216

  12.2 从自己所拥有的资源开始
     行动………………………… 218
  12.3 自己就是最大的资源……… 221
  12.4 在行动中拓展资源………… 223
  12.5 "手中鸟"原则与新企业创办… 224
  12.6 "手中鸟"原则与企业增长… 226

第13章 互联网时代的组织策略…… 229
  13.1 创业团队定义……………… 229
  13.2 创业团队角色……………… 229
  13.3 创业团队画布……………… 230
  13.4 创业团队生成……………… 231
  13.5 创业团队类型……………… 232
  13.6 创业团队机制……………… 233
  13.7 股权设计…………………… 235

第4篇 Training 赛训（T）

第14章 "互联网+"赛训 …………… 239
  14.1 商业计划书………………… 239
  14.2 商业计划…………………… 239
  14.3 商业计划书范式…………… 240

  14.4 一份好的商业计划书应该体现
     哪些方面？………………… 241

第15章 路演（工具） ……………… 244

参考文献……………………………………………………………………………… 245

第1篇

Market市场(M)

第1章

互联网与新业态

1.1 "互联网+"创业故事

案例1　　　　600岁故宫"炫"了,让传统文化活起来

华夏五千年文明,留下丰富遗产,一砖一瓦、一撇一捺构筑起中华民族的精神家园。经济社会飞速发展的同时,我们与传统文化却日渐疏离:许多文物尘封,不少非遗沉沦,甚至连汉字都遭遇书写危机。

优秀传统文化如何掸去灰尘,重闪光芒?传统文化如何推陈出新,走近百姓?本版推出系列报道"让传统文化活起来",探寻文化遗产的活化之道。

近600岁的故宫越来越时髦了。故宫微信公众服务号"微故宫"正式上线,鼓励观众"微"服初访。而在不久前举行的"爱上这座城——故宫和小伙伴们的聚会"上,还成立了"紫微星系"粉丝团,他们将为保护故宫文化遗产、宣传故宫文化而努力。

通过微语言、微话题和微故事,"掌上故宫"随时可以逛一逛。

"故宫博物院微信公众服务号恭候你的'微'服初访。""紫禁城这么大,一转身我遇见你,再转身,我怕不见了你,想和你手拉着手,一起数遍那传说中的九千九百九十九。"元旦当天,故宫微信公众服务号上线后推送了第一条信息。通过微语言、微话题和微展览,人们可以随时到"掌上故宫"博物院逛一逛。还可以注册"微故宫伙伴卡"成为会员,参与互动。

此外,故宫博物院官方网站的青少版,用角色扮演和故事模式来丰富交互体验,以此吸引更多的青少年关注故宫世界文化遗产和中国传统文化。曾任故宫博物院院长的单霁翔说:"很多人参观故宫往往在中轴线上走完三大殿就出去了,我们希望展现给大家更多的故事。"

为了对故宫藏品和文化进行推广和普及,故宫博物院不断进行创新尝试。2013年5

月,故宫博物院出品的首个 iPad 应用"胤禛美人图"正式发布,上线后短短一周之内日下载量就超过 2 万次。

中央美术学院国家数字媒体创新设计研究中心主任彦风说:"电子媒介让更多人都能接触到艺术和文化,故宫从红墙里走到了红墙外,不像原来那么保守。我们的博物馆也需要借用多渠道的媒介和技术平台来推广自己。"

巧妙结合艺术珍品与日常生活,文创产品让观众将博物馆"带"在身边。

走进故宫纪念品商店,宫廷娃娃、八旗娃娃、大明潮人……这些 Q 版的文创产品吸引了不少人的注意。目前,故宫博物院开发的特色文化产品已达 5 000 余种,既包括贵金属、器物、雕漆、珐琅等传统类别,也有冰箱贴、玩偶、手机壳等新潮产品。

有业内人士指出,国内的博物馆大多缺乏创意,产品单一,有待更好地发掘博物馆的文化元素,形成更多精彩的创意。

在这个方面,台北"故宫博物院"的经验值得借鉴。据了解,台北"故宫博物院"近些年的文创产品年收入达 8 亿新台币。2013 年,台北"故宫博物院"一款普通的胶带纸因为印上了康熙皇帝的御批手迹"朕知道了"而卖到断货。而馆藏珍品翠玉白菜更是有 200 多种衍生品,类型涵盖了公交卡、项链、挂饰、文具夹等,可谓无所不及。单霁翔说:"这些文创产品巧妙地将高居庙堂的艺术珍品与日常生活用品相结合,走进了寻常百姓家。"

自 2013 年开始,故宫密集地推出了文化创意产品。但相关专家指出,要让这些文创产品深入人心,还需要找准传统和现代的结合点、培养高素质的人才队伍,包括故宫在内的博物馆要做的还有很多。

此外,文创产品也需要好的策划和推广。博物馆不能远离观众,要多举办与人们亲近的活动。台北"故宫博物院"曾推出衍生文创商品设计竞赛,还特别为参赛者举办了"国宝美学解析讲座""设计创想营"等,以增进参赛者对院藏文物内涵及创意化潜力的理解。衍生品是博物馆知识消费的延伸,专家表示,希望在未来有更多的观众能够心满意足地将"博物馆带在身边"。

资料来源:600 岁故宫"炫"了(让传统文化活起来).中国文明网(来源:人民日报).2014-01-02.

案例 2　　宠物狗,为什么能当完美日记新品"代言人"?

某日,"Never 和妹妹打起来了"赫然出现在热搜榜,部分围观群众看到后十分疑惑:Never 是谁? 妹妹又是谁? 它们为什么要打架?

其实,Never 和妹妹都是某知名主播李某的宠物狗。因频频在李某直播间出现,受到很多人喜爱,其早已成为"小网红",不仅能上热搜,甚至还接起了广告。

李某宠物狗接到美妆代言

完美日记发布了两款新品眼影盘:一款名为小狗盘,另一款名为小猫盘。

眼尖的网友很快便发现,小狗盘上那位可爱的"模特",正是李某的爱宠 Never!

随后,李某在直播间证实了该消息,表示很高兴 Never 能和完美日记合作,Never 出镜拍摄的所有"代言费"都将捐赠给北京爱它动物保护公益基金会,希望能帮助那些需要帮助的小动物。

没想到,Never 还是位热心公益的"女明星"呢!

据李某介绍,小狗盘共有 12 个颜色,分别对应 Never 的 12 种不同情绪:无辜、活力、热情、好奇、不安、害羞、温柔……

2020 年 2 月 25 日 0 时,小狗盘在李某直播间全网首发,数秒之内,15 万盘眼影便被一抢而空。

部分消费者表示,没想到自己有一天会成为 Never 的氪金粉。

Never 为什么能当"代言人"?

在人们的固有认知里,"代言"是一个与"明星"有直接关联度的词。找流量艺人代言的案例在品牌圈屡见不鲜,但找小狗代言的品牌还真不多见。

完美日记为什么会盯上 Never?Never 又是怎么从一只可爱的小狗变成有人设的"代言人"的呢?

关于这个问题,我们或许可以从"品牌商为什么要找代言人"的角度去思考一下。

大多数企业不惜花重金,也要邀请顶级流量艺人给自家产品代言,无非就两个原因:一为流量,二为销量。

品牌商希望能借助明星的天然流量提高产品的知名度,进而带动销量增长。

Never 作为一只"名犬",有自己的粉丝,具有引流带货能力。完美日记邀请 Never 作为新产品的封面模特,虽是意料之外,但细想其实也在情理之中。

近两年,越来越多的品牌商将营销视野放宽,不再只盯着那几位流量艺人。

百雀羚曾牵手二次元歌手"洛天依",推出联名款面膜,引起强烈反响。虽然百雀羚并未公布最终销量,但那一年的"双 11",其是美妆类交易额的品牌第一名。

类似的案例还有很多。

2019 年 7 月,屈臣氏公布自创品牌首位虚拟代言人"屈晨曦 Wilson"。得益于人工智能技术,"屈晨曦 Wilson"不仅能歌善舞,还可以与消费者进行沟通、交流。

就连以爱"割韭菜"而闻名营销圈的肯德基,也盯上了"虚拟偶像",跨界推出虚拟恋爱游戏"我爱你,桑德斯上校!吮指回味般的恋爱游戏"。

显然,传统的代言模式已经难以满足当下的市场需求,于是我们看到越来越多的品牌商开始绞尽脑汁想出新花样。

狗狗代言人也好,虚拟偶像也罢,都是品牌商在现今营销行情下的一种尝试和探索。

接下来,我们说不定还能见到"猫咪代言人""兔兔代言人""小猪代言人"……

一切皆有可能。

资料来源:李某的狗,为什么能当完美日记新品"代言人"?.品牌透视网.2020-02-26.

案例 3　无人智慧酒店来袭　又一个被科技改变的领域

继无人商超之后,无人化的概念在酒店行业也悄然兴起。得益于人工智能、智能家居、物联网等技术的发展,酒店行业迎来了智慧升级,当前,在深圳、杭州、成都等城市已陆续有主打无人智慧概念的"另类"酒店入驻城市街角。刷脸入住,手机开门,语音操控客房电视、灯光、空调、窗帘等，这些在传统酒店需要工作人员协助服务或手动操控的流程如今都可以基于智能酒店系统自助或自主完成，这些科技元素也成为无人酒店的"吸粉"利器。

和共享经济时期的共享睡眠仓所打造的无人值守概念不同的是，新兴起的无人智慧酒店是在传统商务或经济型酒店的原本框架之上，添加了新的科技元素，如人脸识别、智能客房控制系统、智能门锁等，这么做的好处主要有两个方面：一方面可带给用户智能、便捷、高效的入住体验；另一方面也可为酒店方在人力方面节省大幅支出。

酒店实现无人化其实就是通过各种技术手段来替代传统酒店中需要工作人员完成的一系列流程，包括入住办理、房卡分发、客房服务、退房手续办理等环节。在成都、杭州、深圳等地入驻的无人智慧酒店当中，通过人脸识别办理入住以及客房全部采用智能中控系统是两大比较典型的创新技术应用。

人脸识别办理入住登记

智慧酒店与传统酒店最大的区别在于它不设置前台，客人在办理入住时，可以在自助入住机上全程自助办理。客人只需要用微信扫一扫自助机上的入住办理二维码（或者输入订单号，针对以前预定的用户），读取身份证信息，唤起人脸识别，人证比对校验会同步到酒店管理系统，获取房间号及房间开锁密码，验证成功后即完成了入住登记，整个过程不超过1分钟。

智能门锁用手机开门

入住办理完成后，不用拿房卡而是通过手机来开门。目前，也有酒店可以基于智能门锁系统实现"人脸识别+GPS""指纹+GPS""刷身份证"三种方式开门，构建更牢固的安全防线。

智能客房控制系统

前面刷脸入住和手机开门只是无人智慧酒店的"开胃菜"，而真正决定住宿体验的是客房服务的质量，包括客房环境、配套设备、清洁服务等。那么，在无人化的条件下，这些该如何保障？

在已有的方案中，主要有两种方式：

一种是基于全自动感应式。进房后，灯光、电视、空调自动开启，当系统感应到住客已进入休息或睡觉状态时，将自动关闭照明灯光、降低电视音量，将空调调整为最适宜的温度。

另一种是通过智能客房系统控制。用户可通过系统平台自主控制房间内灯光、窗帘、电视、空调等设备的开关状态、亮度以及温度等。在杭州落地的一家无人智慧酒店，用户还可以和房间内的智能音箱互动，通过语音来实现对房间内窗帘、灯光、设备的控制。房间内还设定了几种特色模式：观影模式下，窗帘会自动关闭，开启柔光，观影光源可让你体验家庭影院的感觉；睡眠模式下，房间进入无光源状态，窗帘自动关闭；起夜模式下，起身后，地面感应到压力，会自动亮起地灯。

这些应用场景想必大家在智能家居领域也有所见闻和体验，而今伴随着无人智慧酒店的兴起，也吸引了更多用户的关注。在激烈的行业市场竞争之下，传统酒店向智慧酒店升级是必然的趋势，而在这样的趋势之下，智能客房控制系统的入驻也将走向普及化，这对于酒店本身的智能化管理、提升用户的住宿体验而言，都是不错的选择。

在请求打扫房间环节,用户仍然可以通过客房控制系统来"下单"操作,系统会将需要清扫房间的信息发给酒店清洁人员,清洁人员接单后去相应房间打扫。

在最后退房环节,用户同样只需在手机上操作一键退房、付房费即可。因为智慧酒店体系是以信用体系来建设的,所以不设置押金收取,可一键退房。

不设置前台和服务人员,对于一些习惯了传统服务模式的用户来说,可能还需要时间来适应。无人智慧酒店的出现,其实是智能化技术对传统酒店行业的启示。科技改变生活,作为消费者,我们将会有前所未有的体验!

资料来源:无人智慧酒店来袭　又一个被科技改变的领域.搜狐网.2018-03-20.

创业练习:你所知道的"互联网+"创业项目

1.2 "互联网+"概述

案例　两位年轻人的互联网创业故事

近年来,"互联网+"成为潮流,由此引发的新业态和新模式层出不穷。在"大众创业、万众创新"的大潮下,凭着对互联网新技术的敏感和青春的激情,越来越多的年轻人加入互联网创业大军。

不论是城市还是乡村,"触网"不仅为农业等传统产业带来新理念,也为年轻人开辟出做事、创业的新空间。

"流量小生"的乡村致富经

土鸡蛋、客家米酒、腐竹……近日,一场助农直播活动在江西定南县岭北镇圩镇举行。"一个圩镇过往的人流量不过数百,但直播平台一上线,很快就吸引了4 000多个买家,'土产品'瞬间成了'走俏货'。"直播平台负责人李良华说道。

85后李良华是定南县鸡卿寨生态蛋鸡专业合作社理事长和"季实庄园"品牌创始人。从一个创业"愣头青"到如今的电商创业领头羊、全国农村致富带头人、全国乡村振兴青年先锋,他用11年的时间成为当地农产品互联网销售的"流量小生"。

关于"触网",李良华坦言是被逼出来的。"要让消费者相信你的土鸡、土蛋,想卖出好价,就必须让他们'眼见为实'。"李良华创立联合共享品牌"季实庄园",升级并优化VI系统、官网分销系统和云直播溯源系统,采用O2O模式全程监控、直播土鸡生长过程,打造了可视化的农业销售模式,让消费者身临其境地感受到农业生产的火热。

如何持续吸引消费者?有了"触网"经验的李良华开始瞄准"流量"市场。从开设淘宝、京东店铺,到开发"季实庄园"农产品销售小程序,再到现在抖音、快手、腾讯等平台直播,曾经网店静态的销售方式,已发展为直播动态销售模式,如今他的网上直播平台已拥有30万粉丝。

2017年,借"网"致富的李良华被聘为岭北镇政府扶贫顾问,他的生态蛋鸡专业合作社已有员工100多人,带动100多户土鸡养殖农户增收。他还积极指导农户和贫困户进行网上销售,并帮助贫困户直播带货,助力消费扶贫。

"利用互联网技术的渗透性、融合性,整合产销链资源,'合作社+品牌+农户'模式将使农户抱团发展。"李良华表示,"下一步,合作社将进一步深耕'互联网+'经营模式,积极引进零下196℃的液氮速冻保鲜技术,开发生鲜鸡肉产品,破解电商销售过程中的物流难题,让更多农民'触网',增收致富。"

"汉服达人"的文化复兴梦

在"十步汉飐"汉服体验馆里,90后汉服造型师韩爽每天都要给来体验汉服的人设计造型,有结婚20周年的夫妇来拍结婚纪念照,有年龄加一起超过80岁的闺蜜来拍写真,还有毕业前的大学生专门来拍照留念。

从事汉服造型师之前,韩爽曾是一名西班牙语翻译员和国家认证金融理财师,还是微博等平台的旅行博主。韩爽表示:"在旅游中,我看到许多游客都把穿和服体验当作去日本旅行的固定打卡项目。在韩国,穿传统服装游览一些景点甚至可以免门票。"热爱汉服和传统文化的韩爽由此萌生了创业的想法,并创立了"十步汉飐"汉服体验馆。

作为一名新生代创业者,韩爽希望通过互联网传播,让汉服与世界产生更多联系,让更多年轻人加入传播汉服文化的潮流中来。

创业的艰辛超出韩爽的想象。从创业想法萌芽、制订方案、寻找合伙人、选址、拿着方案找了不下100个投资人谈融资,到店面成功试营业,韩爽都一手操办。

不少人以为汉服仅指汉代服饰,实际上汉服是汉民族的传统服饰,从黄帝时期至明末共有4 000多年的历史。为更好地复兴汉服文化,韩爽紧跟当下热点潮流,仿照流行影视作品《长安十二时辰》《花木兰》等进行造型,用现代的时尚感,演绎不一样的传统文化。

如今,"十步汉飐"品牌已小有名气,在线上了解产品、预约体验的消费者稳步增长。全国首家汉服室内实景体验自拍馆也应运而生。汉服体验和消费日益成为潮流。美团点评统计数据显示,目前汉服体验消费者以95后居多,占比超过3成;新生消费力量00后占比达13%。汉服体验消费者中也不乏60后的身影。

"活在过去的是文物,走上街头的才是潮酷。"韩爽说,"自己做汉服体验馆的目的不是让人们回到过去,而是让汉服来到现代人的生活当中。"在传播汉服文化的路上,韩爽乐在其中,并决定在汉服造型师的新职业之路上继续探索。

资料来源:李慧.两位年轻人的互联网创业故事.光明日报.2020-09-25.

一、"互联网+"是什么?

"互联网+"代表着一种新的经济形态,它指的是依托互联网信息技术实现互联网与传统产业的联合,以优化生产要素、更新业务体系、重构商业模式等途径来完成经济转型和升级。"互联网+"计划的目的在于充分发挥互联网的优势,将互联网与传统产业深入融合,以产业升级提升经济生产力,最后实现社会财富的增加。

"互联网+"概念的中心词是互联网,它是"互联网+"计划的出发点。"互联网+"计划具体可通过两个层次的内容来表述。一方面,可以将"互联网+"概念中的文字"互联网"

与符号"+"分开理解。符号"+"意为加号,代表着添加与联合。这表明了"互联网+"计划的应用范围为互联网与其他传统产业,它是针对不同产业间发展的一项新计划,应用手段则是通过互联网与传统产业进行联合和深入融合的方式。另一方面,"互联网+"作为一个整体概念,其深层意义是通过传统产业的互联网化完成产业升级。互联网将开放、平等、互动等网络特性在传统产业中应用,通过大数据的分析与整合,试图理清供求关系,通过改造传统产业的生产方式、产业结构等内容,来增强经济发展动力,提升效益,从而促进国民经济健康有序的发展。

二、"互联网+"的历程

一般认为,1994年是中国互联网发展的元年。数据显示,截至2018年6月30日,我国网民规模达8.02亿,互联网普及率为57.7%。

中国互联网的发展历程大致可以分为以下几个阶段:

(1)1994—2000年:从四大门户网站到搜索引擎。

(2)2001—2009年:从搜索引擎到社交化网络。

(3)2010年至今:移动互联网和自媒体平台。

每一个阶段都涌现出了大量的符合或顺应当时趋势的互联网公司,但同时也有很多比较水的公司,其中也不乏一些上市公司。

如果以时间为维度将中国互联网30余年发展进行划分,主要分为三个阶段。

第一阶段,是以Web1.0为特征的20世纪90年代。此间,人民网、新华网、网易、搜狐、新浪等问世,门户时代正式开启。

1999年7月,中华网在美国纳斯达克上市,此后越来越多的国际投资机构将目光转向中国。2000年,新浪、网易、搜狐均在美国上市,门户时代成为中国互联网的启蒙阶段。

第二阶段,以Web 2.0为特征的21世纪初始年代。各种桌面应用软件兴起,互联网的可能性被深度开发。2000年左右,三大门户网站刚在美国上市便迎来全球互联网泡沫破灭。大浪淘沙之后,中国互联网公司开始探寻细分市场。

腾讯便是较早嗅到行业潮流的先行者。1998年11月公司成立时,腾讯主打的就是通信工具OICQ,2000年软件更名为QQ;1999年创立的阿里巴巴开始深耕电商;2000年1月创立的百度着力打造搜索引擎,如今的BAT(百度、阿里巴巴、腾讯)都成长于这个阶段。正是这一阶段,互联网走进千家万户,它的五彩缤纷被充分挖掘并呈现在人们面前。

第三阶段,是以移动互联网为特性的当下。近年来,在4G通信技术的强力支撑下,智能化设备全面普及,接入互联网的门槛大幅降低,微信、移动支付、手机健身、网络租车、移动视频、移动阅读……海量应用覆盖了百姓生活的方方面面,小米科技、今日头条等一批公司因此诞生。移动互联网以其泛在、连接、智能、普惠等突出优势,有力推动了互联网和实体经济深度融合,成为创新发展新领域、公共服务新平台、信息分享新渠道。

30余年的创新发展,互联网成为推动我国经济发展的重要动力之一。中国互联网从无起步,从"跟随者"变成不少领域的"引领者"。互联网和科技迅速结合,对我国经济发展方式产生了深远影响。数字经济带来了产业技术的变革,提升了企业竞争力,促进了经济结构的转型。尤其5G通信技术,更是开启了互联网发展的新篇章,拓展了新应用,还将不断催生新业态。

1.3 互联网+什么?

"互联网+"成了时下最热门的词语,谁要是不加一下,就感觉跟不上潮流了。

有一个形象的比喻,"坦克装上翅膀未必是飞机,坦克就是坦克,只有飞机和坦克完全地结合,才能有未来"。"互联网+"当然也不是简单的"互联网+传统产业",而是利用移动互联网、大数据、云计算等技术,让互联网与传统行业深度融合,创造出新的发展业态。传统产业与互联网相结合,不仅要进行要素重组,而且要产生一系列"化学反应"。

在第二次工业革命中,电力的广泛应用,使得工业从"蒸汽时代"进入"电气时代",新技术的兴起、新能源的应用、新的通信手段和交通工具的发明,让众多行业发生天翻地覆的变化。互联网和传统产业的融合,也要像电力之于第二次工业革命那样,催生出一系列的裂变。

穿越历史的云层,再来观察眼下的世界,就会另有一番体味:德国依靠雄厚的制造业基础,推行"工业4.0"战略;美国立足先进的信息技术,实施"工业互联网"战略;而中国则提出"互联网+"计划。德国和美国的战略,都是强调互联网与实体的连接,形成更具效率、更加智能的生产系统。

在中国,"互联网+"首先要从技术依赖比较弱的领域开始突破。这些领域往往具有如下特征:市场化程度较高,比如零售、餐饮、物流等行业;大量刚需得不到满足,老百姓不满意的行业,比如医疗、教育、城市交通等。而在真正核心的工业生产部门,"互联网+"的突破还不是很明显。

其原因主要是:第一,中国互联网的核心技术与发达国家相比尚有一定差距,传统工业的信息化程度相对较低;第二,一些领域的垄断和封闭,使得互联网进入成本非常高;第三,中国的优势在于大量的市场需求,只要是刚需没被满足的地方,谁进入都能迅速成功。

"互联网+"取得突破依赖于两点:一是技术,二是政策。技术的重要性无须赘述,互联网目前所取得的成绩,大都依赖于此。"互联网+"要改造传统产业的生产方式,同样必须依靠技术突破。在各路资本的"重赏"之下,只要发挥好市场的作用,技术一定能取得突破。而需要引起重视的,是政策的突破。

既然"互联网+"是对现有传统产业的改造,必然会打破现有的利益格局,一切固化既得利益格局的政策都会成为"互联网+"的障碍。比如:打车软件普及,对现有的出租车管理体制提出了挑战,如果政策上没有突破,互联网对这一行业的改造,很可能就会停留在增加消费者便利的层面,很难产生真正的颠覆;互联网对医疗的改造,如果没有政策的突破,也只能停留在预约挂号、数据检测等方面,很难实现真正的移动医疗、智能医疗;一些家电厂商推出的"内容+硬件"的商业模式,如果没有内容生产的开放,便难以真正重建价值链。

互联网时代实现了更高效的人人交流、更广泛的物物连接、无壁垒的信息传递,通过技术、模式和思维的创新,正逐步向各行各业渗透。

"万物互联",即互联网可以加任何东西。

"互联网+"就是"互联网+某个垂直产业"。

比如：

- 淘宝＝互联网+商品买卖
- 美团＝互联网+外卖
- 微信＝互联网+通信/社交
- 共享自行车＝互联网+短途出行

互联网的本质就是一种连接,是一个工具;"互联网+"实际上就是原有产业的升级版本,是原有产业的另外一种表现形式;通过"互联网+"的模式,可以提升原有产业的工作效率,降低产业成本,以及让原有产业突破其局限性。

"+互联网"一般来说是："某个垂直产业+互联网"。

"+互联网"实际上是产业互联网,即所有产业都将数字化,通过数字之间的流动,让企业、人、设备三者达到一个最优的平衡。

举个例子：

- 试衣服+VR模特

消费者不用去试衣间试衣服了,在天猫App上就可以建立自己的VR模特,点一下屏幕就能换一件衣服。

- 日常工作+钉钉

线上办公成为新的办公形式,协同文档使办公的效率更高、更快。

- 生产+智能制造平台

原料补给、生产情况监控、产能计算全部实现智能化。

所有的行业都可以通过"互联网"焕发新的活力。"传统产业+互联网"的形式,从某些方面来说,可以降低传统产业的生产成本,合理调控产能,通过人们认可的形式展现出来。

"互联网+"和"+互联网"如果一定要区别的话。孰轻孰重,以"+"为界限,"+"前面比后面更为重要。

"互联网+"侧重点是在"互联网本身"。

"+互联网"侧重点则是在"产业本身"。这时候互联网是一个协助的工具,是一种渠道。

"互联网+"既是一个发展战略级的概念,又是生态学上的发展规律或总纲。前者用于指导当前全行业的升级与转型,后者则以此来定义互联网的发展规律,是对互联网发展的一个总结,也是对全部基于互联网发展的各行业的概括。而无论人们对"互联网+"有怎样的解读,最终"互联网+"要解决的都是服务于人,因为"互联网+"主要是解决传统产业转型、升级的问题,全产业升级的主要目的则是为人类的生存、发展创造更好的环境。从这个角度来看,"互联网+"最终"+"的是人。

"互联网+"伴随互联网而生

凡是能改变人们生活习惯的,都将会带给人类足够大的进步,火是这样,四大发明是这样,蒸汽机是这样,电也是这样,互联网更是这样。如果说前几者让人类从原始社会走向现代文明,互联网则是把现代人类带进浩瀚无际的高科技文明。互联网正在高速融入千家万户,当人们做一道菜或者有点儿小病都要到网上查一查的时候,说明互联网已经成为影响大众生活习惯的一种渠道。

"无处不在"意味着足够大的商机,互联网首先改变了人们的生活习惯;接着就带来了各种各样基于互联网的商业模式,有的是将线下搬到线上的转变模式,还有的是纯互联网模式,但这些公司无疑都是借助互联网来实现其公司的运营及盈利。如果细看,就会发现所有的互联网公司都有传统产业商业模式的缩影,都有一种"互联网+传统产业"的痕迹在里面。譬如:"互联网+新闻"形成门户网站,"互联网+银行"产生支付宝及余额宝,"互联网+生活服务"造就了58同城及赶集网,"互联网+医疗"实现了移动医疗。

还有更多的例子这里不再列举,这些例子足以表明"互联网+"一直是整个互联网行业的常态,这种常态在移动互联网兴起以后变得更为清晰,美甲O2O、美发O2O及家政O2O等一大波传统手工业凭借微信及自搭的App成长起来,"互联网+"成为这些创业型公司的显著标签。

"互联网+"最终"+"的还是人

物联网表面是万物互联,其实它是大数据、互联网、智能硬件、可穿戴、智能制造的集合体。智能硬件能解决什么?举一个简单的例子,北京的家用电表基本实现了智能化,没有电费的情况下通过网络充电费,不出十分钟就能完成并显示到电表上,足不出户就能完成充电费。看似非常小的一个进步,却改变了几十年的交电费习惯。

虽然大中型城市现在已经实现了家用电表智能化,但三、四线城市还没有完全实现,等到县乡地区也实现家家智能电表,这将是一个非常大的市场,仅仅设备、施工、维护、服务这些方面就能创造成千上万的就业职位及上亿的财富。这只是用电市场的一个小点,电力产业更不用说,其他行业也可以此类推。但是这中间,若是没有互联网就无法实现简单的充电费,这是一个典型的"互联网+电力公司"的应用场景案例。

也就是说,"互联网+"不只是改造传统行业那么简单,它已经与大众生活息息相关,只不过以前的表现是隐形的。譬如,智能电表是国家一直在推动的"智慧城市"计划的产物,也可以归到智能家电的范畴,大众一般不清楚,也不需要搞清楚,只要能便捷地享受"互联网+电力公司"带来的智能电表就可以了。这个例子,可以看作是"互联网+电力公司",同时也可以看作是"互联网+行业",更是"互联网+城市",而无论"互联网+什么",最终"互联网+"的还是人,是以"互联网+各领域"服务人类为最终目标的。

互联网+人,+物,+物物

2015中国(深圳)IT领袖峰会上,杨元庆曾总结了互联网应用的三个阶段,即"人人互联网、物物互联网和业业互联网"。这个总结很形象,但后两者缺少人的属性。没有了人的主导,未来的互联网同样没有价值,因为互联网本身就是为人类服务的,即便到了"机器人遍地、人类大脑都嵌入芯片"的几个世纪以后,将来万事万物互联,物与物的连接再智能,仍旧离不开人类的设计,人类大脑的使用领域也会不断提升,人始终会是互联网衍生的各种形态的主导。

对于"互联网+"而言,从人的角度来看,"互联网+"要加什么?首先,"互联网+人"改变人类的生活习惯,提供更好的生活服务;其次,"互联网+物"让人们通过互联网来控制万物,甚至是动植物的生长过程。至于"互联网+物物",人类将会以更高级的生命意识出现在这个生态中,以至于整个生态看不到人类的影子,就如电影《超体》中大脑100%应用以后,人类的生命已经不用通过生物体而存在一样,每个人都成为神一样的存在。

"互联网+"实施以后,最终要实现的就是不断地改变人们的生存环境。而在改变的过程中,各种商业模式、新的生产装备以及新的职业也让人们不断地升级。

各种行业无论通过什么途径实现"互联网+"的转型升级,最终都会像人们使用智能电表充电费一样解决各行业的问题,"互联网+"即物有所值。

知识点: "互联网+"国家战略

2013年11月,腾讯CEO马化腾首次提出"互联网+",希望"互联网+"这种生态战略能够成为国家战略。

2015年3月,李克强在《政府工作报告》中制订了"互联网+"行动计划,进一步推动移动互联网、云计算、大数据、物联网等与现代制造业相结合,促进电子商务、工业互联网和互联网金融健康发展,引导互联网企业拓展国际市场。

2015年5月至10月,教育部会同国家发展和改革委员会、工业和信息化部、人力资源和社会保障部、共青团中央和吉林省人民政府,举办了首届中国"互联网+"大学生创新创业大赛。

创业训练: 探索未知

还有哪些领域(行业、环节、服务等)是互联网没有突破的?

第2章

互联网与互联网新思维

2.1 互联网思维概述

案例1　　雷军：我是这样逐步理解互联网

我在2022年8月11日的小米发布会上，正式发布了《小米创业思考》，这是我的首部商业思考作品。这本书源自我们在小米十周年时的深入复盘总结，包含小米创办前后的思考，以及小米创业历程、小米方法论和一些实战案例。

让我很欣喜的是，这本书发布后，有很多关心我们的朋友们阅读了这本书，并和我通过不同的方式就他们的理解和思考进行了交流，给了我很大的启发。

接下来一段时间，我会挑选并精简关键的章节和内容，通过微信公众号分享给大家。如果大家希望了解所有的细节，也欢迎阅读书籍原文。

今天我首先想跟大家分享的是小米方法论，即"七字诀"：专注、极致、口碑、快，其总结和认知的缘起——我对于互联网理解的来龙去脉和推演过程，包括我三十多年来的探索、思考和两版迭代得出的结论。以下内容来自《小米创业思考》的前言和第二部分《小米方法论》的相关章节。

我理解的互联网

这是一本复盘之书，核心内容来自小米十周年的总结。2020年上半年，我和同事们花了大约半年时间，对小米创业历程进行了深入思考与讨论，形成了一系列结论。

我的职业生涯经历了30多年的沉浮摔打，从最初学生时代的创业尝试，到开发通用软件、电商、游戏，再到做移动互联网工具、云服务、消费电子硬件、IoT（物联网）智能设备等，直到2021年进入智能电动汽车行业。就像我年轻时听过的鲍勃·迪伦的歌里说的那样，"答案在风中飘荡"。一路求索，关于商业思考，不同时期的答案一直在我的脑海中回响飘荡。

商业的目的是什么,如何让商业实现最大化的现实意义?我的答案是:效率。它能给更多的人带来最大化的美好幸福感。

小米自创立至今,12年的时间只干了一件事:用互联网的思维和方法,改造传统制造业,实践、丰富"互联网+制造",推动商业社会的效率革命,以实现最大化的用户利益和社会经济运转效率。

12年前出发时,我和我的同事们对制造一知半解,我们手中有的,只是一套叫作"互联网思维"的工具。但我依然相信,我们一定有机会实现我们的梦想,因为我相信互联网。

互联网作为技术工具,没有善恶对错,但互联网理想、精神和方法,从互联网出现的第一天开始,就是为了高效、透明、公平和普惠。

所谓互联网精神,并不独见于狭义的互联网行业,也远不止今天我们所常见、熟悉、直观的基于互联网的应用。有人说,如今已进入互联网的下半场,我并不甚赞同。在我看来,互联网终于脱离了幼儿期,开始走向青春期,真正走入苍茫人世,为所有人、所有事赋能。

我始终坚信,互联网应该是尊重人的,而不是束缚人的;互联网应该是解放生产力的,是推动思维和技术发展的动力,而不是以邻为壑的割裂藩篱;互联网应该不断推动开放与共享,而不是简单零和竞争的数字鸿沟;互联网应该是社会整体财富的耕耘者,而不应该只是流量、财富的吸纳者和分配者。

所以,互联网应该成为公共服务,透明服务于人,方法公布于众,数据属于用户,在充分授权和保护的前提下,商业世界和公共服务的参与者可享、可用、可管理。其中的关键是,发挥互联网的信息汇集带宽、交互反馈快捷,以及数字化可追溯、可管理、可统筹的优势,积极与实体经济结合,真正担负起推动经济均衡持续发展、实现民众幸福感最大化的职责。只有这样,互联网才不仅是被动使用的数字工具,更是真正的数字化发展引擎。

从2005年开始,这些思考在我脑中不断盘旋,渐渐形成了创办小米的基础方法和实践指导。在十多年的探索中,这些思考和实践被逐步打磨,初步形成了一整套方法论的雏形。站在中国制造业数十年筚路蓝缕的厚重积累之上,乘着中国改革开放不断深化、经济建设开始起飞的时代大潮,经过不断实践完善,这套方法论也渐渐开始在"互联网+制造"领域取得进展。

这是我的第一本关于商业思考的书。我不是经济学家,也不是商业理论学者,所以并不会写一本理论化的书。作为一个工程师,也作为一个创业者,我想尝试总结并分享我们基于小米创业历程的思考,以及对这些思考进行改进、完善的方法。这些思考一定不完美,甚至还非常简陋;这些思考也一定不是商业进步和模式创新的唯一的解。

但我相信,对于很多创业者和企业管理者而言,其中的不少方法和思考会有一点借鉴、适用的价值。同时,我希望通过这本书,能够跟所有的小米同事、米粉朋友、合作伙伴,以及支持"小米模式"的朋友,做一次集中的分享和探讨。

这本书里的内容绝非我一个人的思考,很大程度上,这是一部小米创始人团队、管理层和很多小米同事的集体作品,在这里,我要向他们致以诚挚的感谢。

小米还非常年轻,小米的创业思考也才起步。这本书更多的是对小米过去12年的总结,面对未来,我们还有很多问题需要继续思考、继续实践。我期待小米能够成为一家百年企业,更相信小米创业过程中思考的模式和方法,其价值将远大过于小米本身,其影响也将比小米本身更深远。

我对互联网思维的理解

那么小米基于互联网思维的这套方法论是怎么来的呢?从20世纪末开始,到创办小米前,我一直在进行从互联网到移动互联网的探索和思考。其间,经历过创办卓越网到最后卖掉的痛苦,经历过金山软件进行全面互联网化的尝试,也经历过移动互联网投资的试水探索。

在经过十几年的思考和两版迭代,我将互联网思维的关键词抽取出来,总结为"七字诀":专注、极致、口碑、快。这个版本是从互联网行业中提炼出来再抽象,它的核心表达为"效率",体现为"信任"。

"七字诀"对于我的思维模式以及后续创办小米的历程,都起到了决定性的作用。即使是今天,它仍然指导着小米的运营,对公司有着极其深远的影响。

2004年不得不卖掉卓越网之后,我足足想了半年多,我才觉得自己对互联网有了一点点感觉。这个门道是什么呢?其实说起来很简单:互联网是一种观念!互联网其实不只是技术,更是一种观念,是一种方法论,抓住这种方法论就能把握住互联网的精髓。

当时我做了一些初步的总结:

1.互联网首先是工具,未来不存在所谓的互联网公司。

2.互联网是一次观念的革命,只有改变观念,才能跟上互联网时代。

再接着细细琢磨,就得出了以下的结论:

1.开放和合作是互联网公司成功的关键。互联网首先是一张无边无际的网,每个人都是节点,互联是互联网成功最关键的要素之一。任何封闭式的业务模式都会遇到很大的挑战。

2.互联网公司最厉害的是靠机器赚钱。一旦完成产品研发,用户量达到一定的规模,只要开着服务器就可以赚钱了。到了这个阶段,产品研发推广的边际成本为零,服务器带宽成本逐年下降,毛利率自然就上来了,业务增长速度也比较快。而且,机器是7×24小时工作的,当然运维人员要全天候确保运营质量。

3.口碑营销和网盟是互联网公司营销的核心。互联网公司直接面对所有用户,好产品仅靠口口相传就能成功。与拥有用户的其他互联网公司结盟推广,也是有效的推广模式。

4.互联网公司管理相对容易。首先,业务、内部运作系统高度IT化,这一点和传统公司非常不同;其次,很容易推动量化管理;最后,对人的依赖性并不高,很容易做知识管理,系统自动记录了大部分人的工作,人员流动对企业影响比较小。

5.互联网公司靠提供服务来挣钱,而软件公司靠卖产品挣钱,这种模式决定了软件公司的业务不容易持续稳定增长。一定要从卖产品的模式转向卖服务的模式。

6.互联网的关键就是快。互联网产品的模式就是研发人员和用户一起开发产品,有阶段性成果就先推出去,听取用户反馈,按用户意见去修改。

7. 未来10年的热点是移动互联网,手机上网是一种必然趋势。

想清楚了这些,我做了两件事情。

1. 从2005年初,我开始在金山内部发布全面转型互联网的动员令,至今金山的业务几乎全部来自互联网。

2. 2006年年初,我毫不犹豫地投身移动互联网行业,比如投资了乐讯(当时移动互联网最大的社区)和UCWeb等,并亲自出任UCWeb董事长,为移动互联网行业摇旗呐喊。这些都是我深思后的决定。

2007年,历经8年努力,从A股到港股,再到美股,最后回到港股,金山终于上市了,但在上市之后,我却意兴阑珊。如果说金山是一个通用软件在极端不利的环境下,用最极致的努力去苦苦寻求生存和发展的空间,那么,从通用软件到互联网,我上大学时那个做一家全球知名的伟大公司的梦在哪里?如何才能真正用技术、用互联网去改变人们的生活,同时被人们所需要。这些问题,我依然没有答案,于是,我决定辞职,就此离开了金山。

这当然是一种巨大的痛苦。深爱的地方却无法成为梦想应许之地。在互联网的"前现代",先是一个看客,后来成为一个苦苦挣扎的模仿者、追赶者,这并不是我的追求。所以,我离开了金山,重新思考,未来在哪里,互联网的本质和它在下一个时代可以做到的事。

如果从今天回望,我甚至有些感激,因为那个时候的失意,让我提前走向了互联网的下一个时代。

互联网"七字诀":专注、极致、口碑、快

互联网的本质是什么呢?要回答这个问题,我们首先应该回到语境的源头。

剖开来看,我们常说的互联网有几重意义:

- 作为技术基础建设的互联网:互联网操作系统、互联网协议,以及它背后的信息通信技术等。
- 作为应用的互联网:即时通信、社交平台、媒体内容、生活服务、电子商务等。
- 作为价值取向的互联网:高效、透明、公平、普惠的文化和沟通、实现方法。

基于这些思考,我对互联网的理解就是,互联网是一种工具,也是一种价值取向,更是社会意识的形成机制和社会生产新的组织机制、发展模式。它最大的价值在于广泛推动人与机构彼此赋能,从而推动信息传递、沟通,以及生产和消费的效率提升。

互联网最美好的地方,就是它可以赋能产业、赋能组织、赋能我们每一个人。当一个人连接上网络,他可以随意获取全世界的信息,也可以向全世界贡献他的能力,而不受空间和时间的限制。

这些赋能是高效的,任何一个人都能迅速联系他想联系的人和机构,获取他所需的信息;任何一个服务提供者都能快速联系到他的每一个用户,而且同样快速准确地获得每一个用户的反馈。信息传递速率之快,环节之短,传递面之广,都是之前无法想象的。

这些赋能是普惠的、公平的,任何人都能获取信息,平等地表达意见。在这个时代,单个个体能获得的知识和信息是空前的,信息差也前所未有的小。比如,如今在B站上,几乎能找到各种人们感兴趣的教程,可以随时学习各种知识,有时候我也会在那里学习一下年轻人的潮流文化。

这些赋能是低成本的。互联网是先予后取、厚予薄取，是一种"小费模式"，就是"用了觉得好，心甘情愿付点钱"。比如，我经常提起的美国零售渠道开市客（Costco），它毛利率极低，几乎是单纯靠会员费赚钱的。2017年时小米就讨论过会员费，但当时服务还没有让我们完全满意，同时我们还有互联网变现的模型，就没有操之过急。我期待，小米能够尽快达成我们理想的、骄傲的综合服务能力，那时小米才会开启会员费这项业务。

这些赋能还是跨领域的、面向未来的。比如，谷歌AlphaGo的启示与埃隆·马斯克的一系列商业产品实验，正在从互联网的方法论、技术基础和对社会经济运行方式的引导，甚至对人的认知开拓等诸多方面，揭示出新的时代已经来临。

其实仔细观察思考就会发现，在某种意义上，互联网思维并不是互联网原创的思维，却在互联网时代得到了显著认知，赢得了巨大的、普适的验证。

比如，边际成本递减，早已被大工业生产所应用和验证；免费，它的基本原理和交叉补贴方式等在剃刀生意等领域中早已被应用（详见《免费》一书）；注意力经济，在广告传媒兴起过程中，早已形成成熟的理论，甚至安迪·沃霍尔在互联网真正普及之前，就对互联网时代的传媒特点做出精确预言：每个人都能成名15分钟。

而且，越是在大工业生产能力强盛、标准化程度高、数据驱动、巨大市场，互联网越能体现出巨大的效率优势和创新推动力。

就像物理学家们追求的统一论，从互联网到所有行业，也在试图寻找一套方法来统括"互联网思维"的总结表达。从1997年到2007年，10年时间，我先后几次深思，终于得出了对互联网思维的思考总结，为了让大家深刻理解互联网，我把互联网关键词抽出来，就有了"七字诀"的原型。这个总结先后有两版。

第一版：互联、全天候、快速。

因为是互联网，所以互联非常关键。互联是互联网业务必须考虑的最关键的因素，就是说要考虑如何整合上下游，如何整合更多的推广资源；全天候，传统的业务是5×8小时工作的，而互联网则是7×24小时工作，能确保任何时候业务能正常运行；快速，更是互联网的精髓，必须快速开发、快速推广、业务快速成长等，反应速度一定要比传统业务快10倍，才能有更大的发展机会。

这一版的思考诞生于卖掉卓越网前后。"互联、全天候、快速"是基于狭义互联网的表征，如果更加深入地进行淬炼，就得到了更新一版的总结。

第二版：专注、极致、口碑、快。

专注、极致、口碑、快，就是我总结的互联网"七字诀"，也是我对互联网思维的高度概括。在接下来的公众号文章中，我将逐一拆解这四个词语的含义，以及它们是如何指导着小米不断迭代、进化的？

资料来源：雷军：我是这样逐步理解互联网. 雷军微信公众号. 2022年11月.

案例2　两个讲话

"我觉得互联网思维这个词完全是错误的，这应该是互联网的个别企业为自己贴金的一种说法,不存在互联网思维"。

——2014年1月,冬季达沃斯论坛　王健林

"所有系统必须要检讨,是否真正具备互联网思维。在这个时代,如果你们不用互联网思维、新的方式去做,可能就要落伍,就要被淘汰,即使房地产也要有互联网思维"。

——2014年9月,万达电商研讨会　王健林

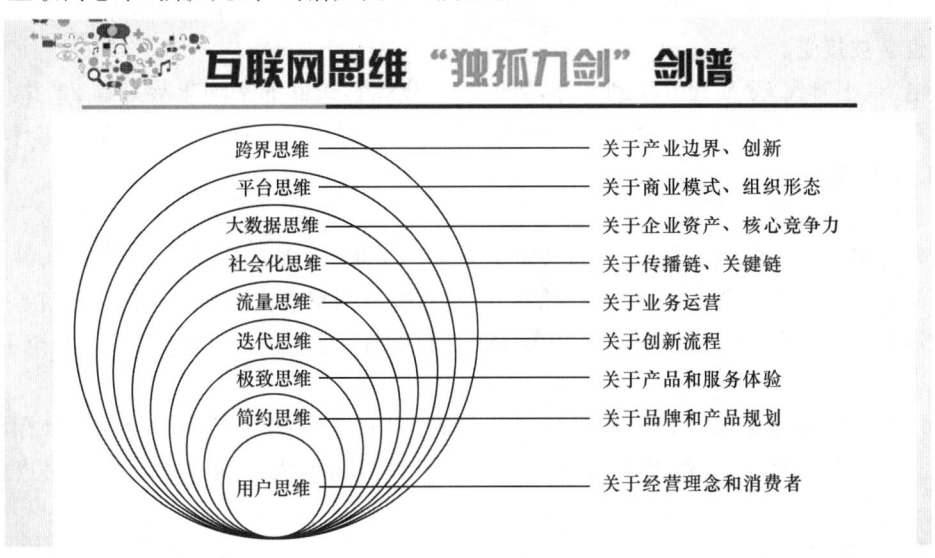

2.2　互联网思维"独孤九剑"

互联网思维"独孤九剑"剑谱如图 2-1 所示。

互联网思维"独孤九剑"剑谱

| 跨界思维 —— 关于产业边界、创新 |
| 平台思维 —— 关于商业模式、组织形态 |
| 大数据思维 —— 关于企业资产、核心竞争力 |
| 社会化思维 —— 关于传播链、关键链 |
| 流量思维 —— 关于业务运营 |
| 迭代思维 —— 关于创新流程 |
| 极致思维 —— 关于产品和服务体验 |
| 简约思维 —— 关于品牌和产品规划 |
| 用户思维 —— 关于经营理念和消费者 |

图 2-1　互联网思维"独孤九剑"剑谱

互联网思维"独孤九剑"

互联网思维的定义:在(移动)互联网、大数据、云计算等科技不断发展的背景下,对市场、对用户、对产品、对企业价值链乃至对整个商业生态进行重新审视的思考方式。

"独孤九剑"是华山派剑宗风清扬的武林绝学,强调"无招胜有招",重在剑意,与互联网思维有异曲同工之妙,也意味着互联网思维将像"独孤九剑"破解天下各派武功一样,去重塑及颠覆各类传统行业。

1. 用户思维

"独孤九剑"第一招是总诀式,第一招学不会,后面的招式就很难领悟,互联网思维也一样。互联网思维的第一个,也是最重要的,就是用户思维。用户思维,是指在价值链各个环节中都要"以用户为中心"去考虑问题。

作为厂商,必须从整个价值链的各个环节,建立起"以用户为中心"的企业文化,只有深度理解用户需求才能赖以生存。没有认同就没有合同。

这里面有几个法则:

法则1:得"草根"者得天下

成功的互联网产品大多抓住了"草根一族"的需求。当你的产品不能让用户成为产品的一部分,不能和他们连接在一起,你的产品必然是失败的。QQ、百度、淘宝、微信、小米,无一不是携"草根"以成霸业。

法则2:兜售参与感

一种情况是按需定制,厂商提供满足用户个性化需求的产品即可,如海尔的定制化冰箱;另一种情况是在用户的参与中去优化产品,如淘品牌"七格格",每次的新品上市,都会把设计的款式放到其管理的粉丝群组里,让粉丝投票,这些粉丝决定了最终的潮流趋势,自然也会为这些产品买单。

让用户参与品牌传播,便是粉丝经济。我们的品牌需要的是粉丝,而不只是用户,因为用户远没有粉丝那么忠诚。粉丝是最优质的目标消费者,一旦注入感情因素,有缺陷的产品也会被接受。

电影《小时代》豆瓣评分不到5分,但这个电影观影人群的平均年龄只有22岁,这些粉丝正是其导演的富矿。正因为有大量的粉丝,《小时代1》《小时代2》才创造出累计超过7亿的票房神话。

法则3:体验至上

好的用户体验应该从细节开始,并贯穿于每一个细节,能够让用户有所感知,并且这种感知要超出用户预期,给用户带来惊喜,贯穿品牌与消费者沟通的整个链条,说白了,就是让消费者一直爽。微信新版本对公众号的折叠处理,就是很典型的"用户体验至上"的选择。

用户思维体系涵盖了最经典的品牌营销的"Who-What-How"模型:Who,目标消费者——"草根";What,消费者需求——兜售参与感;How,怎样实现——全程用户体验至上。

2. 简约思维

在信息爆炸的互联网时代,用户的耐心越来越不足,所以,必须在短时间内抓住他!

法则4:专注,少即是多

苹果就是典型的例子,1997年苹果接近破产,乔布斯回归,砍掉了70%产品线,重点开发4款产品,使得苹果扭亏为盈,起死回生。即使到了5S中文状态,苹果也只有5款产品。

品牌定位要专注,给消费者一个选择你的理由,一个就足够。

一个网络鲜花品牌RoseOnly,它的品牌定位是高端人群,买花者需要与收花者身份证号绑定,且每人只能绑定一次,意味着"一生只爱一人"。2013年2月上线,8月份就做到了月销售额近1 000万元。

大道至简,越简单的东西越容易传播,越难做。专注才有力量,才能做到极致。尤其在创业时期,做不到专注,就可能生存不下去。

法则5:简约即是美

在产品设计方面,要做减法。外观要简洁,内在的操作流程要简化。

3. 极致思维

极致思维,就是把产品、服务和用户体验做到极致,超越用户预期。

法则 6：打造让用户尖叫的产品

用极限思维打造极致的产品。方法论有三条：第一，需求要抓得准（痛点、痒点或兴奋点）；第二，自己要逼得狠（做到自己能力的极限）；第三，管理要盯得紧（得产品者得天下）。一切产业皆媒体，在这个社会化媒体时代，好产品自然会形成口碑传播。

尖叫，意味着必须把产品做到极致；极致，就是超越用户想象！

法则 7：服务即营销

阿芙精油是知名的淘宝品牌，有两个小细节可以看出其对服务体验的极致追求：(1)客服 24 小时轮流上班，使用 Thinkpad 小红帽笔记本工作，因为使用这种电脑切换窗口更加便捷，可以让消费者少等几秒钟；(2)设有"CSO"，即首席惊喜官，每天在用户留言中寻找潜在的推销员或专家，找到之后会给对方寄出包裹，为这个可能的"意见领袖"制造惊喜。

4. 迭代思维

"敏捷开发"是互联网产品开发的典型方法论，是一种以人为核心，迭代、循序渐进的开发方法，允许有所不足，不断试错，在持续迭代中完善产品。

这里面有两个点，一个是"微"，一个是"快"。

法则 8：小处着眼，微创新

"微"，要从细微的用户需求入手，贴近用户心理，在用户参与和反馈中逐步改进。可能你觉得是一个不起眼的点，但是用户可能觉得很重要。360 安全卫士当年只是一个安全防护产品，后来也成了新兴的互联网巨头。

法则 9：精益创业，快速迭代

"天下武功，唯快不破"，只有快速地对消费者需求做出反应，产品才更容易贴近消费者。Zynga 游戏公司每周对游戏进行数次更新，小米 MIUI 系统坚持每周迭代，就连雕爷牛腩的菜单也是每月更新。

这里的迭代思维，对传统企业而言，更侧重在迭代的意识，意味着我们必须要及时乃至实时关注消费者需求，把握消费者需求的变化。

5. 流量思维

流量意味着体量，体量意味着分量。"目光聚集之处，金钱必将追随"，流量即金钱，流量即入口，流量的价值不必多言。

法则 10：免费是为了更好地收费

互联网产品大多用免费策略极力争取用户、锁定用户。当年的 360 安全卫士，用免费杀毒入侵杀毒软件市场，一时间搅得天翻地覆，回头再看看，安装卡巴斯基、瑞星等杀毒软件的电脑可能没几台了。

"免费是最昂贵的"，不是所有的企业都能选择免费策略，这要因产品、资源、时机而定。

法则 11：坚持到质变的"临界点"

任何一个互联网产品，只要用户活跃数量达到一定程度，就会开始产生质变，从而带来商机或价值。QQ 若没有当年的坚持，也不可能有今天的规模。注意力经济时代，先把流量做上去，才有机会思考后面的问题，否则连生存的机会都没有。

6. 社会化思维

社会化商业的核心是网,公司面对的客户以网的形式存在,这将改变企业生产、销售、营销等整个形态。

法则 12:利用好社会化媒体

有一个做智能手表的品牌,通过 10 条微信,近 100 个微信群讨论,3 千多人转发,11 小时预订售出 18 698 只 T-Watch 智能手表,订单金额达 900 多万元。

这就是微信朋友圈社会化营销的魅力。有一点要记住,口碑营销不是自说自话,一定是站在用户的角度,以用户的方式和用户沟通。

法则 13:众包协作

众包是以"蜂群思维"和层级架构为核心的互联网协作模式,维基百科就是典型的众包产品。传统企业要思考如何利用外脑,不用招募,便可"天下贤才入吾彀中"。

InnoCentive 网站创立于 2001 年,已经成为化学和生物领域的重要研发供求网络平台。该公司引入"创新中心"的模式,把公司外部的创新比例从原来的 15% 提高到 50%,研发能力提高了 60%。

小米手机在研发中让用户深度参与,实际上也是一种众包模式。

7. 大数据思维

大数据思维,是指对大数据的认识,对企业资产、关键竞争要素的理解。

法则 14:小企业也要有大数据

用户在网络上一般会产生信息、行为、关系三个层面的数据,这些数据的沉淀,有助于企业进行预测和决策。一切皆可被数据化,企业必须构建自己的大数据平台,小企业也要有大数据。

法则 15:你的用户是每个人

在互联网和大数据时代,企业的营销策略应该针对个性化用户做精准营销。

银泰网上线后,打通了线下实体店和线上的会员账号,在百货中心和购物中心铺设免费 Wi-Fi。当一位已注册账号的客人进入实体店时,他的手机连接上 Wi-Fi,他与银泰的所有互动记录会一一在后台呈现,银泰就能据此分析消费者的购物喜好。这样做的最终目的是实现商品和库存的可视化,并达到与用户之间的沟通。

8. 平台思维

互联网的平台思维就是开放、共享、共赢的思维。平台思维最有可能成就产业巨头。全球最大的 100 家企业里,有 60 家企业的主要收入来自平台商业模式。

法则 16:打造多方共赢的生态圈

平台思维的精髓,在于打造一个多主体共赢互利的生态圈。

将来的平台之争,一定是生态圈之间的竞争。百度、阿里巴巴、腾讯三大互联网巨头围绕搜索、电商、社交各自构筑了强大的产业生态,所以后来者(如 360)其实是很难撼动的。

法则 17:善用现有平台

当你不具备构建生态型平台实力的时候,那就要思考怎样利用现有的平台。

有人说:"假设我是 90 后重新创业,前面有个阿里巴巴,有个腾讯,我不会跟它挑战,心不能太大。"

法则18:让企业成为员工的平台

互联网巨头的组织变革,都是围绕着如何打造内部"平台型组织",包括阿里巴巴25个事业部的分拆、腾讯6大事业群的调整,都旨在发挥内部组织的平台化作用。海尔将8万多人分为2 000个自主经营体,让员工成为真正的"创业者",让每个人成为自己的CEO。

内部平台化就是要变成自组织而不是他组织。他组织永远听命于别人,自组织是自己来创新。

9. 跨界思维

随着互联网和新科技的发展,很多产业的边界变得模糊,互联网企业的触角已无处不在,如零售、图书、金融、电信、娱乐、交通、媒体等。

法则19:携"用户"以令诸侯

这些互联网企业,为什么能够参与乃至赢得跨界竞争?答案就是:用户!

它们一方面掌握着用户数据,另一方面又具备用户思维,自然能够携"用户"以令诸侯。阿里巴巴、腾讯相继申办银行,小米做手机、电视,都是这样的道理。

未来十年,是中国商业领域大变革的时代,一旦用户的生活方式发生根本性的变化,来不及变革的企业,必定遭遇劫数!

法则20:用互联网思维,大胆颠覆式创新

一个真正厉害的人一定是一个跨界的人,能够同时在科技和人文的交汇点上找到自己的坐标。一个真正厉害的企业,一定是手握用户和数据资源,敢于跨界创新的组织。

李彦宏指出:"互联网产业最大的机会在于发挥自身的网络优势、技术优势、管理优势等,去提升、改造线下的传统产业,改变原有的产业发展节奏,建立起新的游戏规则。"

以上便是互联网思维"独孤九剑"。

今天看一个企业有没有潜力,就要看它离互联网有多远,能够真正用互联网思维重构的企业,才可能真正赢得未来。

美图秀秀蔡文胜说:"未来属于那些传统产业里懂互联网的人,而不是那些懂互联网但不懂传统产业的人。"

金山网络傅盛说:"产业机会属于敢于用互联网向传统行业发起进攻的互联网人。"

未来一定是属于既能深刻理解传统产业的本质,又具有互联网思维的人。不管你是来自传统行业还是互联网领域,未来一定属于这种O2O"两栖人才"。

2.3 小米互联网思维七字诀

小米互联网思维七字诀如图2-2所示。

专注:解决用户一个迫切的需求,解决的问题一句话就可以说清楚。

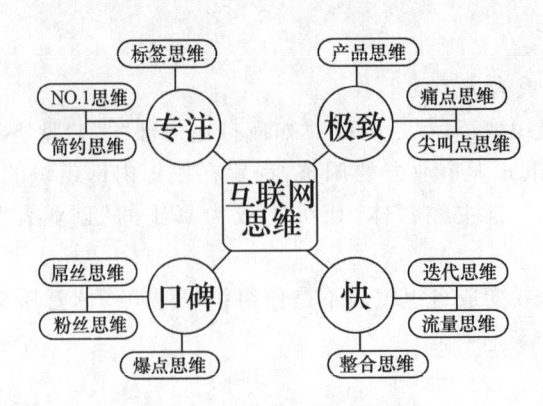

图 2-2 小米互联网思维"七字诀"

第一,一个明确而且用户迫切需要的产品,很容易找到明确的用户群。这样,产品研发出来后,不容易走偏。

第二,选择的用户需求要有一定的普遍性,这决定了产品的未来市场前景。

第三,解决的问题少,开发速度快,也容易控制初期的研发成本和风险。

第四,解决问题明确的产品,容易跟用户说清楚,推广也会相对简单。

极致:要在各个功能上做到所有同类产品的极致,做到最好才能赢。

极致是互联网产品的核心,只有极致才能获得用户的口碑,形成口口相传的效应,给后期的推广带来很大的便利。

专注才能做到极致,做到极致才能击败竞争对手。

快:开发周期一定要控制在三到六个月,一定要快。

互联网时代,用户需求变化比较快,而且竞争也比较激烈,快速开发,容易适应整个市场的节奏,并且节约成本。

用户试用过程中,如果发现问题,反应速度更要快,尽快改善、尽快更新。初期,要保持在一两周的更新速度。

口碑:初期市场营销坚持少花钱甚至不花钱,才能看出产品对用户真正的吸引力。

产品完成后,不要着急,先坚持在小规模的用户群中试用,听听用户反馈。

如果立刻大规模的推广会带来下面两个问题:

· 首先投入大量市场费用后,用户期望值很高,如果产品不完善,就容易引起负面的口碑,为以后的推广留下隐患。

· 其次大规模市场推广得到的测试效果不准确。如果产品不完善,甚至需求选择有问题,会被数字掩盖。当推广费用停止后,用户量不增长甚至下滑,再改就来不及了。

过去几年,成功的互联网创业公司其实在市场营销上花的钱都非常少,但这些公司在市场营销上花的精力并不少。

刚开始最重要的推广技巧是搜索引擎优化和病毒式营销。

一次完美的互联网创业,最好是技术、产品高手搭配的两三人创业,三到六个月内完成产品,再用半年到一年的时间测试、完善产品,达到初步成功的门槛,再寻求融资,探索成功的商业模式,然后投入大量的市场资源推广,形成规模化业务。

初步成功的标准,不同的业务要求不同。

一个简单的标准(供参考),就是产品推出半年到一年时间,网站页面超过一百万PV,或者客户端产品日净增安装量1万次,而且用户数还在持续增长。达成这个目标之后,需要琢磨的事情,就是在保持增长速度的同时,如何探索好的商业模式。

2.4 案例应用:用互联网思维解决流浪动物问题

大多数人拿到这道题就直接开始作答,给出一个自以为很完美的答案。通过调研20多名校招生,其中有2名学生在校招时真的被问到过这道题。

针对这道题,95%的同学都会这么回答:我可以做一个平台,大家可以随手为流浪小动物拍照并上传,其他人有领养需求的时候可以在平台上找,用领养代替购买,这样流浪小动物就会越来越少。

如果你觉得这个答案的思路没错,恭喜你,你拿到了和他们一样的"面试死亡号码牌"。为什么这个答案是"死亡答案"呢?先来看10个问题:

- 为什么要做这个平台?
- 想解决流浪动物什么问题?
- 这个平台的目标用户是谁?
- 你满足了目标用户什么需求?
- 他们为什么要用你的平台?
- 他们什么情况下会用?
- 上传和领取直接的运作流程怎么跑通?
- 你的方案能解决多少流浪动物问题?
- 这种解决方案的运维成本有多高?
- 方案的哪个环节体现了互联网思维?

思路1:以"用户思维"去思考

确定要解决的问题。

我们先思考两个问题:(1)流浪动物为什么存在?(2)流浪动物带来了哪些问题?

人和猫狗本身是共生关系,有些猫狗被主人遗弃了,还有些猫狗和主人走散了,于是它们就成了流浪动物。流浪动物会继续繁衍,带来更多的流浪动物,同时丢失和遗弃现象还仍然存在。

流浪动物越来越多,带来的问题也越来越多,我们在提出解决方案之前,就必须要清楚它们面临着怎样的问题,哪些是我们可以解决的。

对同类而言:同伴们被捕杀,没有生存空间也没有足够的食物,一旦感染疾病就只能等死。对人类而言:它们身上可能携带各种病毒,人类可能会被携带病毒的动物咬伤,晚上还会被动物带来的噪声影响休息。对社会而言:它们繁衍快、流动性强,有些还具有一定的攻击性,收治和管理的成本极高,而且大量、分散的流浪动物对公共卫生、城市风貌也会造成负面影响。从更大的层面来看,它们的存在也打乱了人和动物共生的秩序。

设计解决方案分四步:用户—场景—需求—方案,简单来说就是:谁?在什么情况下?遇见了什么问题?有什么解决办法?

提问:北京市流浪动物收容中心近日频繁接到用户投诉,多个小区呈现流浪猫泛滥的情况,夜晚的吵闹已经严重影响居民休息,希望收容所可以收治这些流浪猫。然而收容所的数量和空间是有限的,无法同时解决这么多流浪猫,希望有爱心人士可以来收养一些。针对这个应该怎么办?

回答:假设问题是"希望有人收养某些小区的流浪猫狗",首先定义"爱心人士"的画像,也就是谁会在这个时间收养一只流浪猫狗;其次分析什么因素会影响他们的收养行为,比如品种、动物年龄、健康状态;再次让各个小区整理上传流浪猫狗资料,分别打上标签(品种/年龄/健康),在公众号上以图文形式发布;最后让各个小区的居委会转发给小区居民,实行就近领养原则。

以上的回答就运用了互联网思维中的"用户思维"(图 2-3),先圈定好有需求的人,并针对这类人群可能会产生的顾虑提前做好解决方案(标记年龄、品种、健康状态等),供爱心人士选择,从而解决"流浪动物领养问题"。

选择用公众号发布的形式体现了"简约思维"和"精益创业思维"。互联网信息时代是信息爆炸的时代,用户筛选信息的成本高且耐心不足,短时间快速上线"产品",可以在最短的时间内快速抓住用户,实现供需交易。

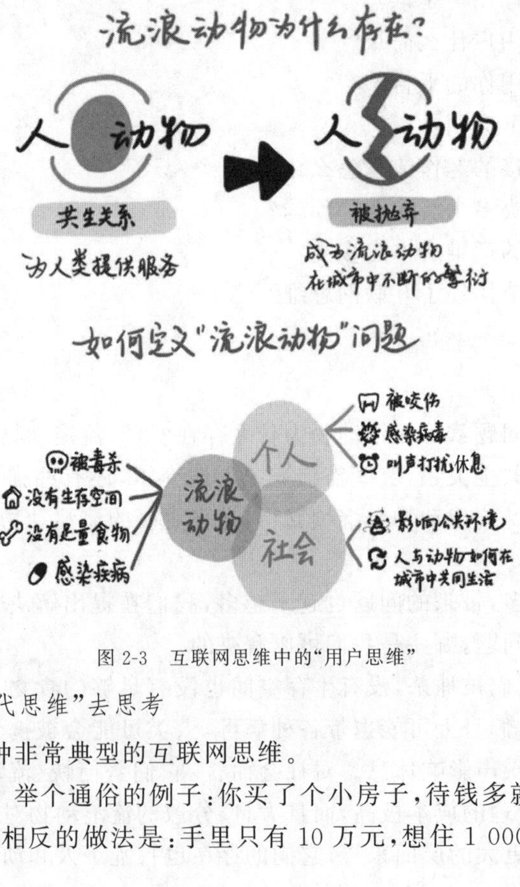

图 2-3 互联网思维中的"用户思维"

思路 2:用"迭代思维"去思考

迭代思维也是一种非常典型的互联网思维。

何为迭代思维呢?举个通俗的例子:你买了个小房子,待钱多就换个大房子,再有钱再换大一点;迭代思维相反的做法是:手里只有 10 万元,想住 1 000 万元的房子,东拼西凑付了首付从此过上还债的一生。

迭代思维的核心是:随着不断的优化和提升,品质越来越好,而不是一口吃个大胖子。和我们平时做事一样,不可能一步登天,但可以每次都比上次更好一点。

这道题如何利用迭代思维呢?针对流浪动物这个问题,可以分五步去思考:

第一步:存在什么问题;第二步:现有的解决方案;第三步:解决什么问题;第四步:存在的问题;第五步:可优化的空间和方案。

通过五步法,发现现有解决方案的不足,并针对这些不足给出优化、迭代方案。

第一步:存在什么问题

流浪动物繁衍快、分布广,对公共卫生影响大;动物收容所能力有限,还有大量的流浪动物未被收治,只能处以安乐死。此举缺少人道主义精神,引发很多爱猫、爱狗人士的抗议。那么问题就是:爱心人士不希望看到小动物病死、饿死或安乐死。

第二步:现有的解决方案

爱心人士在网络上发起公益项目。比如宠物救助众筹平台,可以众筹资金给流浪动物购买粮食和生活用品,还可以建立流浪动物救助中心和收容所,安置无家可归的小动物。现有的解决方案:民间平台众筹。

第三步:解决什么问题

解决部分流浪动物生存环境差、生病和饥饿等问题。

第四步:存在的问题

- 由各地爱心人士发起,信息较为分散;
- 非官方信息,真假难辨;
- 志愿者少且分散,缺乏统一行动管理经验,动物救助成本高;
- 缺乏稳定持续的捐款支持,部分救助站无法继续经营。

第五步:可优化的空间和方案

官方平台:和政府慈善部门合作或由地方政府直接建立"流浪动物管理平台",平台上可发布募捐渠道和信息、可上报流浪动物信息、还可进行领养及物品捐赠。

数据收集:利用 AI 技术,建立流浪动物数据库,实现跟踪、定位并上传至平台,类似于"随手拍照解救乞讨动物",方便主人找回遗失宠物。

信息透明:平台统一管理动物收容信息,从募捐到领养所有信息保持透明公开,可以看到全国各地流浪动物问题的解决情况以及物资分配情况,实现信息对称。

资源分配:可以利用数据查看流浪动物聚集密度,重新分配捐赠资源,类似于南水北调,将资源分配给人们不易关注到的地区。

节约成本:接受二手养猫、养狗设备的捐赠,降低捐款和养护设备的购买成本。

团结就是力量:由爱心人士担任各地区的志愿者,帮忙协调资源分配、组织爱猫爱狗行动以及收集并整理当地的流浪猫狗信息(拍照、品种分类、位置信息等)。

资料来源:AI_大师兄.腾讯 2018 校招真题:用互联网思维解决流浪动物问题.人人都是产品经理网.2019-06-16.

2.5 互联网新思维的基础思维

互联网新思维的基础思维如图 2-4 至图 2-7 所示。

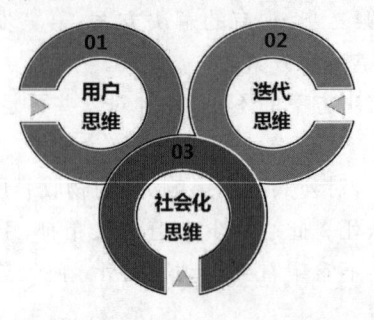

图 2-4 互联网新思维

互联网新思维-1：用户思维

用户思维是互联网思维的核心，是指在价值链各个环节中都要"以用户为中心"去考虑问题。

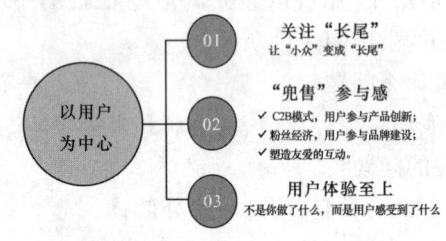

图 2-5 互联网新思维：用户思维

互联网新思维-2：迭代思维

迭代思维，即从小处着眼进行微创新，以多次迭代的方式创造出符合用户需求的产品。

图 2-6 互联网新思维：迭代思维

互联网新思维-3：社会化思维

社会化思维，即组织利用社会化工具、社会化媒体和社会化网络，重塑企业和用户的沟通关系，以及组织管理和商业运作模式的思维方式。

图 2-7 互联网新思维：社会化思维

创业工具：KANO 模型（图 2-8）

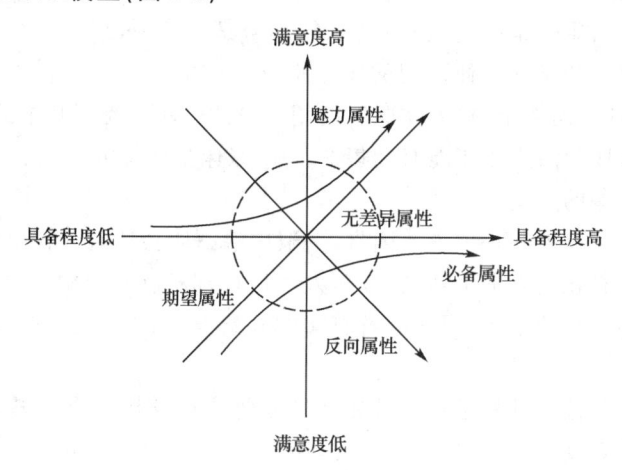

图 2-8　KANO 模型

如何将这个简单又优雅的模型应用到民宿产品的用户体验设计中呢？

将 KANO 模型应用到民宿行业中，根据需求具备程度和用户满意度将民宿的用户体验设计要素同样分为 5 类属性：

1. 必备属性

第一类是必备属性，指一个产品或者一项服务必须符合它的价值定位，如果没有满足最基本的需求，用户一定会不满意的，但是当你满足了也并不一定会加分。这便提醒我们要从自身价值定位出发去满足用户的需求。

民宿本质上是为用户提供住宿服务的，所以我们把民宿的睡觉设施和卫浴设施列为必备属性。

如果你的床和卫浴设施达不到干净舒适的基本诉求。那么你的民宿即使再有设计感，再有情怀，用户也会非常不满意的。

因为你的用户体验设计中，连用户的必备属性都无法满足。试想：对一个出行的用户来说不能在一张舒适的床上休息，洗不了一个舒服的热水澡，他还会选择再来第二次吗？

2. 期望属性

第二类是期望属性，这类需求和用户满意度是成正比关系的，指的是满足了这类需求用户就会更加满意，反之用户的满意度也会显著下降。

在这类属性的驱使下，值得我们去为用户提供超预期的服务和产品，你做得越好，用户的感知和满意度就会越高，要从多方面挖掘和探索用户的期望，然后尽力满足这些要素。

这里，列举了三个在民宿中可以归为期望属性的要素：

其一是洗浴用品的选用。

一般中档及以上的精品酒店和民宿会有明显区别，他们会选择高品质的小众轻奢洗浴用品或者比较有质感的自有产品。

比如，亚朵酒店的洗浴用品都选用阿芙的产品，它带给用户的品牌认知感很强烈，用户会直接地形成一种感性认知："这是一家讲究生活品质的酒店"。

其二是床垫的选用。

床垫和床品的品质既是必备属性(要求干净舒适),也是期望属性(品质明显高于家用)。比如,亚朵酒店和汉庭优佳选用的床垫都是 7 000 元左右的金可儿床垫,感官体验显而易见,钱花在期望属性上,重视体验感的用户自然也能感受到其中的品质差异。这也就不难理解为什么亚朵酒店去年能有销售 30 000 张床垫的惊人成绩。

其三是淋浴设备的选用。

这是很多民宿会忽视的一项重要因素,一般中端酒店会达到 5 秒出热水的服务标准。然而很多民宿却没有在这点上下功夫,很多人经历过那种在价格高于中端酒店的民宿热水器的水一直热不起来的绝望,那一刻看着又大又豪华的浴室,用户的内心是崩溃的。

3. 魅力属性

第三类是魅力属性。其是指不会被顾客过分期望的需求,如果不提供此产品或服务,不会降低用户的满意度,一旦提供此类属性,用户满意度则会大幅提升。

比如,海底捞等位的时候,可以做美甲,这就是一个超预期的魅力属性。

魅力属性在很多民宿设计中被无限放大和重视,市面上许多民宿老板把过多的精力放在了魅力属性上,但是决定产品定位的必备属性和期望属性无法与之匹配。

比如,很多民宿花大价钱做海景房、湖景房、买昂贵的家具,以对标几千块的安缦酒店,但实际的服务品质却连中端的亚朵酒店都比不上,可是成本太高价格又降不下去,把自己卡在一个性价比不高的位置上,终日门庭冷清。

因此,在做魅力属性的设计时要遵循的原则是"花小钱办大事儿",即花一个相对比较合理的预算去做一些有创意的亮点出来。

比如,厦门的 oneday 民宿,它家楼顶的一个打卡点其实就是一件大衣服,上面写了一些浪漫的文字,就是这样的设计,很多人都愿意为之买单。

有时候民宿最大的问题不是缺乏魅力属性,如果消耗大量财力去一味地博眼球,反而走了弯路。在魅力属性这块,我们要保持理智,正确的做法应当是克制,花小钱办大事,把钱花在刀刃上,用创意打造几个"人无我有"的差异化竞争点就足够亮眼了。

4. 反向属性

第四类是反向属性。这是指用户根本没有此需求,企业却提供了引起用户低水平满意甚至强烈不满的产品,用户满意度直线下降。

比如,一些景点民宿过度依赖二次消费带来的返佣,不惜做出伤害用户的行为。

在灵隐寺附近的一家民宿,老板时常会向顾客推荐一家网红咖啡厅,但咖啡品质极其差劲,可想而知,这家网红咖啡厅是靠多少托才塑造出的假象。至此,顾客对这家民宿的信任度也会降到零。

无独有偶,在丽江、西塘有很多民宿老板也兼职酒托,推荐客人去那些给他们回扣的酒吧。如果推荐的是有品质的酒吧还好,但民宿老板如果不顾品质只想赚钱,那么他在短时间内可能会赚点小钱,但长久下去这种基于信赖感的推荐模式就会崩塌,一定不利于民宿品牌和口碑的长远发展。

5. 无差异属性

第五类是无差异属性,指的是企业无论提供或不提供产品的这种属性,用户满意度都不会改变,换句话说,用户根本不在意这类属性,那么应用到民宿中同样如此,用户不在意的要素我们在设计中应尽量避免。

综上所述,可以得出这样一个公式:

好的民宿用户体验设计＝被满足的必备属性+高品质的期望属性+花小钱办大事的魅力属性+尽量少或没有的反向属性。

创业训练: 探索新突破

运用互联网新思维,对"你们团队最想突破的领域"尝试突破。

- 15分钟,团队共创(为谁突破?突破什么?用什么思维?)
- 10分钟,团队之间相互发布(运用什么思维?突破什么?)

第 3 章

互联网与新的创业机会

3.1 创业机会来源

创业机会来自哪里？

创业机会无处不在、无时不在，而机会主要来自五个方面：

问题：创业的根本目的是满足顾客的需求。而顾客需求在没有被满足前就是问题。寻找创业机会的一个重要途径就是善于发现和找出自己或他人在需求方面的问题或生活中的难处。比如，上海有一名大学毕业生发现远在郊区的本校师生往返市区交通十分不便，创办了一家客运公司，这就是把问题转化为创业机会的成功案例。

变化：创业的机会大都产生于不断变化的市场环境，环境变化了，市场需求、市场结构必然发生变化。著名管理大师彼得·德鲁客将创业者定义为"那些能寻找变化并积极反应，把它当作机会充分利用起来的人"。这种变化主要来自产业结构的变动、消费结构的升级、城市化的加速、人们思想观念的改变、政府政策的变化、人口结构的变化、居民收入水平的提高、全球化趋势等诸多方面。比如，随着居民收入水平的提高，私人轿车的拥有量将不断增加，这就会派生出汽车销售、修理、配件、清洁、装潢、二手车交易、陪驾等诸多创业机会。

创造发明：创造发明提供了新产品、新服务，能更好地满足顾客需求，同时也带来了创业机会。比如，随着电脑的诞生，电脑维修、软件开发、电脑操作的培训、图文制作、信息服务、网上开店等创业机会也随之而来，即使你不发明新产品，你也能成为销售和推广新产品的人，从而带来商机。

竞争：能弥补竞争对手的缺陷和不足，也将成为你的创业机会。看看周围的公司，你能比它们更快、更可靠、更低价地提供产品或服务吗？你能做得更好吗？若能，你也许就找到了创业机会。

新知识、新技术的产生：例如，随着健康知识的普及和技术的进步，围绕"水"就带来了许多创业机会，上海就有不少创业者加盟"都市清泉"而踏上创业之路。

📖 **示例**：创业机会的主要来源——社会发展（表3-1）

表3-1　　　　　　　　　创业趋势及创业机会

创业趋势	创业机会
婴儿潮	纸尿布,玩具,儿童服装,儿童车,幼儿教育
肥胖人士增多	减肥行业的兴起,家庭式健身房,健康俱乐部,食品行业的转变
双薪家庭	儿童托管,家庭服务(家庭清洁,餐食准备)
亚健康人群增加	健康保健食品,健康设施,健康娱乐产品,心理咨询

互联网情境下的创业机会（图3-1）。

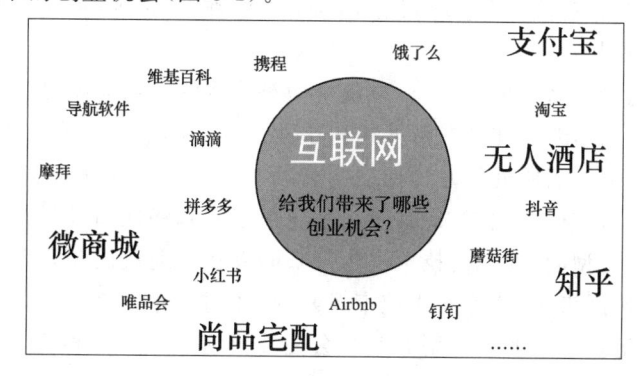

图3-1　互联网情境下的创业机会

3.2　互联网情境下的创业机会来源：创业目的视角

知识点：商业机会的类型有问题型机会、趋势型机会、组合型机会等。

📖 **知识点**：问题型机会

问题型机会：由现实中存在的未被解决的问题所产生的商业机会（表3-2）。

表3-2　　问题型机会中的存在问题、解决方案及商业机会

存在问题	解决方案	商业机会
无法迅速找到自己喜欢的网站	创建网络导航系统	搜索引擎:1994年杨致远创建了Yahoo网站
喷气机销售公司不能及时得到所需零件	设法及时获得交付的包裹	快速物流:1971年弗雷德·史密斯(Fred Smith),创办了联邦快递公司Fedex
难以认识更多的朋友	通过网络认识朋友	网络社交平台:2004年马克·艾略特·扎克伯格(Mark Elliot Zuckerberg)创办Facebook
在网上不能随时找到朋友	基于Internet的即时通信工具	网络聊天软件:1999年腾讯开发了QQ软件
网上交易的双方缺乏信任	其他机构提供基于担保交易的支付工具	第三方支付平台:2004年阿里巴巴创建支付宝

资料来源:搜狐网

> **知识点**：趋势型机会

趋势型机会：在变化中看到未来的发展方向，从而预测到将来的潜力的机会。

经济发展与趋势型商业机会：大众高消费时代（主要经济部门从制造业转向服务业；高科技成果被大量运用；休闲、教育、保健、国家安全、社会保障等花费增加；高科技产业和服务业迎来更多的发展机会）；走向成熟（现代化技术有效应用；国家的产业及出口产品更加多样化；高附加值出口产业不断增多；新技术和新产品备受青睐；资本密集型产业和技术创新企业迎来大发展）；起飞阶段（劳动力从第一产业转移到制造业；境外资本流入明显增加；以一些快速成长的产业为基础，国家出现了若干区域性的增长极）；准备起飞（通过现代化增强国力、改善生活；社会基础资本建立；农业和贸易转到制造业）。

人口结构与趋势型商业机会：人口总量变动对消费的影响会体现在宏观经济层面；人口结构变化对消费的影响会体现在行业结构层面。人们的消费总量及消费偏好会随着年龄的变化而不同。婴儿潮所处的时代往往会为某些商业领域带来巨大的商业机会，由于这些商业机会是人口结构变化带来的，因此呈现很强的趋势性和可预见性。

技术进步与趋势型商业机会：技术进步带来的趋势型商业机会分为三个阶段（创新期培育市场、成长期扩展市场、成熟期深挖市场）。技术进步催生的新产品往往会带来趋势型商业机会；技术进步带来的趋势型商业机会往往具有明显的阶段性；在不同阶段，创业公司面临的风险和机遇截然不同。

案例　机会在这8个趋势里

针对"十四五"规划对未来机会的理解，除了解读纲要本身，更重要的是能够从未来角度看"十四五"规划的布局。所以战略思维，最重要的是能够具备以产业与经济理解为前提的时空感，即放眼五年之后，我们到底会面临哪些确定性的机会。

未来机会主要体现为8个重要趋势：

第一，全球第二大需求市场带来的消费升级与消费支撑。

如果未来五年中国GDP按照5％的平均增速计算，到2025年中国经济体量将达到132万亿元。参考2019年中国的99万亿元GDP中消费贡献占41万亿元，这意味着到2025年，如果叠加中国中等收入人群进一步扩大，内循环政策进一步落地，乐观地说，中国消费规模可能会达到60万亿～70万亿元。与此对比，美国2019年的21万亿美元GDP中消费贡献占17.6万亿美元。

如果要围绕内循环消费能力持续提升，那么关键问题是要提升居民可支配收入，那更重要的问题则是：一要提高中等收入人群。"十四五"规划结束时，人均GDP应该会达到14 000美元；结合我国目前年收入15万元以下的人口为12.3亿，占总人口比例为88％；年收入3万~8万元的人口为7.28亿，占总人口比例为52％。这意味着各项配套政策、区域产业策略落地之后，7亿中下收入的人口中大概会有30％的人要在五年内整体收入增长30％。二要丰富收入增长的来源。这意味着过去以房地产为居民主要财富增值手段的方式必然要调整，这背后是整个金融市场的建设与投资手段的丰富。

进一步来说，年均收入超过1万美元的人数将要新增超过2亿，这些人的消费升级需求将会带来一个巨大的新市场。粗略计算，2亿多人每人每年多支出2万元，这将会使每年新增5万亿元左右的消费，约占目前消费总量的12%；由此可以判断，这些新增消费将主要分布在下沉经济、审美文化社交、衣食住行游购娱中，针对这些需求的生产供应将有较大的提升空间。

第二，中国新型城镇化建设达到高峰。

未来五年，中国将出现一批2 000万～3 000万人的大型城市聚集群，这些城市经济带的总数会超过20个，聚集中国5亿～6亿人口和大部分的生产消费能力。这些城市经济带不仅具有拉动国内大循环的作用，而且它们的城市建设水平、智能化程度、配套产业完备程度、公共资源丰富度都将达到全球一流水平。

中国东部省份和中部省份每个区域都会有一个自己的区域经济中心，并且因地制宜地设计出区域战略规划和产业配套政策，这些区域性政策与宏观国家战略、宏观经济带经济圈规划政策并行不悖。

这对未来年轻人、老年人的落户选择都将产生深远的影响，中国经济发展至今已经出现了四个全球顶级都市，未来真正的机会应该是在这些区域经济之中，而"十四五"阶段，则是区域经济全面加速的关键时期。

第三，中国将出现一批国家化的万亿级企业。

未来五年，我国的万亿级企业集团可能会超过30家，"十四五"规划将全面推动中国正式进入"大企业时代"，这些大企业将作为国家调节经济的重要连接点。

中国经济已经进入存量竞争时代，供给侧改革更是加剧了这种竞争的激烈程度，这意味着在未来五年，几乎所有行业都面临着头部企业越来越大、腰部企业互相挤压、尾部企业大部分被迫出清的局面。在"十四五"的大环境下，这种产业格局只会更加巩固，而中小企业在这种背景下的选择：要么设法独立做大；要么进入集团的体系中，围绕头部企业完善其产业链。

从微观来看，由于竞争的进一步加剧，企业管理的专业性和难度也要进一步提高，新孕育的需求和释放出的资本不会留给那些产能和管理落后的企业。这意味着"十四五"规划对于有些企业来说是重大机遇，但对于有些公司来说，则是重大挑战，甚至是生存危机。

第四，中国资本市场建设进入新阶段。

从全球的经验来看，资本市场是产业升级和财富分配升级必须借助的重要手段。"十四五"规划将是首次面对完全注册制资本市场的一个五年规划。

因为注册制，目前新增上市公司数量明显增加，如果每年有500家企业成功IPO，五年后，A股里中国企业（含精选层）总数将会达到7 000～8 000家；这些企业都是区域产业的重要支撑，创造财富的同时还源源不断地将财富输出到社会。

这也意味着更加复杂的资本市场竞争环境会导致大多数中小上市公司的资本红利衰减，中国资本市场将在未来五年完成一次彻底地资本资源配置重构。

这个资本要素的变化，将是"十四五"规划有别于其他时间窗口的重要标志。未来五年的资本市场生态变化，一定是复杂的、多变的，机遇与风险并存，问题与挑战并存。

第五，能源结构体系优化的效果逐渐显现。

目前，中国对能源的需求已经达到空前的地步，这也是"十四五"规划中提出要"能源革命"与"提倡绿色生产生活方式"的原因。能源问题是国际争端和经济矛盾的底层原因。

未来五年，中国最重要的事情之一，就是把85%的化石能源依赖和70%的原油进口对经济发展的束缚解开。这将倒逼中国开始推动自我的能源独立进程。

2020年9月的联合国大会上，我国提出：二氧化碳排放力争于2030年前达到峰值，并争取2060年实现碳中和，这背后蕴含着整个大国的能源战略方向。二氧化碳排放量的变化意味着产业结构的重大变革，相关产业的布局已经开始，风光储氢、新能源汽车、特高压智能电网、生物质能源等动作正在铺开。同时，国企、央企针对新能源行业的投资回报率考核也在下调，这意味着未来必然出现更大的投资力度。

第六，各类新科技的应用进入成熟期。

未来五年，多个技术领域将出现显著性的重大应用落地，这意味着两个关键：

一是中国能否在新技术突破上有所建树。在上一个十年，移动互联网几乎是中国市场最大的受益者，未来能否在相关科技领域中实现超前布局，这是中国经济能否保持稳中求进的关键，尤其以产业互联网为代表的各个行业的信息化、数字化、智能化。

二是中国能否在其中的核心产业链环节与关键技术上实现重大突破，解决卡脖子工程，使得我们在关键技术领域上不再完全受制于人，这些都是"十四五"规划中的重大战略命题。

毫无疑问，这些新技术将在产业互联网、工业数字化、传统产业改造等领域大放异彩，未来5~10年将进入产业化高峰期，资本市场对此必然有所反应，因此"十四五"期间是新科技产业化进入资本市场的关键时期，将会催生一轮内容丰富、前所未有的新商业模式。

第七，社会运行体系成本优化。

中国当前经济就好比"收入增长的天花板好像越来越近，成本的地板却在刚性上涨"，尤其当下的经济环境，很多企业都有这样的感受，收入增长越来越吃力，但是成本却不断提高。

企业是这样，整体社会运行也是这样。因为过去追求高速增长，政府承担了过多的社会公共成本，这导致社会运行成本极高。如果每个人都对自己的行为规范严格要求，社会运行成本便可极大降低。

未来五年，能够看到的一个确定性的变化是政府承担的许多公共成本都将逐步以各种方式分摊到个人，以降低社会总体运行成本，加强社会对个人行为的约束。未来，社保缴纳、五险一金缴纳、个税申报等事项，均会逐一纳入管理。

第八，中国面临着多重矛盾和挑战将进一步加剧。

五年后，中国的GDP将达130万亿元左右，这种经济体量所带来的能源消耗、资源需求必然导致中国没有办法继续"韬光养晦"，中国必然会进一步成为左右国际竞争和发展格局的不可忽视的主要力量，这意味着过去的低成本、低规范模式都行不通了。这将导致国际力量对比深刻调整的环境将进一步加剧,直接的、间接的竞争将更加明显。

资料来源:曾乔.十四五规划:机会在这8个趋势里.经济形势报告网.2020-11-17.

知识点:组合型机会

组合型机会:将现有两项以上的技术、产品、服务等组合起来,以实现新用途和价值的创业机会。

主要包含:

技术组合型:将不同领域的技术组合起来形成新的产品、实现新的用途,如特斯拉。

技术+服务:将新技术与服务结合起来,提供更好的服务,如淘宝网。

产品+服务:将产品和服务结合起来,提供更好的产品体验,如星巴克。

案例 用组合创新模型发现餐饮的新增长机会

2020年7月20日,混沌大学创新学院2020新学季开学,第一课就是"组合创新"。组合创新是混沌创新第一模型,也是最受同学欢迎的一个创新思维模型。组合创新把原本属于天才的创新,变得可解构、可学习、可执行。

1. 组合创新

组合创新的理论来自约瑟夫·熊彼特的"创造性破坏"。熊彼特的"五种创新"理念时常被人引用和提及,几乎到了"言创新必称熊彼特"的程度。不仅仅在中国,作为"创新理论"和"商业史研究"的奠基人,熊彼特在西方世界的影响也正在被"重新发现"。据统计,熊彼特提出的"创造性破坏"在西方世界的被引用率仅次于亚当·斯密的"看不见的手"。

组合创新用一句话概之为"旧要素,新组合"。组合创新秒懂案例:

- 苹果手机的组合创新:iPod+Mobile+Internet=iPhone;
- 大疆无人机的组合创新:无人机+摄像头=航拍无人机;
- 茑屋书店的组合创新:书店+休闲区+通用卡=茑屋书店。

2. 组合创新的方法

组合创新的两大关键步骤:

(1) 拆解基本要素。组合创新的基本功是拆解基本要素,拆解要素有很多种方法,其中最常用的是最小单元法。比如,物理学里的最小单元是"夸克",生物学的最小单元是"基因",信息学的最小单元是"比特"。拆解的目的是洞察商业本质,因此根据你所在行业和面临的问题,以适合的角度、颗粒度去拆解才有意义。

(2) 要素重新组合。组合创新的目的是重新创造。组合创新的方法也有很多,其中最常用的是"供需连"组合法。"供需连"组合法主要从供给、需求和连接来组合商业要素:

供给:技术、产品等。

需求:客户、用户等。

连接:媒介、平台等。

比如,硅谷的"PMF法":供给——Product;需求——Market;连接——FIT。

颠覆式组合创新模型:供给——技术;需求——市场;连接——价值网。

在要素重新组合找到商业创新机会点时,有一个非常关键的环节,就是要把找到十倍好的要素作为重要的方向。因为虽然我们可以任意组合各种要素，形成新的商业模式，但如何选择一个机会较大的模式作为创新方向，就需要有一个形成快速增长机会的支点，也就是我们常说的机会红利，而十倍好的要素就可以作为是否为好的组合创新机会的评价依据。

3. 组合创新案例的解读

3.1 新东方早期的要素组合分析（表3-3）

表3-3　　　　　　　　　新东方早期的要素组合

供给		需求		连接
学科	老师	面向对象	师生比	场景
英语	**名师**	B 培训结构	1∶1	线上
数学+理科	教研+普通老师	C 差生补差	小班	线下
		C 优生培优		
语文	AI 老师	G 全日制学校	大班	

供给侧：新东方选择了英语教学。当在英语教学领域建立了垄断地位后，后期新东方也扩大了课程供给。另外，除了课程，老师也是供给要素。新东方选择了名师教学，如大家熟悉的老罗等，都曾经是新东方的老师。

需求侧：新东方面向的是差生补差的市场需求，也就是希望提高托福、GRE考分，获得出国留学机会的年轻人。

连接侧：新东方选择的是线下大班制。大班上课对老师的要求比较高，因为新东方采取的是名师制，所以可以比较好地驾驭这种教学模式。一次授课，可以面向几百名学员。

而新东方组合创新的十倍好要素是，21世纪初，随着社会发展，阶段产生的出国留学和技术移民大潮的爆发性需求迅猛增长。

3.2 好未来的组合创新分析（表3-4）

表3-4　　　　　　　　　好未来的组合创新分析

供给		需求		连接
学科	老师	面向对象	师生比	场景
英语	名师	B 培训结构	1∶1	线上
数学+理科	**教研+普通老师**	C 差生补差	小班	线下
		C 优生培优		
语文	AI 老师	G 全日制学校	大班	

供给侧：好未来选择了数学+理科教学；教研+普通老师。

需求侧：好未来选择的是面向优生培优，也就是在学校课程外，帮助优生提高奥数、物理的成绩。

连接侧：好未来选择小班线下教学。

而好未来的十倍好要素则是在彼时中小学教改的背景下，小学取消奥数等课程与补习，而初中录取的择优需求仍然需要有奥数的成绩作为择优录取的参考。由此衍生出的奥数类课程学习与考试的十倍好市场需求。

4. 用组合创新模型发现餐饮的新增长机会

餐饮业在大多数人眼中属于传统行业，深受三高一低（高房租、高食材成本、高人工费用,低利润率)的影响。而餐饮在互联网人眼中属于高频刚需,因此自2010年开始的十年,随着O2O、外卖、新餐饮、数字化的几波风口红利,餐饮业正处于持续转型期。过去若干年,餐饮业也不断出现一些创新模式,如网红店、爆品店、纯外卖店、盒马模式等。

2020年,新冠肺炎疫情对餐饮行业带来了沉重打击,线下的餐厅受疫情影响无法正常经营,线上外卖业务也受平台流量成本的持续上升而使其盈利空间下降,餐饮行业正处于生存焦虑与危机的阶段。那么,如何借助组合创新的思维模型,来对餐饮进行要素拆解和重新组合,找到新的创新机会呢?大家可尝试用组合创新,对餐饮做一次借假修真的创新破解。

餐饮市场很大,业态与模式众多。案例主要选择大众餐饮市场的大众品类,不考虑特殊品类、特殊经营模式对餐饮的定义,也不限于传统的餐厅。

私域时代的餐饮组合创新新机会见表3-5。

表3-5　　　　　　　　　私域时代的餐饮组合创新新机会

供给			需求			连接	
就餐方式	制作方式	售卖形式	人数	就餐场景	吃的需求	场景	
堂食	餐厅现制	独立SKU	一人食	个人餐	吃饱肚子	线下	餐厅
	预制半成品(餐厅或中央厨房)(消费者制成)			家庭餐			自提
				工作餐	吃美食		大食代档口店
外带	原材料(消费者制成)	套餐SKU	二三人食	加班餐			零售店/专柜
				社交餐	吃得方便		无人售货机
外卖	中央厨房加工食品(速食或零食)			聚会餐			平台外卖
				健康餐		线上	自营外卖
电商	委托加工食品(速食或零食)	套装SKU	多人食	宴请餐(可细分)	吃零食(馋与闲)		平台旗舰店
				……			自营商城

供给侧:选择三个维度。

就餐方式:堂食产品、外带产品、外卖产品、电商产品;制作方式:餐厅现制、《餐厅或中央厨房》预制半成品并由消费者在家制作成品、原材料(如净菜)并由消费者在家制作、中央厨房加工食品(速食或零食)、委托第三方食品厂或中央厨房加工食品(速食或零食);售卖形式:按独立SKU销售、按套餐SKU销售、按套装SKU销售(食品类)。

需求侧:选择三个维度。

按人数:一人食(年轻群体)、二三人食(年轻人或家庭)、多人食(多人就餐);按就餐场景:个人餐、家庭餐、工作餐(工作午餐)、加班餐(加班晚餐或周末餐)、社交餐(商务、情侣等)、聚会餐(家庭、朋友、同学等)、健康餐(特定品类、特定人群,如低脂餐)、宴请餐(各种宴席、宴会、宴请场景);按消费者吃的需求(注意是从更底层吃的角度而不是吃饭):吃饱肚子、吃美食、吃得方便(快速)、吃零食(馋与闲)。

连接侧:选择一带一场景维度,基于线下和线上两大场景的细分、拆解。

线下场景:餐厅(传统堂食)、消费者外带自提、大食代档口店、零售店/专柜、无人售货机;线上场景:平台外卖(美团外卖/饿了么)、自营外卖(小程序自有外卖)、平台旗舰店(天猫/京东)、自营商城(小程序自有微商城)。

如何从上述餐饮的供给、需求、连接维度的不同要素中拆解,并针对当下餐饮业的问题与挑战"传统线下门店模式重、利润低,传统线上模式流量成本高",找到组合创新的商业机会点呢?

我们选择这样一种要素组合:

供给侧:以外卖产品为突破口,扩展产品品类包含现炒成品、预制半成品、原材料等,售卖形式按独立SKU和套餐SKU,再配合相应的定价与关联营销策略。

需求侧:面向一人或二三人消费群体,满足个人餐、家庭餐、工作午餐、加班餐四类就餐场景(根据门店位置、时段配合不同的销售菜单和营销策略),满足吃饱肚子和吃得快捷、方便的基础诉求。

连接侧:选择大力发展餐厅自营外卖的私域模式。这里面重点说明两点:首先,餐厅仍然有实体店经营,不采取纯外卖门店的单一模式。其次,做自营外卖并非不做平台外卖,而是希望自营外卖与平台外卖能达到1∶1或2∶1的比例。自营外卖核心做回头客的订单,客流从堂食客户和平台外卖的高客导入。平台拉新跑流水,自营外卖侧重提频、复购和做利润。

新模式的十倍好要素有两个:

第一个十倍好要素:需求十倍好。相比单一品牌消费者到店堂食的低频,通过扩展供给侧的SKU场景(现炒成品、半成品、原材料),外卖 vs 堂食×2倍好;半成品+原材料 vs 现炒成品×2倍好;围绕着多需求场景(个人、家庭、工作、加班)优化菜单和供给以满足多需求(通过动态时段菜单优化体验),实现×2倍好;整体实现8~10倍好的更大需求。

第二个十倍好要素:自营外卖营销成本降低。针对平台外卖,目前平均为22%的平台综合抽佣(配送费、扣点、营销推广),扣除配送费平均为8%,平台的流量成本平均为14%。平台外卖为餐厅带来的流量订单中,包括拉新流量和复购流量。拉新是线上平台对商家的核心增值,与线下购物中心收取租金并为入驻商户带来客流逻辑一样,因此新客14%的流量成本属于商户必须承担。但对于从平台引来的餐厅回头客外卖订单,吸引消费者回头的是餐厅的品牌、产品口味、性价比等因素,回头客是品牌的自有流量,这部分仅因为从平台流转过来,餐厅为此支付14%的流量成本,是不经济的,损失了餐厅的利润。对于回头客,餐厅通过建立自营的小程序外卖商城,并通过建立会员系统,面向回头客和潜在的忠诚顾客,通过线下和线上一体化的会员营销和激励手段,建立回头客直接与餐厅品牌连接,实现对品牌回头客与忠诚客的连接与运营管理,适当给予1.5%~2%的会员激励与回馈,培养顾客的长期黏性,并建立起餐厅品牌的可运营私域流量池。针对回头客的复购订单,从14%的平台流量成本,降低为1.5%~2%的消费者回馈激励成本,降低了8~10倍好的营销费用,相当于订单利润率直接获得10%的提升。餐厅通过一定时间的私域流量的积累与运营,将自营外卖从占营业比1%以下,逐步提升到占营业比10%~20%或更高,将能获得显著的利润提升。增加的利润投入一部分到优质渠道拉新,拉新流量继续沉淀到私域流量的提频复购,形成一个完整的增长飞轮(闭环)。

当然,对于大多数餐厅而言,私域流量的运营如何完成从0到1的冷启动,如何解决高质量的履约配送,都是需要每个创新者完成的MVP。创新不仅是发现新机会,还需要找到验证新机会的方法。

资料来源:李刚.用组合创新模型发现餐饮的新增长机会.混沌大学创新学院.

互联网情境的创业机会来源:"目的—手段"关系的明确程度

依据"目的—手段"关系的明确程度,创业机会可以分为识别型机会、发现型机会、创造型机会、不发现型机会。

识别型机会是指市场中的"目的—手段"关系十分明显时,创业者可通过"目的—手段"关系的连接来辨识机会。例如,当供求之间出现矛盾或冲突时,不能有效地满足需求,或者根本无法实现这一需求时辨识出新的机会。常见的问题型机会大都属于这一类型。

发现型机会则是指当目的或手段任意一方的状况未知时,等待创业者去发掘机会。比如,一项技术被开发出来,但尚未有具体的商业化产品出现,因此需要通过不断尝试来挖掘出市场机会。如激光技术出现数十年后才真正为人们所用。

创造型机会指的是,目的和手段都不明确,因此创业者要比他人更具先见之明,才能创造出有价值的市场机会。在目的和手段都不明确的状况下,创业者想要建立起连接关系的难度非常高,但这种机会通常可以创造出新的"目的—手段"关系,将带来巨大的回报。

不发现型机会在学界来说,基本上没有讨论的意义,我们将其忽略不计。

在商业实践中,识别型、发现型和创造型等三种类型创业机会可能同时存在。一般来说,识别型机会多半处于供需尚未均衡的市场,创新程度较低,这类机会并不需要太繁杂的辨别过程,反而强调拥有较多的资源,就可以较快进入市场获利。而把握创造型机会就非常困难,它依赖于新的"目的—手段"关系,创业者往往拥有的专业技术、信息、资源规模都相当有限,更需要创业者的创造性资源整合与敏锐的洞察力,同时还必须承担巨大的风险。发现型机会则最为常见,也是目前大多数创业者研究的对象。手段的明确程度与目的的明确程度关系,如图3-2所示。

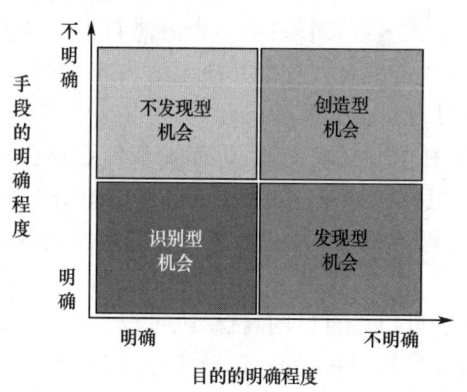

图 3-2 手段的明确程度与目的的明确程度关系

怎样寻找创业机会?

从问题中寻找创业机会!

创业机会定义为可以开发的市场需求,可能是众所周知、显而易见的,也可能是潜在的、不明确的;满足这个需求的产品(或服务),也许是很成熟的产品,也可能是一个非常初步的想法或者技术概念。产品提供方式可以是线上的,也可以是线下的。

在机会发现过程中也许先看到市场需求,然后寻找相应的产品;也可能是先有技术甚至初级产品,再去设计和开发新的市场。由于需求和产品的明确程度不同,创业机会的特点也不同。

创业机会的两个核心要素是需求和产品。创业机会是创业活动的根本驱动力。创业过程是从寻找创业机会开始的。如果没有创业机会,创业活动就没有动力。因此,怎样找到创业机会是创业活动的关键。

创业的本质就是通过解决用户的问题来满足用户的需求。

当用户面临问题时,恰恰说明他们的需求还没有得到满足。满足用户的需求其实就是帮助他们解决问题。直接寻找创业机会是不容易的,而从寻找用户的问题入手相对容易。因此,寻找问题是寻找创业机会的第一步。

提出疑问和发现问题

在汉语里"问题"这个词有两个不同的含义,非常容易混淆,必须区分开来。问题的第一个意思是因为不知道或者不理解而提出的疑问(Question)。提出问题(Ask a question)指的是第一种意思,一般是用问句的形式表达。问题的第二个意思是处在一种困难、困境、麻烦、矛盾、落差、不如意、不顺利、失败、损失等负面的状态(Problem 或 Trouble)。发现问题(Discover or identify a problem)指的是第二种意思,一般用陈述句来表达。

我们尽量用"提问"或者"提出疑问"来代替常说的提出问题,避免和发现问题混淆。提出疑问有质疑的成分,提出疑问可以帮助我们发现问题。

提出疑问和发现问题的重要性

德·波诺(De Bono)认为发现问题和解决问题一样重要,但前者比后者更困难。他在一个5 000人参加的国际"发明大赛"上发现参赛者解决问题的水平都很高。但是他们发现问题的水平却低得让人惊讶,大多数参赛者都不知道他们的发明用来解决什么问题!

提出疑问和发现问题都是当今教育极其缺乏的内容,学生的疑问大多也是怎样解答老师给出的问题,学生更没有机会去发现问题。

创业者需要自己提出疑问并发现问题,进而发现创业机会并提出解决方案。这种方法尤其适合没有经验的学生和年轻人,因为提问和观察不需要很多的实际经验。

观察和提问是发现问题的第一步,也是最直接和最实用的方法。

提问的四种方式:

提问有不同的方式,既可以是自己问自己,也可以是直接询问用户或者相关人员。孙继伟把提问分为开放式提问、封闭式提问、诱导式提问和澄清式提问四种。

以观察提款机为例,如下:

开放式提问:请问你每个月从提款机提取多少钱?

封闭式提问:请问你每个月从提款机提取的钱在1 000~2 000元吗?

诱导式提问:你使用提款机的时候觉得方便吗?

澄清式提问:你说使用提款机不方便,指的是哪个方面?

创业工具：观察和提问的方法(7W5H)

巴鲁洛夫说："学不会观察，你就永远当不了科学家。"创业者同样需要学会观察。

观察和提问并不是漫无目的地观看。观察是带着目的、主动地去提出疑问以便发现问题。

孙继伟提出用5W2H的七个维度来提问和观察。高彬尚孝建议九个维度(6W3H)。我们将两种方法改进并整合成十二个维度(7W5H)的提出疑问和观察现象的方法。

无论哪个维度，斯普拉德利（Spradley）都建议观察者要换位思考，以同理心（Empathy）设身处地、感同身受地从用户（或者所涉及的人士）的角度来观察。不同的心态和意图，所观察到的问题是不同的。

下面以观察提款机为例来说明怎样通过观察和提问来发现问题（表3-6）。

表3-6　　　　　　　　　通过观察和提问来发现问题

英文	中文	维度	提出疑问	潜在问题
What?	什么？	目标 目的 结果	提款机还可以做什么？可以查看信用卡吗？可以付电影票吗？可以付学费吗？可以提零钱吗？可以回收零钱吗？	提款机不能提零钱 提款机不能回收零钱
Where?	在哪里？	空间 地点 范围	可以在别的地方吗？可以在商场里面吗？可以在家里面吗？可以像自来水管道一样通到小区和家里吗？	商场里面没有提款机 小区里面没有提款机
Which?	哪个？	事件 活动	哪家银行的提款机？别的银行可以吗？别的理财渠道可以吗？	线上银行不能提款 手机没有连接提款机
When?	什么时候？	时间	是24小时吗？24小时安全吗？半夜提款怎么办？什么时候来的人多？有高峰期吗？	
Who?	谁？	人物 用户 伙伴	谁来提款？什么样的人多？什么样的家庭、阶层？个子很矮的人可以吗？	老人取钱不方便 孩子拿到家长的卡取钱很危险 被偷的卡也能取钱
Whom?	谁？	对象	提款给谁？谁是主要服务对象？	没有考虑残疾人提款
Why?	为什么？	原因	为什么提款机只有一面可以操作？为什么到提款机取钱？	有时要排很长时间的队
How?	怎样？	状态 操作	输入密码方便吗？忘记了怎么办？指纹、虹膜识别可以吗？	
How much?	什么程度？	程度 成本	空间很拥挤，拥挤到什么程度？速度很慢，速度慢到什么程度？	室内提款机空间有限
How many?	多少？	数量	取多少钱？多大币值的组合？多少人受到影响？	提款机不能提零钱 提款机不能回收零钱
How long?	多长时间？	时间	每次取钱等多久？	高峰时排队太久
How often?	多少次？	频率	用户平均每个月取多少钱？来多少次？	取款机有金额限制

运用观察和提问方法有四点需要注意：

• 并不是每个维度都一定存在问题，要根据观察的对象和现象而定。另外，有些维度可能是相互关联的，也许是一组相关的问题。

• 不建议所有的同学同时观察一个对象，而是要根据自己的兴趣自由选择观察的对象。在创业教育里面，不要期待老师或者别人告诉你去观察什么，你要自己主动地去选择感兴趣的观察对象。

• 所说的观察对象未必就是所谓的用户或商家。家人、朋友或者任何有兴趣的人士和现象都可以是观察的对象。他们都可能是潜在的用户。日常生活中充满了观察的对象。可以在学校观察，可以在家里观察，有条件的也可以去企业和社会观察。

• 观察和提问也不局限于实物和现场，书本里、报刊里、电影里、大数据里、用户调查报告里、大家聊天的时候、开会的时候、微信群里、社交网络里，甚至梦境里面都可以找到观察的对象。

创业训练：匹配关系探索

探索本团队项目的机会来源及其与互联网思维的匹配关系。

• 15分钟，团队共创
• 10分钟，团队之间相互发布（机会来源？与互联网思维的匹配？）

第2篇

User用户(U)

第4章 互联网时代的用户特征

4.1 互联网时代的创业故事

案例 "鸿星尔克热"——国潮才是最潮

每当大灾大难来临时,总能看到全国人民万众一心、众志成城、共渡难关的景象。鸿星尔克,是一家创始于2000年的国产运动品牌。在2021年河南发生汛情后,这家"淡出"公众视野很久,曾被网友笑称是一家快倒闭的企业宣布捐赠5 000万物资驰援河南,一下子点燃了网友的购买热情。

"众人拾柴火焰高",无数消费者团结起来为良心企业助力。截至2021年7月24日下午,鸿星尔克在某平台直播间销售额突破1亿元,总销量超60万件,累计观看人数达1.48亿,总点赞数达4.28亿个。7月25日,鸿星尔克在某平台的观众数量已超过500万人。鸿星尔克搜索指数显示呈火箭般上升,远超其他品牌总和。7月26日,鸿星尔克在社交媒体平台上发布了发货及库存告急公告,呼吁广大消费者理性购买。

"为众人抱薪者,不可使其冻毙于风雪。"网友在鸿星尔克直播间将产品买到断货,实体店遭抢货。网友刷屏:"不要理性消费,就要野性消费";"没货发原材料,自己拿回去缝"。甚至有消费者在鸿星尔克店内购买了500元产品,结账时扫二维码付款1 000元转身就跑。

此次热潮过后,国产品牌最大的进步应该是:人们意识到,买运动品牌原本不需要花这么多钱,自己国家的品牌才会在危难之处伸出援手,买国货并不土,国潮才是最潮的。其实,鸿星尔克捐款后爆红也绝非偶然,如果没有鸿星尔克的数年坚持和品质的积淀,就算再捐一个亿,也不会得到消费者的认同。希望鸿星尔克能够抓住机遇,让公众真正认可国货、支持国货。国产品牌更应借此契机,从产品、设计、运营等方面持续发力,从而真正赢得消费者的喜爱。

资料来源:"鸿星尔克热"——国潮才是最潮.搜狐网.2021-07-31.

4.2 Z世代

Z世代是第一个在年轻时就可以使用互联网技术的人群。随着整个20世纪90年代的网络革命,他们在成长过程中接触到了前所未有的技术,伴随技术变得更加紧凑和经济实惠,智能手机在全球的普及程度呈指数级增长。

安东尼特纳将Z世代称为"互联网的数字联系",并认为它可以帮助年轻人摆脱他们在线下面临的情感和心理困境。

根据联合国经济和社会事务部2020年发布的数据,全球Z世代在2019年达到24亿人,占世界总人口的32%,是数量最多的一代人,影响力正在不断扩大。根据美国布鲁金斯学会2020年7月30日发布的人口统计数据研究,从2020年开始,美国千禧一代及以后出生的人口(40岁以下人口)占总人口的50.7%(1.66亿人),首次超过人口半数。其中,千禧一代在美国选民中的比重为27%;Z世代占总人口20.3%(只有部分人刚达到投票年龄,其在选民中比重仅为10.1%)。而X世代、婴儿潮和沉默一代人口为1.62亿人。

根据皮尤研究中心2021年4月公布的年度数据,从2016年至2021年,7%美国人使用社交媒体,其中,YouTube(81%)和Facebook(69%)是美国成年人使用率最高的平台。30岁以下的年轻人社交媒体使用率高达84%,但他们更倾向于使用Instagram、Snapchat和Tiktok,在18岁至24岁的年轻人当中,这三个平台使用率分别为76%、75%和55%。

美国商业内幕(Business Insider)网站2021年10月21日称,众多社交媒体中,美国Z世代更偏爱Instagram。该网站2020年对1 800名13岁至21岁Z世代年轻人进行的调查显示:59%的受访者将社交媒体列为"头号新闻来源";约65%的受访者表示每天都会登录Instagram;超过半数受访者表示,自己每天都会刷一刷Snapchat、YouTube或Instagram。通过社交媒体,年轻人在气候变化等重要议题上达成了共识。

根据《2021中国统计年鉴》,我国人口总数为14.1亿人,结合国家统计局公布的出生率测得Z世代人口约为2.79亿人,占我国总人口的比重约为19.79%,第一批Z世代已经年满27岁,即便他们按部就班在国内攻读硕士学位,也早已到了步入工作岗位的年纪,这意味着Z世代已经开始逐渐步入职场。

根据CNNIC(中国互联网络信息中心)于2022年2月发布的第49次《中国互联网络发展状况统计报告》,截至2021年12月,我国网民规模达10.32亿人,同比增长4.16%,其中10~19岁占比为13.30%,20~29岁占比为17.30%。将网民占比与人口占比对比,可以发现,在20~29岁这一年龄段中,网民数量占比显著高于总人口占比,显示出Z世代活跃的互联网生命力。

中国Z世代是创造流量的主力。据百度流量研究院统计,2021年12月,19～24岁人群创造了14.78%的流量,而25～34岁的人群创造了36.06%的流量,且从长期来看,19～34岁人群长期贡献超过50%,凸显Z世代极强的流量属性。

社交媒体成为中国Z世代的最爱。根据CFGS于2022年4月13日发布的《中国家庭财富指数调研报告(2022Q1)》,年纪较大的人更偏向于从微信群、电视、广播、报纸等传统媒体上获取财经信息,而年轻人则更加倾向于从蚂蚁基金、天天基金等交易平台以及知乎、雪球、抖音、快手、小红书等平台上获取财经信息,显示出年轻一代对社交平台的青睐。

📖 **知识点:"Z世代"的画像**

除了个性鲜明、注重体验、愿意尝试新鲜事物等特征之外,深受二次元文化影响的Z世代至少还具有五大属性:

其一,崇尚高颜值。

多数二次元人物形象都具有"高颜值"属性:男性帅气、女性可爱,拥有天使面庞和完美身材,能文能武,充满青春活力等。这些都影响着二次元用户们的审美观,于是Z世代们对于颜值再怎么追求都不为过,而美妆、护肤、唇彩等相关商品都因此受到追捧。与此同时,基于互联网的虚拟属性与青春特质的共同作用,Z世代们又格外青睐那些带有卖萌、少女系、拟人化元素的形象。

其二,"脑洞大开"是常态。

二次元文化一向崇尚独创和个性,敢为人先、不走寻常路的用户往往能在二次元世界中大放异彩,而中规中矩的用户反倒容易被视为平庸路人。换句话说,相比于传统思维形式,二次元文化讲究的是用夸大化、戏剧化、动漫化的方式来加以替代,比如借助各种脑洞大开的颜艺表情包进行互动,或者使用鬼畜手法对原有视频素材或音频进行加工,以达到洗脑和搞笑的效果等。而"同是九年义务教育的你为何这样突出"等B站常用语更是能够诠释这一点。这些同样暗示着,爱"开脑洞"的Z世代还是泛娱乐产业的主力军。

其三,热衷于寻求理想"人设"。

出于对"我是谁""我想成为谁"的探索,很多Z世代们都热衷于不断尝试不同风格的穿搭,或是消费不同品牌的产品,以此来体验不同的生活方式,进而寻找什么才是真正适合自己的。为了寻找自己的"人设"标签,他们愿意在能代表自己的领域投入极大热情、时间甚至金钱。

值得注意的是,Z世代喜欢追随偶像的步伐——偶像并非单纯指代某一个实实在在的个体,只要能寄托美好的愿景和"人设",哪怕虚拟形象也没关系。QuestMobile发布的《Z世代洞察报告》显示,近70%的Z世代年轻人愿意购买"爱豆(英文idol的音译)"周边及同款产品,或是其代言推荐的产品,这或许会让Z世代觉得更接近自己理想的"人设"。Z世纪偶像经济消费类型比例关系如图4-1所示。

其四,"同人志"属性鲜明。

"同人志"是二次元的常用词,源自日语的"どうじん",指代那些因为拥有相同志向而

```
购买爱豆/偶像周边产品,包括T恤、写真集、玩偶等   19.9%
                    购买其代言的产品           19.9%
                    购买其推荐的产品           14.9%
                   购买爱豆/偶像同款产品         14.6%
                  为网络文学作品/作者付费         13.1%
        购买会员/定制卡(获得额外投票权+赛后/衍生节目观看权) 9.5%
                  参加爱豆/偶像的粉丝活动         4.1%
                  为增加偶像曝光机会而付费         2.0%
                      应援集资              1.1%
                到现场观看爱豆/偶像表演、追行程       1.0%
                0.0%   5.0%  10.0%  15.0%  20.0%  25.0%
```

QuestMobile《Z世代洞察报告》、苏宁金融研究院

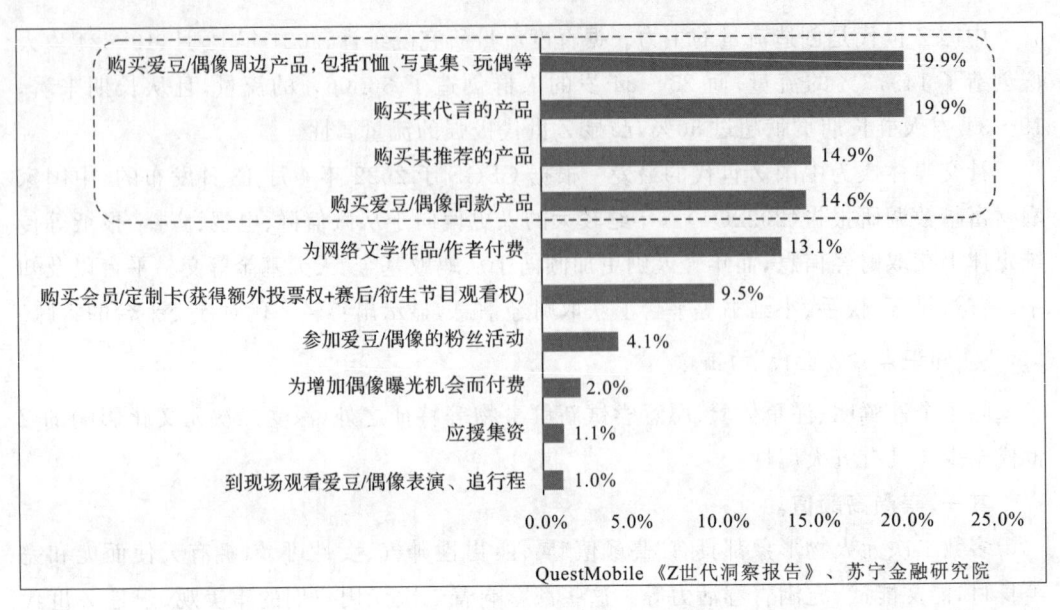

图 4-1 Z 世纪偶像经济消费类型比例关系

走到一起的人。在二次元的世界里,用户交往通常是以共同的兴趣爱好为前提,志同道合的人互称对方为"同好"。对于 Z 世代来说,只要彼此之间确认为"同好",就会敞开心扉、坦诚相待,这些爱好相同的人聚在一起形成了一个个小型社群,在里面自娱自乐,以二次元用语来说就叫"圈地自萌",这既反映出 Z 世代在互联网上的从众心理,也在一定程度上解释了为什么二次元文化作品能呈现病毒式传播。

其五,社交需求旺盛。

如前文所说,Z 世代多为独生子女,他们从小到大经历了不少孤独,因而对于社交有着强烈的需求意愿。而互联网的大发展,不仅能让 Z 世代在虚拟空间里结交很多朋友,还能通过种种方式给他们带来心灵上的治愈与温暖。

根据艾瑞咨询的调研结果,二次元人群钟情动漫是出于对快感和幸福感的积极获取,有 63.4% 的用户表示喜欢二次元主要是因为在当中能找到共鸣、治愈与爱,还有 39.6% 的用户表示"中二病"的理想仅能在二次元世界里实现。这些也进一步反映出他们面对现实世界的各种压力时,内心深处某种潜在的欲望和对难以实现的梦想的执着。二次元用户喜欢 ACGN 的原因如图 4-2 所示。

此外,对 ACGN 的热爱还是 Z 世代共同的纽带,这为他们走到一起打下了基础,通过参与各种动漫圈子和同人创作,与来自五湖四海的"同好"相互交流、分享心得,或是借助各种二次元平台来展示自己的作品,既能结交更多有相同爱好和相匹配创造力的朋友,又能在他人的认同之中获得成长。

上述种种属性,拼凑成了 Z 世代的群体画像,其中很多特征都与二次元文化密切相关,而深抓 Z 世代的 B 站便是凭借对 ACGN 内容社区的精细化运营,通过提供高品质的内容和身临其境的娱乐体验,率先实现了对 Z 世代年轻人心智的占领,并在纳斯达克成功上市。按照 B 站招股书的说法,平台 81.7% 的用户都是 Z 世代。

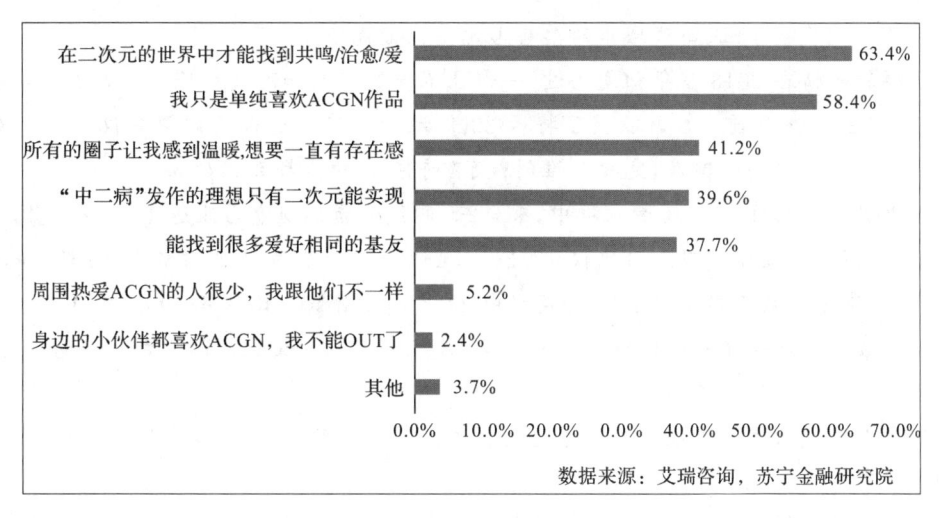

在二次元的世界中才能找到共鸣/治愈/爱	63.4%
我只是单纯喜欢ACGN作品	58.4%
所有的圈子让我感到温暖,想要一直有存在感	41.2%
"中二病"发作的理想只有二次元能实现	39.6%
能找到很多爱好相同的基友	37.7%
周围热爱ACGN的人很少,我跟他们不一样	5.2%
身边的小伙伴都喜欢ACGN,我不能OUT了	2.4%
其他	3.7%

数据来源:艾瑞咨询,苏宁金融研究院

图 4-2 二次元用户喜欢 ACGN 的原因

4.3 小镇青年

案例　　　　　　　　　　　小镇青年与《战狼 2》

2017年,电影《战狼 2》用票房纪录一次次打破市场预测模型的曲线,也彻底刷新了人们对国产电影市场空间的认识:从 8 亿元人民币的"保底"期许,到 56.8 亿元人民币的票房,其票房收入让人震惊。

据《战狼 2》的票房统计,一线城市贡献了 19％的票房,二线城市占比为 41％,三、四线及以下城市占据了 40％的份额,如图 4-3 所示。

谁是《战狼2》的观影主力?

▲ 购票用户票房城市占比
▲ 2016票房城市占比

一线城市 19% 22%　　二线城市 41% 40%　　三线城市 17% 18%　　四线城市及以下 23% 20%

图 4-3 《战狼》票房城市占比

通过分析发现,北京、上海、广州、深圳四座一线城市虽然单体成绩高,但是二、三线城市的总体市场容量和票房产量都大大超越前者。而和 2016 年的数据相对比,《战狼2》单片票房的变化反映了三、四线城市的票房占比增幅最高。

同样的事情在2018年年初发生过,一部让不少影评人和院线经理们都大跌眼镜的电影——《前任3:再见前任》,却收获了将近20亿元的票房。这部豆瓣评分仅为5.7分的电影取得了如此之高的票房,究竟是谁创造了《前任3》的票房奇迹?

数据显示,《前任3》的观影人群中,来自三、四线城市的观众占比达47.4%,是同档期影片中最高的,一线城市观众占比仅12.2%,远低于国内影片的平均水平;另外,年轻观众占比高,淘票票数据显示,《前任3》观影中24岁以下观众占比达68.9%。

这些数据都反映了一个值得关注的现象:以往高大上的文化休闲方式——电影,其消费重点区域正由一线城市向三、四线城市转移。

近年来,三、四线城市包括县城等地区的建设如火如荼,一、二线城市的生活被直接复制到小城市甚至县城。

万达等大品牌地产商对小城市的涉足也大大加速了其生活相关配套设施的建设,高配置的电影院不再是一线城市的专属,同时,由于三、四线城市及县城在地域和人口覆盖上有着天然的优势,电影消费的市场空间被大大拓展。

如果我们按照时下流行的称呼,将三、四线城市及县城合称为相对于大城市的"小镇",那么有一群生活在小镇上的人正在或即将影响中国未来市场的消费生态,这就是"小镇青年"!

"小镇青年"作为一个文化消费群体,最初进入公众视线是在2013年的夏天,当时《小时代》《富春山居图》等口碑与票房成绩倒挂的影片上映,引发一轮热议。

几年后,"小镇青年"再次成为关注焦点,被频繁冠以"潜力巨大的消费市场""未来经济增长的强大动能"等称谓。如何辨析"小镇青年"现象,在很大程度上,也成为认知当下中国消费升级、转型变化的核心关键。

资料来源:不可忽视的新消费群体:小镇青年.人人都是产品经理.2019-08-08.

知识点:什么是小镇青年?

"小镇青年",按照目前网络的一般定义,泛指出生在三、四线及以下的县城、乡镇,在老家生活工作、或前往大城市及省会周边城市打拼的青年。

与"小镇青年"相对应的是"都市青年"。按照目前网络上比较主流的"都市青年"定义,泛指一、二线城市的年轻人。

这个概念事实上同样非常宽泛,因为早先中国的城市分级大致上只有一、二、三、四线等级别。其中一线城市是大城市,二线城市是中等城市,四线城市是小城市,三线城市介于中小城市之间。

但是近些年来,伴随着中国城镇化进程的持续发展,中国城市等级的划分事实上也变得更加复杂。首先是在一、二线城市之间,出现了所谓的新一线城市概念,即人为将二线城市中的头部城市(二线强)单独分组,增加了一层城市级别。

而一些原本的中小县城或县级市,伴随着经济的持续发展和城镇人口的增加,又进一步衍生出了所谓的五线城市,我们可以将其理解为尚不具备完整现代化城市条件的预备城市体。这一层级城市的数量,目前在中国国内同样不容小觑。

这样一来我们发现,即使是我们把"都市青年"的概念严格限制为一线城市+新一线城市两类,那么这些城市本身也未能全部实现城镇化,不少新一线城市除了主城区基建相对完善,商业密度较高外,还有广大的郊区和下属农业区。显而易见,如果我们把所有一、二线城市的适龄年轻人都列入"都市青年"概念,显然不妥。

以此类推,按照网络上现行的"小镇青年"定义,事实上也就意味着只要不是一二线城市和尚在农村的适龄年轻人,都应该被划入"小镇青年"群体。

当前我国三、四线城市经济发展迅猛,与一线城市展现出消费降级趋势不同,三四线城市呈现出消费升级的态势。"小镇青年"成为消费主力之一,许多品牌要么直接布局,要么开辟自品牌纷纷入局三、四线城市,一时间资本大量涌入万亿县级市场。

在当前消费市场上,被提及最频繁的话题之一就是下沉市场。例如白酒品牌,本来就扎根在全国各个档位消费市场,并不是简单地多铺渠道、多网点陈列就是下沉,特别是对于新兴品牌来说。

"小镇青年"的具体特点包括:人数众多,从媒体综合报道的国家统计局数据来看,截至 2021 年年底,"小镇青年"人口数量为 2.27 亿,是一、二线都市青年的 3.3 倍;有时间,工作压力较小,下班后有大把的时间来休闲娱乐;有存款,虽然收入不多,但没有房贷和物价带来的压力,可支配收入并不低于一、二线城市青年。中国金融认证中心(CFCA)发布的《2019 中国电子银行调查报告》显示,随着一线城市人口红利的消退,各电子金融渠道把目光转向了细分市场和增量市场,其中,"小镇青年"囊括了庞大的下沉市场和青年群体市场,他们人数众多、有时间、有存款、敢花钱,是目前细分增量市场的重中之重。以"小镇青年"为核心的消费群体的下沉市场,是未来的流量蓝海,将为电子银行渠道的发展带来新的人口红利。

从办理各类主流业务使用的渠道来看,相较于整体用户,"小镇青年"在办理查询、缴费、转账业务时,对于微信银行的使用比例均高于整体用户,微信强社交属性在"小镇青年"中形成传播力量。"小镇青年"通过手机银行购买理财产品的比例低于整体用户 9%,相较于整体用户,"小镇青年"购买货币基金和保险的比例较高,分别高出整体用户 4% 和 3%。

小镇青年"画像"

"小镇青年",顾名思义,是指那些分布在三、四线城市及县级市、从东部延展到中西部地区的广大青年群体,这个群体的基本特征明显有别于集中在东部地区的一二线大、中城市的同龄人群,是非常典型的由于区域、城乡、阶层发展不均衡和信息不对称所致的中国特色代表。

提到"小镇青年",可能大家的第一反应是:手拿 OPPO 或 VIVO,看着快手视频,玩着劣质的手游,甚至还会有"杀马特""厂妹"等固有的刻板印象。但事实是,随着经济发展、消费升级和移动互联网的逐渐渗透,"小镇青年"的生活、消费和娱乐方式已经逐渐向一线城市看齐。

当我们试着为"小镇青年"画像,会发现他们与当下其他青年群体既有共性,又有着引人注目的特质。

1. 渴望，但不盲从

相对于大城市，生活节奏慢、工作压力小是"小镇青年"生活的最突出特征。

没有大城市那么激烈的人才竞争和复杂的职场关系，"小镇青年"在职场上往往较为轻松，虽然因此收入也与大城市青年有一定差距，但总体的生活状态更为悠闲自如。加之没有大城市通勤的痛苦，"小镇青年"工作之外的休闲时间相对较多，休闲活动也较为丰富。

作为青年人，"小镇青年"同样积极热衷新鲜事物，并且会以大城市的生活为导向，希望能紧跟潮流风向与时尚前沿，与时代的进步保持同步。

但同时，由于自身生活条件和社会环境毕竟与大城市有所区别，也促使其不断在"理想"与"现实"之间做平衡，游走于现代与传统融合的边缘。

特别是当今的"小镇青年"相较于前辈受教育程度越来越高，并具有独立思考的意识，很多人是在大城市里接受的教育或有亲身生活经历，已经能认识到城市与小镇生活的差异与优劣，"渴望但不盲从"也成为新一代"小镇青年"的特点。

2. 收入有限、消费力不弱

"小镇青年"的生活节奏相对较慢，收入有限，但消费能力却不含糊。一方面因为工作相对稳定、压力较小，另一方面三四线及以下城市生活成本相对低，特别是住房的投入相对少，加之理财投资观念不强或渠道手段有限，诸多综合因素直接影响了"小镇青年"的金钱观和消费观。

"敢于花钱且决策过程短"的背后是"小镇青年"旺盛的消费热情，从餐饮聚会、娱乐休闲、观光旅游、年节礼品到网上消费，"小镇青年"的出手阔绰不亚于"都市青年"。

此外，"小镇青年"社会交往圈子的联结更为紧密、信息交流更为频繁，且受传统文化的影响较大，面子问题和群体压力也成为影响消费的重要因素。"因为周围人有，所以我也必须买"大大促进了冲动型消费。

3. 爱手机、爱网络

"小镇青年"是属于移动互联网的一代。受益于智能手机不断提升的性能和不断走低的售价，以及国家电信基础设施的建设发展，智能手机已经是新一代"小镇青年"的标配，再配以比大城市更便宜的移动网络，用手机上网成为"小镇青年"的最爱。

聊QQ、刷微信、打游戏、看视频，全部都可以通过手机来实现，且往往忽略台式电脑，实现了跨越式的新媒体消费。

越来越强大的手机功能触及生活的方方面面，"小镇青年"闲暇时间多，因此用在手机上的时间也更加充裕，久而久之手机成瘾成为一种普遍现象。

与此同时，本来就不亲密的传统媒体渠道更加渐行渐远，不看电视、不听广播、不读报纸，也成为"小镇青年"的生活常态。

> **知识点：小镇青年崛起历程**

2017年12月，罗振宇在"跨年演讲"中提到了"小镇青年"，"小镇青年"的崛起将《战狼2》推上了票房冠军的宝座。

2018年7月26日，由拍拍贷和南方周末联合发起的《相信不起眼的改变：2018中国小镇青年发展现状白皮书》正式发布，主要聚焦于"小镇青年"的生活、工作现状和对未来的展望,期待借此机会提升社会各界对这批正处于人生打拼阶段人群的关注。《调查白皮书》共 6 个部分,分别是:受访者背景、小镇青年职业观、小镇青年婚恋观、小镇青年家庭观、小镇青年消费观、小镇青年迁移观。根据白皮书,超 60% 的"小镇青年"有过创业的想法,并认为创业跟钱没太大关系,主要是为了做自己喜欢的事;44.5% 在过去一年有参加过与工作相关的专业课程并为之付费学习;有 19.7% 的青年正处于恋爱中,而单身大军却占了四成,甚至还有 14.2% 的人没有恋爱经验;生活在城市的"小镇青年"中,仅有一成表示一定会回到小镇;超七成青年认为"租售同权"可以圆市民权利平等梦;超 50% 的"小镇青年"用过"摇一摇"交友。除此之外,在消费观方面,白皮书显示,网络视频、游戏、音乐已经成为"小镇青年"消费的一部分,看电影、唱 K、在线社交以及阅读是"小镇青年"最广泛的日常休闲方式。"小镇青年"基本能养活自己,总体上八成"小镇青年"接受未来式消费,会在可承受范围内适度提前消费。

此外,白皮书还显示,在外打拼的"小镇青年"有八成(80%)以上是因为大城市里各种便利的政策;而能吸引他们回到家乡的三大因素分别是便利的教育(54.8%)、医疗政策(47.3%)和高端人才奖励机制(42.5%)。与此同时,"小镇青年"认为挣钱(72.6%)和积攒人脉(63.3%)能助他们获得更好的发展;人脉对于在城市打拼的"小镇青年"而言更加重要(67%),如图 4-4 所示。

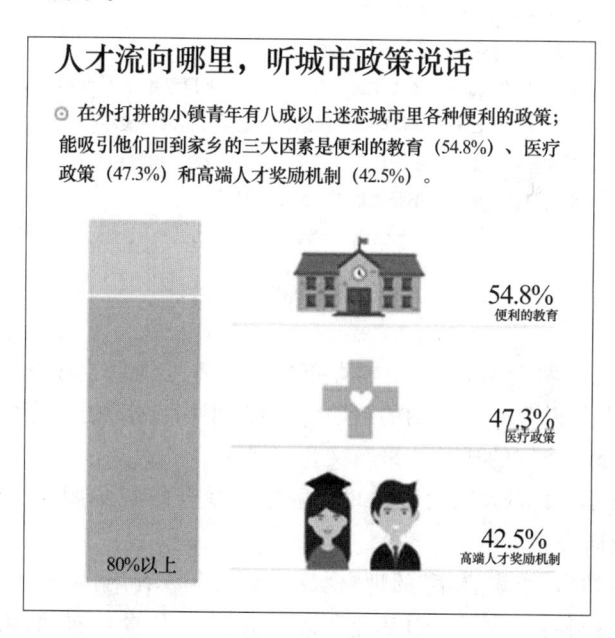

图 4-4 吸引"小镇青年"的因素

"小镇青年"热爱挑战,憧憬未来,近 90% 希望工作富有挑战性。他们行动力强,渴望改变,有 58% 会克服困难,继续拼搏。与此同时,他们普遍也有工作焦虑,超 60% 对自己的工作技能尚不满意,希望学习新的技能;住在城市里的"小镇青年"面对更激烈的竞争环境和更大的生活压力,工作焦虑比生活在小镇里的青年高出 6%。

超 60% 的"小镇青年"有过创业的想法,但赚钱不是主要动因,58.7% 的人是为了做自己喜欢的事情,如图 4-5 所示。

受访的小镇青年中：

近90%希望工作富有挑战性。

有58.2%会克服困难，继续拼搏。

有44.5%在过去一年有参加过与工作相关的专业课程并为之付费学习。

超60%对自己的工作技能尚不满意，希望学习新的技能。

超60%有过创业的想法；其中，58.7%的人是为了做自己喜欢做的事情，赚钱并不是他们创业的主要目的。

图 4-5 "小镇青年"分析图

2019年3月，全国两会期间，由中国青年报·中青在线联合中国青年网打造的谈话类视频节目"两会青年说"，其中一期的话题便聚焦"小镇青年"的文化生活，节目邀请不同领域的青年代表，分享他们的成长故事与文化追梦路。

2020年9月4日，中国人民大学财政金融学院联合蚂蚁集团研究院对外发布《互联网理财与消费升级研究报告》。

该报告首次勾勒出"小镇青年"的理财状况：他们有钱有闲，压力比一线城市的年轻人更小。过去，他们更倾向于购买货币基金和指数型基金；如今，叠加购买主动型基金的"小镇青年"在总人群的占比增长了30.7%，高于"都市青年"22.23%的增长率；同时，他们的理财观念正在发生变化，更愿意去做分散的资产配置。此外，数据显示，从2017年8月31日至2019年7月31日的两年间，三线及以下城市和农村"基民"年增长率高于一、二线城市。同时，互联网理财平台培养了下沉人群的理财习惯，三线及以下城市和农村的"小镇青年"理财人数年增长14.13%，也高于"都市青年"3.34%的负增长。

4.4 银发族

什么是银发族?

"银发族",顾名思义,是指介于黑发与白发之间的人,即老年人。其实"老龄化"已不再是一个新词,按照联合国的定义,一个地区如果 65 岁以上的老年人占比超过 7%,就可以认为该地区进入老龄化社会。2021 年《中国统计年鉴》的数据显示,早在 21 世纪初,在我国的总人口中,65 岁以上的老年人所占比重就已突破 7%,截至 2021 年底,全国 60 岁及以上老年人口达 2.67 亿人,占总人口的 18.9%;65 岁及以上老年人口达 2 亿人以上,占总人口的 14.2%。据测算,预计"十四五"时期,60 岁及以上老年人口总量将突破 3 亿人,占比将超过 20%,进入中度老龄化阶段。2035 年左右,60 岁及以上老年人口将突破 4 亿人,在总人口中的占比将超过 30%,进入重度老龄化阶段。这是一个无法忽视的庞大群体,但是在过去的中国市场,这一消费群体却总是被忽视。

但在同样出现了老龄化现象的日本,却将养老服务和老年市场开发得淋漓尽致,从拥有 80 万银发女性的连锁健身房 Curves,到面向银发人群的"星巴克"Café Plus,再到只为银发族提供服务的连锁 KTV Koshidaka,日本将线下服务空间深耕到了极致,针对老年消费群体的生活习惯和消费特征,开发了系列养老产品,养老产业发展得如火如荼。

中国市场真正开始重视老年消费群体是在 60 后新老年群体进入老龄化时。以 30 后、40 后为代表的老年人成长在物质匮乏、社会动荡的年代,这一群体已经养成了勤俭节约的消费观念和生活习惯,而 60 后恰逢改革开放,经济发展的红利让他们为晚年生活积累了充足的资产,移动互联网的发展也使得他们的消费范围被进一步扩大,"银发族"的内涵得以扩展,从被忽视的群体逐渐成为当下无数品牌争夺的"新阵地"。

我国日趋凸显的老龄化趋势,使得中国成为全球老龄化产业市场潜力最大的国家。"银发族"摆脱了温饱的基本生理诉求,开始拥有物质与精神上的更高需求,在全国消费升级的大背景下,老年人消费升级态势尤为显著,构成了一片"消费新蓝海"。

银发族为何崛起?

"银发经济"势必会成为未来推动我国经济增长的重要引擎之一。

首先,中国老龄化的速度正在不断加快。与发达国家相比,我国老龄化的速度更快,如果将"65 岁以上老年人占比从 7%上升至 14%所用年限"作为衡量老龄化速度快慢的标准,那么结合 IMF(国际货币基金组织)的数据来看,英国 65 岁以上老年人占比从 7%上升至 14%用了 45 年时间,日本用了 25 年。反观我国,仅仅用了 17 年就已从 7%攀升至 11.4%。

其次,中国年轻人口正在不断锐减。2017 年《中国统计年鉴》的数据显示,我国 0~14 岁人口占总人口的比重已由 2002 年的 22.4%下降至 2017 年的 16%。同时,从人口普查数据来看,在从"80 后"到"00 后"的不到一代人时间内,我国出生人口萎缩了 32%。

再次,新一代银发族消费潜力巨大。美国政府的一项调查显示,美国"婴儿潮"一代(1946—1964 年)出生的老人,每年的消费额比其他年龄层多 4 000 亿美元。这一代的新老年人从"以家庭为中心"向"以自我为中心"转变,变得更加独立自我,更注重自我价值的实现,也更愿意消费。《中国老龄产业发展报告》也显示,2014—2050 年,我国老年人口的消费潜力将从 4 万亿元增长到 106 万亿元左右,占 GDP 的比例将增长至 33%。

最后,银发族拥有充足的休闲娱乐时间,当其摆脱了工作的束缚,子女也各自成家,没有后顾之忧后,新老年人进入了人生新起点,有大把的空闲时间可以享受休闲生活,进入悦己状态,尝试不同程度的消费。

人口老龄化速度的加快和年轻人口增速的放缓,使得老年消费者在社会中比例逐渐增加,而有钱又有时间的新老年人,其消费心理和生活状态的转变,进一步促进了"银发经济"的繁荣。

> 创业训练:Z 世代、小镇青年、银发族的创业机会

4.5 创业工具:用户画像

用户画像作为一种设计工具,可以很好地帮助设计师跳出"为自己设计"的惯性思维,聚焦目标用户,发现核心价值,赋能产品,在互联网各类型产品中有广泛的应用。在产品研发过程中,产品、设计、研发等人员经常会提到"我们要为目标用户设计""我们的用户是谁"等字眼,可见找准目标用户在产品研发过程中至关重要。

用户画像是一个描述用户的工具。刻画出用户个体或者用户群体全方位的特征,为运营分析人员提供用户的偏好、行为等信息进而优化运营策略,为产品提供准确的用户角色信息以便进行针对性的产品设计。

用户画像是根据用户的社会属性、生活习惯和消费行为等信息抽象出的标签化的用户模型。

用户画像核心价值在于了解用户、猜测用户的潜在需求、精细化地定位人群特征、挖掘潜在的用户群体。

用户画像一般可以按照行为特征、基本属性、消费特征、交易属性、潜力特征、兴趣偏好和预测需求等方面组织。当然,因为业务的差异,也可以根据自己业务的特点添加不同的特征构建用户画像。

行为特征:主要用来记录用户的行为操作信息。例如,网页端的日启动次数、周启动次数、月启动次数、使用活跃度、最近浏览页面及浏览时间等。

基本属性:描述用户的一些基本特征,用来反映用户的通用信息。例如,用户 ID、昵称、性别、年龄、手机号、城市、注册时间、活跃度、流失倾向等。

消费特征:主要用来记录用户的下单购买行为。此处可以用 RMF 模型记录用户的最近购买时间、消费价格、消费频率等。

交易属性:主要用来记录一些交易的偏好。例如,订单总数、交易额、支付时间间隔等。

兴趣偏好:主要是针对性地找一些兴趣点,用来区分用户。兴趣偏好往往结合日常营销推广活动设置。例如,品牌偏好、房型偏好、品类偏好、星级偏好、菜品口味偏好等,

如图 4-6 所示。

潜力特征和预测需求：主要用来分析用户的价格敏感度和目标价位等。

消费特征	
消费偏好领域	住宅家具:1、童装/童衣
偏好品类	传统糕点:1、简易衣柜
偏好价格区间	0-100:2、500以上:1
消费频率	3
近期消费次数	3
近期消费总额	725.0
使用手机类型	
信用等级	

兴趣偏好	
交际偏好的领域	
微博粉丝数	246
微博关注数	270
微博互粉数	85
微博认证类型	无认证
微博认证原因	
微博个人标签	
QQ群偏好特征	

基本属性	
年龄	43
性别	女
生日	1981-6-25
所在国家	01
所在省份	51
所在城市	01
所在县区	00
故乡国家	00
故乡省份	00
故乡城市	00
故乡县区	00
星座	巨蟹座
血型	未知
学校	中医药大学

图 4-6　用户画像

那么，如何探寻特定群体的用户特征呢？

制作用户画像的步骤：

Step1：收集信息，洞察出谁才是你的目标用户。

Step2：从目标用户身上挑选出与项目相关且最有代表性的用户特征。

Step3：创建三到五个用户画像，命名每个画像。

- 画像的全部内容浓缩到一张纸上，便于回顾。
- 画像内容需要包含照片、人物描述、人物格言和人物特点等。
- 确定人物的年龄、教育程度、工作、种族、宗教和家庭状况等信息。
- 最后确认画像中人物承担的责任和现阶段的人生目标。

用户画像小贴士：

- 用户画像最重要的内容是真实人物信息的引入，如图 4-7 所示。
- 不必过于拘泥于细节。
- 好看的用户画像能鼓励设计师进行产品设计。

吴珊珊 (Wu Shanshan)

基本信息
年龄：27
职业：摄影师
家庭：已婚，与丈夫居住
住址：上海，宝山区
性格：乐观、坚毅

个人愿望
生活：用镜头记录自己日常
工作：用摄像实现经济独立
旅行：记录旅途美景

摄影习惯
➢ 出门检查摄影包
➢ 拍摄前检查ISO设置
➢ RAW格式拍摄，精确曝光
➢ 保留照片，不急于删除
➢ 每日清洁相机镜头
➢ 完成拍摄后，重设相机

拍摄内容
人物：●●●●
风景：●●●●
建筑：●●●
纪实：●●
表演：●

痛点
携带：设备太重，携带不便
功能：菜单操作烦琐
续航：电量不足，续航差

喜爱的品牌
Canon　尼康 Nikon
FUJIFILM　Leica

图 4-7　吴珊珊用户画像

产品展示时，用户画像可以作为背景板。

用户画像的作用是将目标聚焦在一部分用户，而不是所有人。

创业训练：用户画像，30 分钟

探索本团队项目的用户细分，并完成用户画像。

- 20 分钟，团队共创
- 10 分钟，团队发布

第 5 章

互联网时代的用户需求

5.1 主动寻找创业机会

案例 Airbnb 是怎么来的？

2020年12月10日,Airbnb股价刚开盘就直接飙升到146美金/股,比IPO发行价68美金翻倍还多。公司目前稀释后市值超千亿美金,超过全球第一大酒店集团希尔顿,全球700万个房源,遍布190多个国家和地区的6.5万个城市,这就是火遍全球的共享短租服务公司Airbnb。谁能想到,独角兽公司的萌芽,只是因为付不起房租的创始人想通过出租充气床来赚外快,公司也一度濒临破产,靠卖麦片才撑过难关。内森·布莱查奇克(Nathan Blecharczyk)等3个80后创始人,从穷光蛋室友变成了如今的亿万富翁,还因为开创了"分享经济"这个商业新模式,开始影响世界经济的格局。

两个学生想出金点子

当年创办Airbnb的时候,根本都没有"分享经济"这个名词,创业原因只有一个字:穷!

那是2007年秋天,Airbnb创始人布莱恩·切斯基(Brian Chesky)和乔·格比亚(Joe Gebbia)都是毕业于罗德岛设计学院的学生,哥俩都穷得付不起在旧金山的房租。

他们两个都没有稳定的全职工作,然而他俩租住的房子的租金却突然涨了很多,于是手头开始非常紧张,急需现金。

当时,即将召开的设计大会给了Gebbia一个赚钱的灵感。既然有这么多的工业设计师要来这里参加设计大会,那么这个城市几乎每个酒店房间都被预订完了,没预定到酒店的设计师来到这里后都住在哪里呢?

于是,他们便将他们租住的房子租给那些设计师,这就是Airbnb诞生的初衷。

Airbnb并不是一开始就有一个想彻底变革整个酒店行业的宏大的、雄心勃勃的计划,它诞生的原因只是因为两个合伙人迫切需要钱,所以才有了这么一个能够快速赚钱的方法,这就是Airbnb的天才之处。

当时,他们是没有任何正规的床位可供出租的,只有3个充气床勉强凑合能出租。因此,他们就把这个项目命名为"充气床+早餐"(Airbed and Breakfast),上线的第一个网站域名就是airbedandbreakfast.com。这就是Airbnb名称的来源。

虽然简陋,但这是Airbnb的第一个房源。这里入住的第一批客人,两位男士和1位女士,每人向房东支付了80美元房租。

从此之后,乔和布莱恩看到了在线短租的前景,拉来工程师朋友内森·布莱查奇克入伙开始创业。

刚开始,他们做匹配室友的服务,做了4个月,随后发现另一家"Roommates.com"已经做得很棒了,他们就重新回到提供住宿和早餐的服务。网站最初的域名为"airbedandbreakfast.com"(后改为更简洁的"Airbnb.com"),主要是为房东和旅行者提供线上交易平台。三个合伙人各有分工——布莱恩是CEO,乔负责网站设计,工程师出身的内森则提供技术支持。

最惨时靠卖麦片度日

2008年,Airbnb抓住了大型线下活动的机会。Airbnb首先在2008年3月的大型线下活动"西南偏南大会"(SXSW)上推出了产品,当时也适逢美国总统大选,他们在美国总统候选人之一奥巴马的演讲地点丹佛市做推广——因为丹佛酒店很少,但是去看奥巴马的人又很多,所以他们一下子就火了。不过,Airbnb的发展在这些大活动之后很快又陷入了停滞。

2008年夏天,他们完成了Airbnb网站最后版本的开发。最初的网站由一个主页、搜索版块、评论版块和支付系统构成,大部分版块在今天的Airbnb网站上依然存在。网站上线后,他们被引荐给了15位天使投资人。当时他们想以150万美元的估值融资15万美元,在这15个投资人里,7个人压根就没有回复,剩下8个投资人分别在邮件里回复了拒绝的理由。布莱恩在一次访谈中说到,很多人曾告诉他,Airbnb是他知道的最后能成功的、最烂的创业想法。

Airbnb公司濒临破产、难以为继,乔和布莱恩一度靠透支信用卡来维持。后来,借美国大选的东风,布莱恩设计了两款总统选举主题的麦片——奥巴马口味和麦凯恩口味(当时的共和党总统竞选人),每盒40美元,市场反响比预计的要好,在卖出了1 000盒麦片后,他们最终挣了3万美元——这也是Airbnb服务早期最重要的一笔资金来源。而那些没有卖完的麦片,成了布莱恩他们后来一段时间的口粮。

在导师的推荐下,布莱恩团队得到了和硅谷的创业孵化器Y Combinator创始人保罗·格雷厄姆(Paul Graham)面试的机会。"他们的点子糟糕透了,"保罗·格雷厄姆面试时并不看好这个疯狂的想法,认为那些想要把自己的家租给陌生人的人都有病。在离开之前,乔和布莱恩送了一盒麦片作为礼物给保罗,保罗问他们哪里买来的这个麦片,布莱恩说是他们自己做的,于是讲述了那个以卖麦片为生的故事。保罗·格雷厄姆说,他决定给Airbnb提供2万美元的启动资金,让这个初创团队加入Y Combinator的孵化项目,"因为创始人有不死的信念,而且很有想象力"。

一年内业务增长了7倍

2009年,鉴于Airbnb成交情况并不乐观,乔和布莱恩亲自体验了24家不同的房源,试图找出问题根源。原来,房主们拙劣的拍照技术和糟糕的文案,掩盖了房屋本身的优势。于是,他们花了 5 000 美元租了一部高档相机,挨家挨户免费为许多纽约房东拍摄照片。很快,纽约的订房量涨了两、三倍,当月,公司在当地收入整整增长了一倍。这一做法很快被复制到巴黎、伦敦、迈阿密等地。

在孵化器的 13 个星期里,Airbnb 的每周收入从 200 美元上涨到 4 500 美元。2009 年 4 月在孵化项目结束时,Airbnb 获得红杉资本 60 万美元的投资。

2010 年 1 月,Airbnb 总预订天数还只有 10 万天,但是到年底时这个数字就增长到 80 万天,它在一年内实现了 700% 的增长。此时,Airbnb 早已走出纽约,成长为一项全球性的网络服务。Airbnb 成长史如图 5-1 所示。

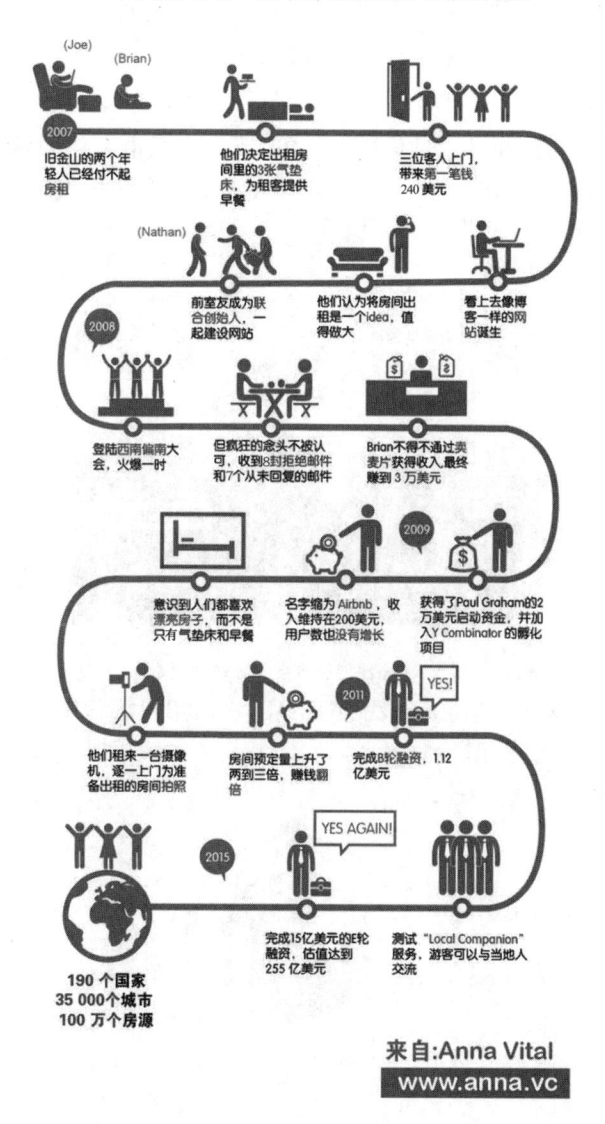

图 5-1　Airbnb 成长史

开创"共享经济"新概念

2011年5月,创始人布莱恩·切斯基对《金融时报》表示,"我真的认为我们(Airbnb)将成为继 eBay 后另一个大市场"。这个时候,Airbnb 的总预订数已经累积到 160 万。同年 7 月,Airbnb 成功完成 B 轮融资,金额达 1.12 亿美元,公司估值达 13 亿美元。2013年,Airbnb 营业额已经达到 2.5 亿美元。2014 年年中,Airbnb 融资总共超过 8 亿美元,估值 130 亿美元。

2017 年 3 月 10 日,Airbnb 最新的一轮融资有 40 余家机构参与,该公司估值也由此达到 310 亿美元。

Airbnb 开创了共享经济的新概念,需要人们敞开自家大门,把自己的房子租给素未谋面的陌生人。当我们今天谈到 Airbnb,要看明白它的商业模式并不困难,但在这条路上承载着几乎所有人的质疑、熬过每天吃麦片的窘困境地并最终坚持下来,从而改变了世界的,只有 Airbnb 一家公司。

资料来源:Airbnb 创始人:3 个青年的逆袭之路. 南方都市报. 2017-12-08.

创业知识点:主动寻找创业机会(图 5-2)

偶然看到的显性问题和机会只是冰山一角,还有大量潜在的隐性问题和机会在水面之下,需要创业者用理论知识、工具、方法、好奇心和敏锐的触角去探索。

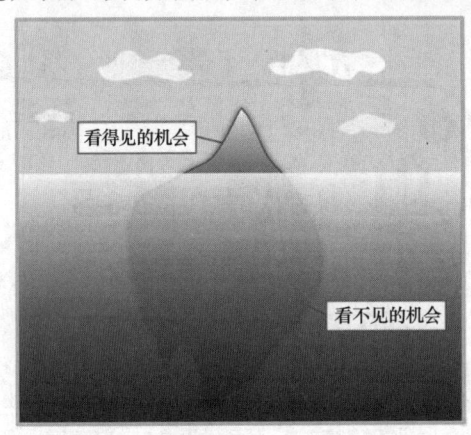

图 5-2 显性创业机会和隐性创业机会

创业中常用的方法主要有:观察法(AEIOU 法)、用户旅程图、访问法(5W1H)、采访法(5Whys)、同理心地图等(图 5-3)。

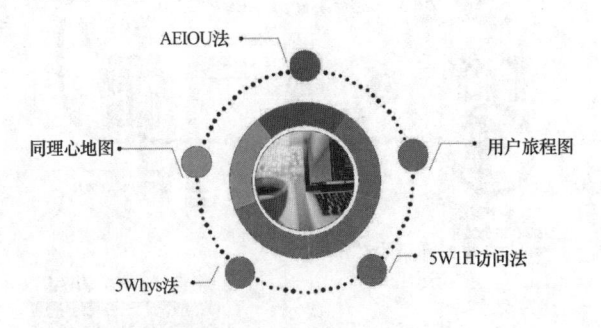

图 5-3 创业中常用的方法

5.2 创业工具：观察法（AEIOU法）

AEIOU法是由Rick Robinson等人于1994年创立并在当时用于建立模型与数据分析的。这是一个在没有个人主观意识影响下，客观地进行针对性问题探索解决方案的方法，见表5-1。

AEIOU法是对活动、环境、交互、物品和用户五个要素进行分类探索的组织框架。在研究人员的观察、记录、重组、总结下，得出全面而基础的要素信息。

表5-1　　　　　　　　　　　AEIOU法的五个要素

A Activity 活动	E Environment 环境	I Interaction 交互	O Object 物品	U User 用户
记录主要活动以及相关行为，即人们为实现某一目标而完成的一系列行为	指活动发生所在地的所有场景，描述环境的特点以及功能	指所有构建人与人或者人与物之间互动的因素，记录交互行为是日常的还是特别的	将涉及的物品按主要物品和次要物品进行列表，并指出功能和使用情况，尤其关注在交互行为中改变了其本来的功能、意义、内容	即人物定义，角色以及与其他人在时空上的关系，发出行为、喜好、需求的主体

创业示例：AEIOU法

- AEIOU法示例1（表5-2）

表5-2　　　　　　　　　　　AEIOU法示例1

A Activity 活动	E Environment 环境	I Interaction 交互	O Object 物品	U User 用户
等公共汽车	公共汽车站里，旁边还有三个人	聊天（刚刚女生发生的事）男生边听边玩手机	厚外套，后背包	情侣
看站牌	公共汽车站，等候座位旁	手指着路线圈，看似寻找站牌	买菜袋、头巾、厚外套	妇人
等人	公交车站外	打电话	手机、侧背包、手提袋	女学生

- AEIOU法示例2

A（Activity）：行为模式。

举例：有位小女生在制作娃娃。

E（Environment）：所处行为的周围环境。

举例：在游戏机和娃娃展览品架的共同区块内的长方形木桌。

再细节：有几台游戏机？室内温度如何？空调加电扇，还是纯空调？灯具效果如何？灯具是不是用环保灯泡？

I（Interaction）：该行为的人与物、物与物、人与人之间的互动。

切忌，不要有个人主观意识！

举例：小女孩很开心（开心就属于主观意识），用木棒沾白胶，把xx黏在娃娃上，"很开心",要拿掉。

情绪上或者内心的解读,会比较适用访谈的方式去了解。

再细节:花费多久完成1件娃娃。

O(Object):互动时的物品。

举例:白胶、娃娃、木棒。

再细节:东西的材质?

如有电子仪器,使用瓦数?

U(User):小女孩。

再细节:年龄?服装?

最后,整理出条列式的观察,透过这些,可以延伸很多讨论以及各种思考:

1. 冷气是否可以根据室内的人数多少,自动调节温度?

2. 灯光要不要分开处理?(游戏机那边的灯光不需要太亮,因为游戏机本身就很闪亮,娃娃展示架那边的灯要不要有人时自动亮?)

3. 制作娃娃的材质是否环保……

创业训练:AEIOU 法(表 5-3)

表 5-3　　　　　　　　创业训练 AEIOU 法

A Activity 活动	E Environment 环境	I Interaction 交互	O Object 物品	U User 用户

5.3　创业工具:用户旅程图

用户旅程图是讲述人们如何与产品互动的视觉故事,旨在捕获用户的整个体验。它们可以帮助设计师加深对用户的了解,并充当企业与购买者之间的桥梁。用户旅程图从用户角度出发,以叙述故事的方式描述用户使用产品或接受服务的体验情况,以可视化图形的方式展示,从中发现用户在整个使用过程中的痛点和满意点,最后提炼出产品或服务中的优化点、设计的机会点。同时让产品(服务)团队了解用户使用过程中的看、想、听、做,让他们能够从用户角度去考虑产品、设计产品,这个过程的产出物即为用户旅程图。好的用户旅程图能够使设计师跨职能工作并解决相关的用户体验问题。

用户旅程图是以视觉化呈现出用户为达成某一目标所经历的过程的一种工具,通过创建用户旅程图,能够更好地理解目标用户在特定时间里的感受、想法和行为,认识到这个过程的演变,寻找用户的痛点。

用户旅程图最基本的创建模式是,首先在时间框架下填入用户的目标和行为,随后在用户旅程图中填入用户的感受和想法,当用户故事逐渐完善,再通过视觉化的方式予以呈现,最终服务于团队交流与设计洞察。

用户旅程图有两个十分强大的工具:即通过讲故事(Storytelling)的方式描述用户的体验过程,采用视觉化(Visualization)的方式将信息予以呈现。讲故事和视觉化是创建用户旅程图两个非常重要的工具,因为它们可以更有效地传递信息,使信息的呈现简单明了,便于记忆分享。

用户旅程图包含用户需求、功能、情感、使用过程、痛点(遇到的问题)、机会点等,简而言之,就是将用户使用产品/服务的整个过程都记录下来,一方面可以发现问题,另一方面可以展示设计方案,如图5-4所示。

用户旅程图是从用户视角出发的一种可视化用户与品牌或产品的交互过程的工具。用户旅程图反映了用户体验某个品牌或产品的过程,包括用户行为、用户感受和思考。

它并非UX/CX(用户/客户体验设计师)专属工具,产品经理也需要深度理解用户与产品交互过程,众所周知,理解并能与用户共情是产品成功的基石。用户旅程图刚好通过更直观的方式构建了用户与产品交互的故事,能够帮助产品设计者、决策者、开发者建立同理心与共识。

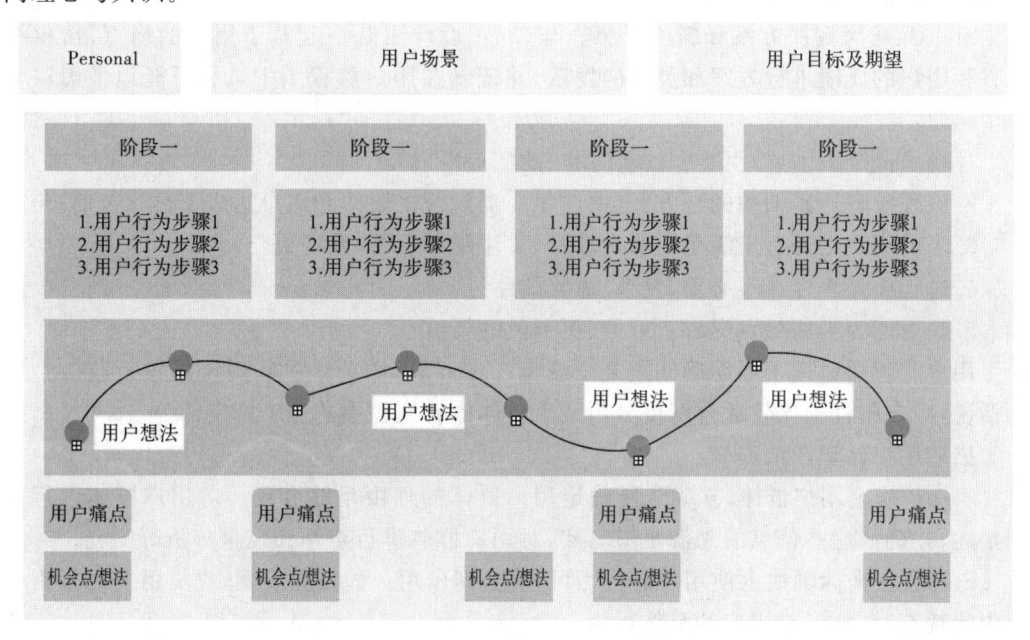

图 5-4 用户旅程图 1

通过使用用户旅程图能够解决以下问题:

1. 与用户建立共情,进一步识别用户痛点,从而提升用户体验。
2. 发现业务流程问题,为用户达成其目标铺平道路。
3. 帮助我们发现潜在、流失、活跃用户的体验,从而提升转化率或获得更多的潜在用户、活跃用户。

4.帮助开发团队更好地沟通。

正确地应用用户旅程图的步骤如下：

Step 1：明确用户、目标及场景。一般来说，用户旅程图映射需要聚焦于特定场景中，针对某个特定目标的单个角色。否则，用户旅程图将过于笼统，容易错过灵感和问题。如果需要研究两类用户的旅程，可以建立两张用户旅程图。

Step 2：绘制用户行为（阶段、用户行为、触点、渠道）。明确用户达成其目标需要经历的阶段，以及映射到该阶段的用户行为。有时旅程可能会遇到分支，将分支也绘制出来。

很多人在使用用户旅程图时会将触点和渠道混淆，或者很难理解触点是什么。它们其实是两个不同的概念。

触点指的是用户与产品（服务/业务）发生交互的那个时刻，比如用户想买商品时会了解商品、进行咨询、下订单等，这些与公司的业务发生接触的点称为触点。

渠道则是公司与用户沟通的媒介，或者说是触点发生的环境。比如，在进行了解商品时，可能是通过网页浏览、店里展厅查看、杂志、拨打咨询电话等。所以，一个触点可能对应多个渠道。

Step 3：绘制用户想法和感受（情感线、痛点、反馈）。在旅程中一一映射用户的感受，通常使用感情线的变化趋势，并在情感线的低谷处详细描述用户的痛点，也可以进一步记录用户的其他反馈。

Step 4：思考解决方案和新的灵感。与产品、设计团队一起基于用户的痛点、情感线低谷和用户的反馈进行方案和灵感的发散，并记录在用户旅程图中。尽可能地考虑以下几个问题：

1.哪里最令人困惑/沮丧？（关注用户的痛点）

2.旅程没有达到期望的地方？（关注每一步是否逐渐帮助用户达成了目标及期望）

3.当前用户是否有未满足的新需求？（关注用户反馈，发现机会）

4.过程中是否存在不必要、复杂、重复的路径？

5.是否能为当前触点提供更好的、更有效的渠道？

用户旅程图适用于当明确知道某个流程存在问题，需要进一步对问题进行收敛。换句话说，用户旅程图比较适合深度分析某个整体体验流程中的一个特定部分。

描述用户旅程图的步骤：

Step1：确定用户群体，并确认所确定用户群体的理由足够合理。对用户群体进行详细描述，并确认这些信息的来源足够真实，对用户群体进行定性和定量分析等研究。

Step2：在坐标轴线上使用户的行为可视化，列出用户的行为步骤，收集用户在行为过程中的观点，详细记录用户的具体行为。

Step3：在竖轴上列出问题：用户的目标是什么？用户如何去做？如果从用户的角度出发，什么是好的，什么又是不好的？用户正在经历什么样的情绪？

Step4：从具体的项目出发，增加一些特定的问题，例如：用户在这个地方遇到了什么痛点？用户需要和哪些群体交流？用户又需要使用什么设备？

Step5：尝试解答列出的所有问题，最好是用跨学科式的思维来解决这些问题。

描述用户旅程图的小贴士：

第 5 章　互联网时代的用户需求

・你想要提升用户的体验和感受,那就多去思考用户喜欢做什么,而不是思考用户需要如何去做。

・使用多样的视觉表达方式:用户旅程图可以是圆形的,也可以和另一张用户旅程图交叉使用,甚至内容也可以没有文字,只有图形。内容比形式更重要,形式可以跳脱出框架外(图 5-5)。

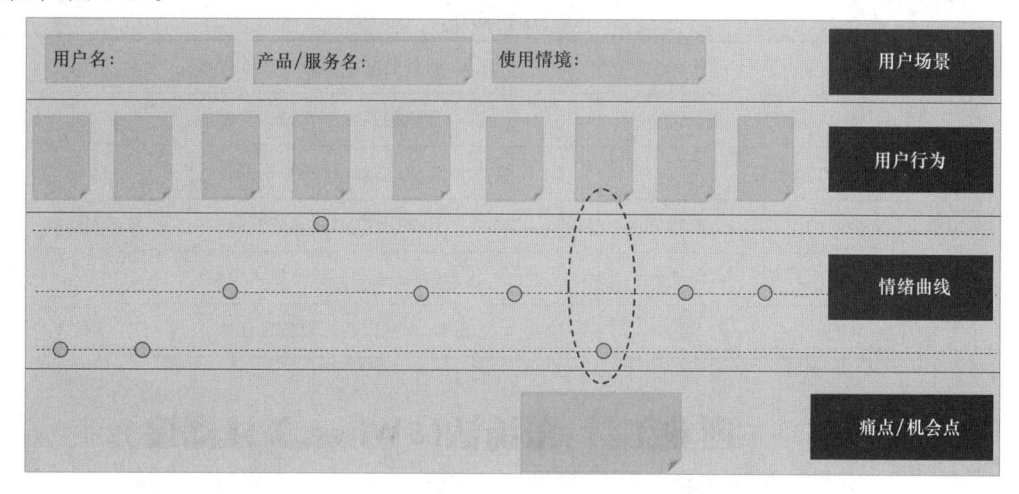

图 5-5　用户旅程图 2

・合并定性研究和定量研究的数据,寻找有能力的伙伴,共同完成用户旅程图。
・保证数据的信息完全来自用户,留出时间和用户多交流。
・当新的发现出现时,不要害怕去改变原有的内容。
・尽可能地让研究数据可视化,让人看得懂。
・画出用户旅程中的用户故事版,留下足够的空间以便在项目不断推进的过程中更新迭代。

创业示例:用户旅程图(图 5-6)

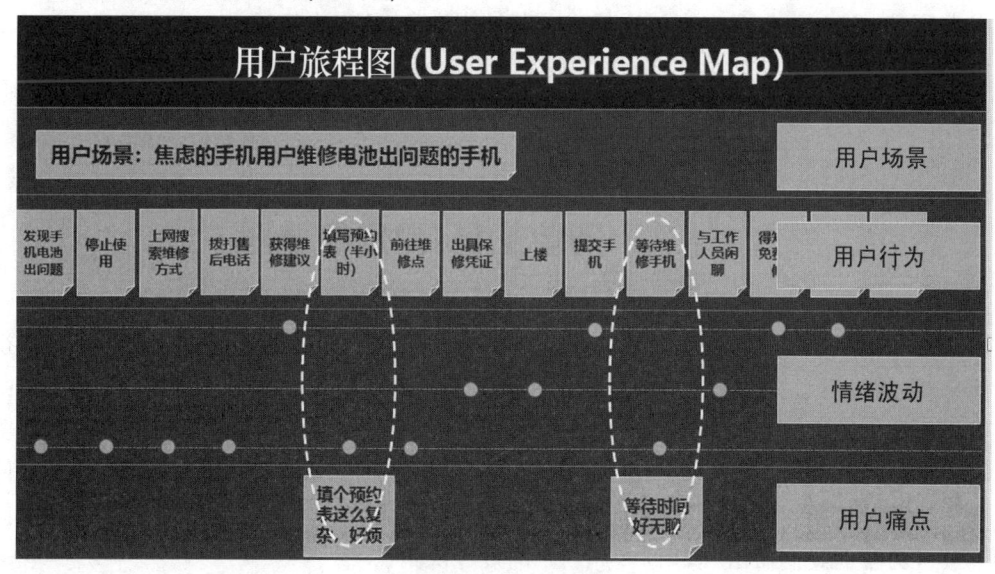

图 5-6　用户旅行图示例

5.4 创业工具：访问法（5W1H，关注广度）

5W1H访问法内容见表5-4。

表5-4　5W1H访问法

What	什么？	比如,目的是什么？做什么工作？
How	怎么做？	比如,如何提高效率？如何实施？
Why	为什么？	比如,为什么这么做？理由和原因是什么？
When	何时？	比如,什么时间完成？
Where	何处？	比如,在哪里做？从哪里入手？
Who	谁？	比如,谁来完成？谁负责任？

5.5 创业工具：采访法（5Whys，关注深度）

问题：我的汽车无法启动。

为什么？电池电量耗尽。

（第1个为什么）

为什么？交流发电机不能正常工作。

（第2个为什么）

为什么？交流发电机皮带断裂。

（第3个为什么）

为什么？交流发电机皮带远远超出了其使用寿命,从未更换过。

（第4个为什么）

为什么？我一直没有按照厂家推荐的保养计划对汽车进行过保养和维护。

（第5个为什么,根本原因）

5.6 创业工具：同理心地图

同理心地图是团队用来深入洞察其用户的协作工具。它将对现有用户的了解进行视觉化呈现,用以表示一组用户群的想法和感受,帮助研究人员了解用户需求,从而促使团队更好地做出决策。它包含用户的想法和感知、他们所说的话及所做的行为,以及受环境影响所产生的其他信息。一个清晰的、内容详尽的同理心地图将会为您解答"为什么要使用它""什么时候用它"以及"如何使用它"。用户需求,即:(1)让大家对终端用户的理解保持一致;(2)帮助我们做出"以用户为中心"的设计决策。

通过例子来了解同理心地图

举一个具体的例子:假如说公司想要设计一款产品——能让员工在最近的咖啡店里下单并自取咖啡。那么你首先要和一个用户 Jill 聊一聊,了解一下她的日常习惯。

Jill 可能会说,她每天都忙得要死,每天早上都会惊险地端着杯咖啡,迟到那么一两分钟。虽然她更喜欢一家当地小咖啡店,但因为星巴克更方便,她只能每天选择星巴克。为什么方便呢?因为星巴克有一个应用,你可以提前点单,然后到店取走。不需要和服务员交涉,也不需要排队等待。不过,她还是不太喜欢妥协于一个"速食咖啡公司"。

在进行采访之后,你可以选择更有趣的方式,和自己的同事一起制作同理心地图。

你可以把每一个用户的想法、情绪、感受都用便利贴粘到不同的格子里。有的时候,分格子可能比较困难,因为便利贴上内容也许模棱两可,但不用想太多,贴就完了,反正可以重叠贴或者重复贴。

为什么要使用同理心地图

同理心地图是这个时代应运而生的用户研究工具,如果做得"漂亮",它会呈现一个十分完美而简洁的用户画像:

- 它可以快速可视化用户需要什么(尤其是对非设计者)。
- 它作为收集用户信息的起点,开启一个很棒的精益用户体验的工作流程(你将获得更多的原型和测试)。
- 它不仅可以快速创建,如果基于真实数据,它还可以快速地被迭代和修正。

设计师可以通过这个工具让设计决策者认识到这已经超出他们的经验(让他们乖乖听话)。

什么时候使用同理心地图

同理心地图是开始一场设计的最好方式。

在收集产品需求之前、做完初步的用户研究之后,便可以开始绘制同理心地图了;如果说确定产品策略是解决问题的环节,那么同理心地图则揭示了哪些问题需要解决以及如何解决,这对已有产品进行设计改造来说也是一个非常好的工具。

怎么绘制同理心地图?

步骤:

在四个象限中分别标记:看(see/观察),听(hear),思考和感受(think&feel),说和做(say&do)。

以用户的角度,即用户看、听、思考和感受、说和做,如图 5-7 所示。

目标(收获):用户期望达成的愿望(What is user ultimate goal? What are they trying to achieve?)。

问题(痛点):所有值得我们思考的用户所遇到的阻碍,例如:一个完全不熟悉的技术,或难以一眼瞥到的信息。

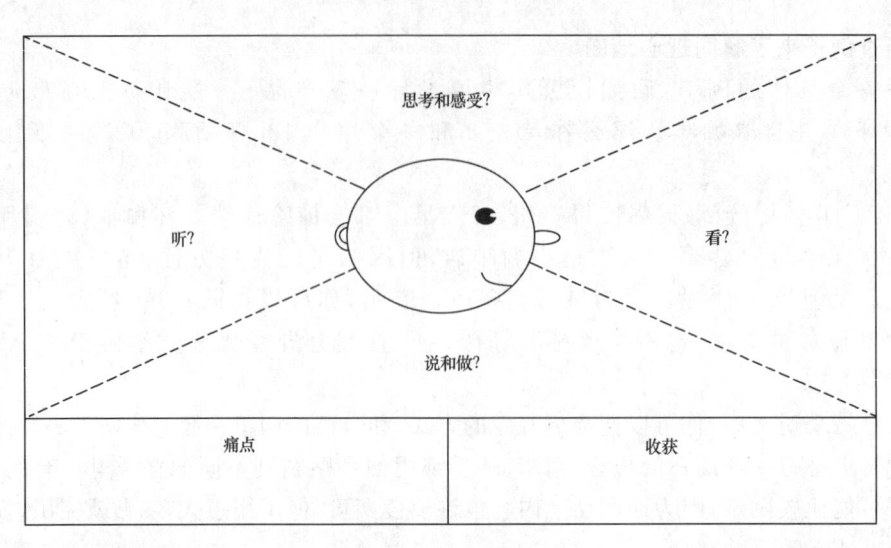

图 5-7　同理心地图

举例（图 5-8、图 5-9）

学生服务大厅同理心地图

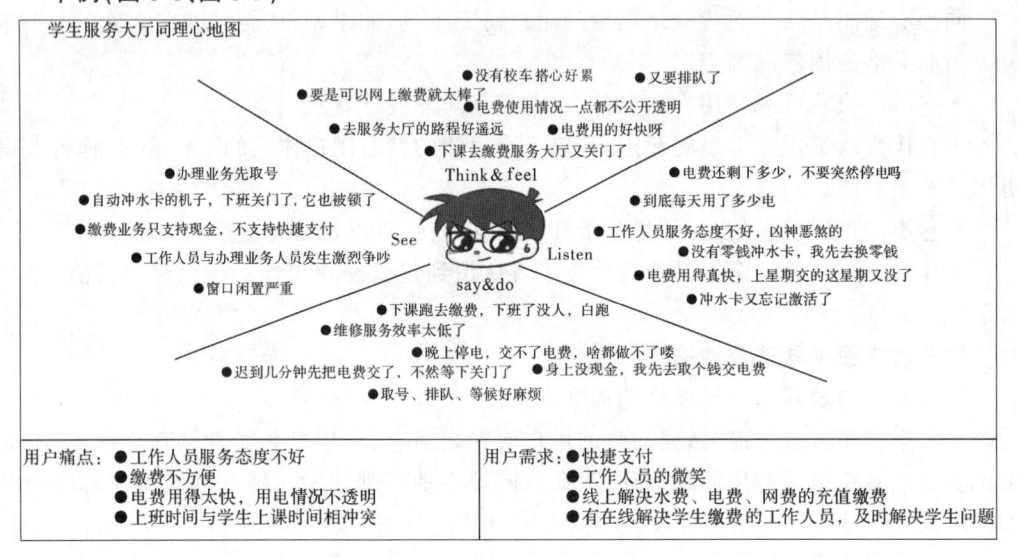

Think & feel
- 没有校车搭心好累
- 又要排队了
- 要是可以网上缴费就太棒了
- 电费使用情况一点都不公开透明
- 去服务大厅的路程好遥远
- 电费用的好快呀
- 下课去缴费大厅又关门了

Listen
- 电费还剩下多少，不要突然停电吗
- 到底每天用了多少电
- 工作人员服务态度不好，凶神恶煞的
- 没有零钱冲水卡，我先去换零钱
- 电费用得真快，上星期交的这星期又没了
- 冲水卡又忘记激活了

See
- 办理业务先取号
- 自动冲水卡的机子，下班关门了，它也被锁了
- 缴费业务只支持现金，不支持快捷支付
- 工作人员与办理业务人员发生激烈争吵
- 窗口闲置严重

say & do
- 下课跑去缴费，下班了没人，白跑
- 维修服务效率太低了
- 晚上停电，交不了电费，啥都做不了喽
- 迟到几分钟先把电费交了，不然等下关门了
- 身上没现金，我先去取个钱交电费
- 取号、排队、等候好麻烦

用户痛点：
- 工作人员服务态度不好
- 缴费不方便
- 电费用得太快，用电情况不透明
- 上班时间与学生上课时间相冲突

用户需求：
- 快捷支付
- 工作人员的微笑
- 线上解决水费、电费、网费的充值缴费
- 有在线解决学生缴费的工作人员，及时解决学生问题

图 5-8　学生服务大厅同理心地图

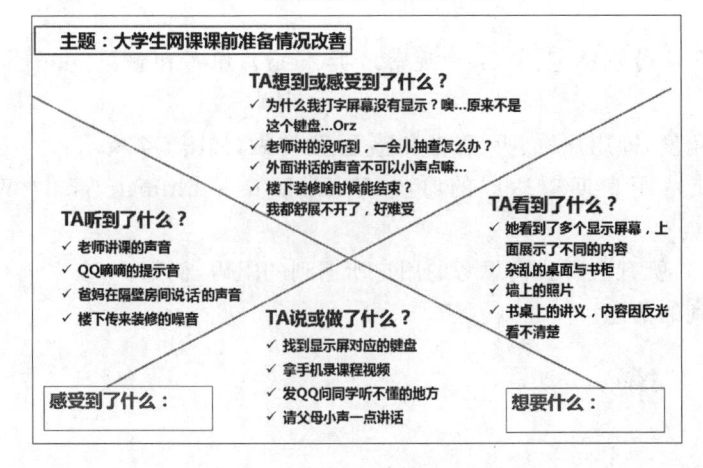

主题：大学生网课课前准备情况改善

TA想到或感受到了什么？
- 为什么我打字屏幕没有显示？唉…原来不是这个键盘…Orz
- 老师讲的没听到，一会儿抽查怎么办？
- 外面讲话的声音不可以小声点嘛…
- 楼下装修啥时候能结束？
- 我都舒展不开了，好难受

TA听到了什么？
- 老师讲课的声音
- QQ嘀嘀的提示音
- 爸妈在隔壁房间说话的声音
- 楼下传来装修的噪音

TA看到了什么？
- 她看到了多个显示屏幕，上面展示了不同的内容
- 杂乱的桌面与书柜
- 墙上的照片
- 书桌上的讲义，内容因反光看不清楚

TA说或做了什么？
- 找到显示屏对应的键盘
- 拿手机录课程视频
- 发QQ问同学听不懂的地方
- 请父母小声一点讲话

感受到了什么：

想要什么：

图 5-9　大学生上网课同理心地图

同理心地图是服务设计的重要一步,有了同理心地图,产品部门才能更好地理解用户需求和这些需求背后的原因。

通过同理心地图,各个部门的重心是会使用产品和服务背后的人,而非产品或服务本身,如图5-10所示。

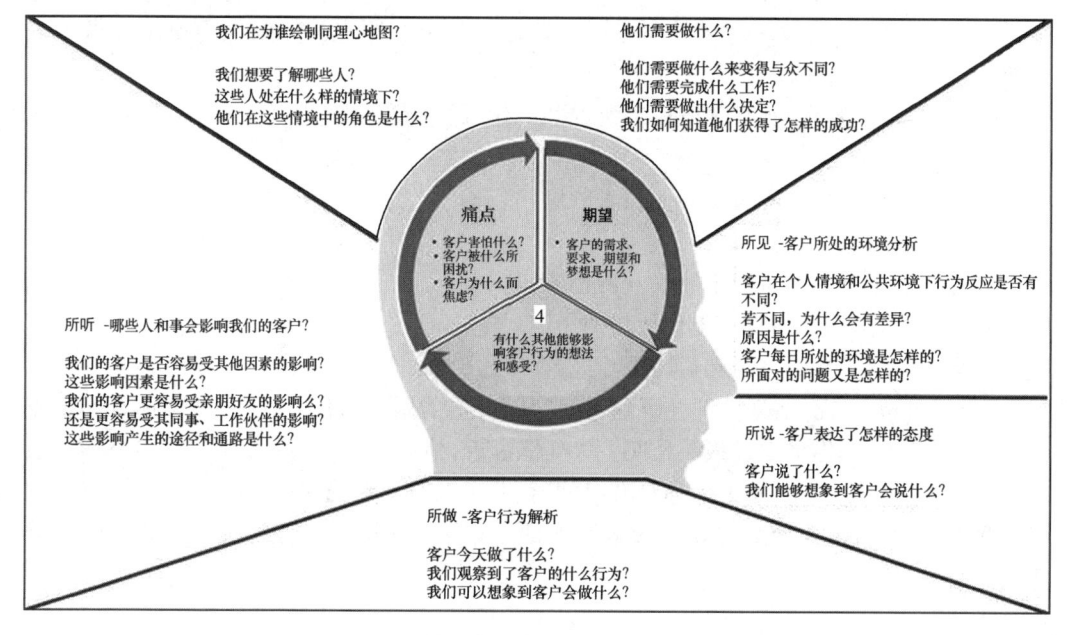

图 5-10　同理心地图解析

接下来,通过一个实际的客户案例来看,如何一步步地绘制同理心地图。

背景

Diana 在市场调研行业工作了 5 年。由于工作压力太大,最近她决定开始教授瑜伽,这能让她提高自信,舒缓压力。她在考虑改变一下职业,同时也在寻找加入新的社群机会。

个人数据

年龄:31 岁

职业:市场营销经理(同时也有瑜伽教练证书)

婚姻状态:单身

地点:上海

根据同理心地图绘制的流程,我们将重心集中在以下几个问题:

- 我们在为谁绘制同理心地图?
- 我们想要了解哪些人?
- 这些人处在什么样的情境下?
- 他们在这些情境中的角色是什么?

对于 Diana 来说,她对经济形势的变化感到不确定,决定换一份工作,以便拥有更好的精神健康和生活方式。

- 他们需要做什么?

- 他们需要做什么来变得与众不同？
- 他们需要完成什么工作？
- 他们需要做出什么决定？
- 我们如何知道他们获得了怎样的成功？

Diana发现并且加入一个微信群，能够对她的决定有所支持。她也为换工作做了一些准备，比如参加瑜伽课、考取相关的从业资格证书等。

接下来，是对客户"所听""所见""所说""所做"的观察和收集。

所听

- 我们的客户是否容易受其他因素的影响？
- 这些影响因素是什么？
- 我们的客户更容易受亲朋好友的影响吗？
- 还是更容易受其同事、工作伙伴的影响？
- 这些影响产生的途径和通路是什么？

对于Diana来说，她日常都会听到这些问题："你的压力为什么这么大？""你看起来很累，你睡觉了吗？""你考虑过换工作吗？""疫情过后，你有什么新的计划吗？""如果你这段时间没有学习新东西，不是因为你没有时间，而是因为你不够自觉"（而她并不认同这个建议。和从前相比，现在的她需要做很多其他的事情，比如做饭、打扫房间、帮助邻居遛狗等）。

所见

- 客户在个人情境和公共环境下行为反应是否有不同？
- 若不同，为什么会有差异？
- 原因是什么？
- 客户每日所处的环境是怎样的？
- 所面对的问题又是怎样的？

新冠肺炎疫情后，Diana所看到的是一个快速发展的市场，在新冠疫情后需要调整以提供新的适应疫情后场景的服务。她看到关于消费者健康的社会责任感和关怀是一个大趋势，一个健康的生活方式是成功克服新冠疫情带来影响的关键。

她还通过微博和朋友圈，看到许多人（朋友和其他有影响力的人）换了工作，来寻求一种更平衡的生活方式，网络上也出现了许多选择，比如搜索引擎广告、品牌广告等。

所说

- 客户说了什么？
- 我们能够想象到客户会说什么？

Diana喜欢对产品和服务进行评论，和他人分享经验，尤其喜欢在线点评。她也积极地通过社交媒体分享自我护理和冥想有关的帖子。

通过问卷调研了解到，她对消费的态度是"我希望第一次就做对的决定"，而通过她的微博，我们发现她希望最近的一次消费能拥有不同的体验"我想……"，她也通过社交媒体分享自己喜欢的品牌"我想要值得信赖的品牌"。

所做
- 客户今天做了什么?
- 我们观察到了客户的什么行为?
- 我们可以想象到客户会做什么?

通过深度访谈和问卷调研,我们发现Diana是一个有创造力但也有控制欲的人,她每次做决定或者买东西之前,都会查看线上的评价,比如微博、大众点评、淘宝,并通过这些网站来比较不同的产品。

她在努力地保持着工作和所喜爱的瑜伽之间的平衡。

她会向家人、朋友或者微博好友寻求建议,但她也会推迟做重大决定,因为过度分析反而拿不定主意。

接下来,还需要分析其他的一些影响因素,来确定客户的痛点和期望。

其他的影响因素

对于Diana而言,还有一些其他的因素,也会影响她做出决定。

Diana在探索新品牌时,总是会关注品牌的设计和第一印象。

关于新冠肺炎疫情的信息以及相关的社会信息对她而言很重要。

此外,还需要提出以下几个问题:
- 新冠肺炎疫情后,Diana的预算改变了吗?
- Diana是否需要在经济上帮助朋友或家人?
- 如果换了新工作,Diana的经济状况是否能够满足她的物质需求?

通过综合以上所有的信息,我们可以得出Diana的痛点和期望。

痛点
- 新冠肺炎疫情带来了生活不确定性。
- 拿不定主意,疑虑,失望:是不是要继续考虑换工作?
- 压力大,失去信心,焦虑。

期望
- 新冠肺炎疫情期间的隔离,让她有更多的时间来在线搜索、研究新产品。
- 虚拟社区:在线上与新的朋友结识。

那么,我们可以得出为Diana绘制的同理心地图,如图5-11所示。

通过这个同理心地图,就可以更深入地了解Diana的习惯和偏好,从而在提供产品和服务时,更好地满足她的需求。

📖 **创业训练:** 同理心地图:宅男宅女(食堂排队、上课、寝室生活)

1. 在一张A4纸的中央处绘制出用户头像,简单就好,不用过度美化。
2. 在四个象限中分别标记:看,听,思考和感受,说和做。
3. 小组展示。

图 5-11　为 Diana 绘制的同理心地图

5.7　以用户为核心：互联网思维的本质

互联网思维的本质如图 5-12 所示。

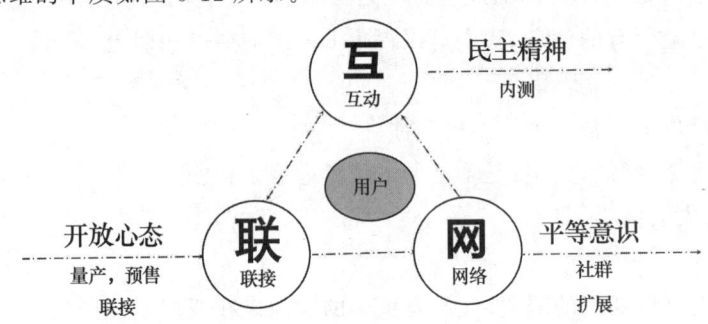

图 5-12　互联网思维的本质

创业知识点：以用户为核心是互联网思维与传统思维的根本区别

互联网诞生至今，给人类带来了无限的便捷性，几乎覆盖了人们衣、食、住、行的每一个角落。在此期间诞生了无数优秀的互联网企业，例如阿里巴巴、腾讯、京东、今日头条等。

"长江后浪推前浪"，新体系的诞生，必然会对传统行业带来巨大的冲击，因此在这个全民互联的时代，很多的传统企业都过上了举步维艰的日子。甚至一些百年老字号也在为生存而担忧不已，那些百年传承的方法在如今已经不适用了，不得不改变，因为这个时代不转型就是死亡！那么传统行业究竟如何寻找新的出路呢？这里需要解答三个问题：

- 屡试不爽的营销为何不再实用了？
- 为什么百年经验的产品开发手法做出来的产品却无人问津？
- 互联网到底是如何做的？

是什么让产品不再好卖？

我们首先分析一个问题：时代发生了哪些变化？

以往的社会是一个供小于求的计划经济时代，工商业企业一直把握核心信息，依托信息不对称赚取差额。只要产品生产出来，依托强大的营销手段，各种包装与推广，再怎么差的产品都能有很好的销售数据。你会发现，传统行业的思维中只有也仅有赚钱。营销手段是每个公司最核心的部分，它们决定了产品的销售额。

然而现在是供大于求的时代，如果继续用以往的思维做产品，只是为了赚钱，把东西卖出去就行了，而不是考虑用户到底需要什么？产品到底应该怎样满足用户的需求？只想通过外表的包装以及多年的营销手段促使消费者购买。显然，这样的企业只能取得眼前的产品销售额，但不会走得长远。

此时，产品仅仅只是企业能力与技术的展现，而并非在解决用户的需求。

传统的思维下，过去几十年的经验告诉它们，只要产品能生产，就能有收益，消费者仍然是处于供小于求的时代。

只要在大牌的媒体上投放一个广告，产品就不缺销量；只要有权威的媒体作为支撑，就能获得巨大的市场。但事实却并非如此，信息时代，人们有更多的选择，更加追求个性化。

时过境迁，新兴平台的兴起极大地分割了用户的时间与精力，权威广告的参考价值也不如从前，消费者也不再是原来的消费者，传统的营销手段已经逐渐失效。

例如当年的脑白金在央视投放的金标，只要拿到央视的广告，就可以起到最大化营销，就可以快速地获得市场，产品也会快速地被人们所认知并得以销售。

但现在不同了，不仅仅电脑被广泛普及，手机也是人手一部，人们的注意力从以往的电视机过渡到了电脑和手机上，流量进行了大量的分散，营销的效果自然也就大打折扣。

为了谁做产品？

这里我们也得思考一个问题：以前和现在做产品有什么不同？

需求是产品的重要组成部分，且任何一个企业的商业模式都是为了解决某种需求，只是因为时代的不同，解决的需求自然也就不同。

在众人下海的时代，是一个市场时代，整个市场都是空缺的，因此企业满足的需求是市场需求。

那时的市场是空缺的，人们还处于一种供不应求的时代，能吃上饭，娶上媳妇是最大的需求。其实也不能算是需求，只能说是需要，例如那时吃饭的碗都可能是空缺的，这时人们需要的只是一个碗，所以那个时候的产品只是为了市场的需求而做。

然而，现在时代已经改变，卖碗的商家太多了，市场已经完全饱和。同时因为经济上涨，人们的需求也在发生变化，此时的人们不再仅要一个碗，他们需求的可能是一个好看的或者是具有独特性质的碗。

由此可以看出，因为时代的改变，人们的需求也在发生变化，企业不能只做着普通的制造生产的生意,而更应该满足用户的需求。

因为一个碗的生意已经没法做了,竞争过于激烈,这个时候企业应把市场需求回归到用户需求,只有满足了用户需求的产品才是具备这个时代特性的产品。

因此,当今时代下,做产品应是为了用户而做,而不是为了市场,也不是为了老板,更不是为了你自己。

以用户为核心

"以用户为核心",无论是业界大咖,抑或者是中国的产品大神,都在各种大会中不断地重复着这句话,这句话其实就是千万互联网人的心得,也是互联网企业之所以可以立身的根本。

传统行业为何传统,并不在于工具与技术,而在于思维。传统行业转型并不是彻底搬用互联网的一切,而是借鉴互联网的思维与工具对原有业务进行调整与改造。

如果企业只抱着将自己生产出来的产品卖给消费者的心态来做互联网转型,那么企业是无法实现互联网转型的,也离企业破败的时间不久了。

互联网的思维在于极度关注用户的需求,一切以用户为核心,通过洞察用户且挖掘其需求再生产产品,因此每一款互联网的产品背后都凝结了无数用户需求的解决方案,用户必然是喜欢用,同时也愿意为它持续付费。

这也是很多传统企业所困惑的原因,为什么自己深耕行业几十年,却被一个新兴的企业快速分割?为什么他们做出来的东西那么受欢迎?

一切皆在于"以用户为核心"。

传统思维与互联网思维的区别如图 5-13 所示。

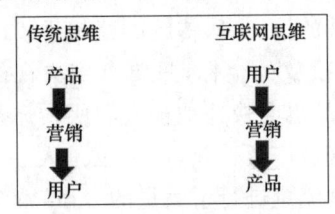

```
传统思维            互联网思维
  产品                用户
   ↓                  ↓
  营销                营销
   ↓                  ↓
  用户                产品
```

图 5-13　传统思维与互联网思维的区别

创业知识点: 以用户(not me)为核心的创新

"以用户为核心"的本质是什么?

任何产品,都在努力满足用户的需求,通常来说也就是三个方面的需求。

- 功能性的需求:比如,手机必须能打电话,内存必须要大,播放小视频不卡等;
- 价格上的需求:实际上每个人的消费过程都是在追求质优、价好的产品的过程;
- 情感上的需求:体现在心理、文化上面的一种认同和满足,比如品牌彰显的一种身份象征。

要满足用户在这三方面的需求,我们就必须提供性能良好、操作简单的产品,而且必须贴近生活、贴近时代,让用户在品质、服务方面都得到显著的保障,还必须保证用户能便捷地获取这种产品,能够彰显出与之相匹配的身份特征。

从中可以发现:用户的需求贯穿于市场、研发、销售、制造、服务的全流程,企业要想真正达到"以用户为核心",就必须建立完整的"以用户为核心"的业务流程。

每一个与产品、用户接触的时刻,都是"关键时刻"。

(1)以用户需求作为产品设计的原动力,坚守用户价值作为产品的核心价值

用户比利润更重要,每当我们要提供新计划时,应该首先了解用户将对此做出怎样的心理反应。以产品为导向,就必须在市场的引导下完成一切工作,包括决策、投资、改革等,如果你不知道用户要的是什么,就不会有正确的目标和战略。

(2)以对用户负责的理念,高质量地交付产品

有品质,才有品牌。

品牌的建立必须从最开始的时候就有所准备,特别是对创业公司而言,没有品牌计划的产品往往难以走得远。

(3)快速响应用户的需求,特别是售后的需求

一个重要的观点:与其强调用户的售后满意度(如电话接听的及时性),不如强调如何降低用户售后需求的频次。一万个用户反馈售后态度好,不如只有1 000个用户需要售后服务。

(4)降低成本

更低的成本带来更有竞争力的价格,更加合理的价格就可能吸引更多的用户。应当尽可能地降低非必要的成本,把费用投入到提高产品的竞争力方面。

案例　　　　　　　　　　温暖的怀抱

陈珍(Jane Chen),就是一个很好的例子,她运用设计思考的方法,开发出价廉物美的婴儿保温袋,帮助印度偏远地区的母亲免于丧失新生早产儿的痛苦。之后,她又创办了拥抱公司,以推广和销售其成功研发出的保温袋。

陈珍是中国台湾人,毕业于哈佛大学肯尼迪政府学院,并获得公共行政硕士。她曾在香港的智行基金会(Chi Heng foundation)担任项目主任,这是一个非营利性组织,成立于1998年,专门针对中国中部受艾滋病影响的儿童的教育,进行协助和辅导,成效显著,因此得到许多香港的国际银行与公司赞助。

当陈珍在斯坦福大学攻读MBA时,她选了"设计思考"的课,由于她在2008年时,得知每年全球出生的2 000万早产儿中,有近400万早产儿,活不过第一个月就死去了,特别是在那些贫穷地区的婴儿。这让陈珍感到非常震撼与痛心。

因此,她和班上几个同学针对这一现象,合作设计一种低成本的婴儿保温袋,以便偏远地区所使用。他们应用在斯坦福设计学院学到的设计思考流程,组成了一个Embrace团队,并深入早产儿死亡率最高的尼泊尔与北印度当地做田野调查。

他们发现欧美的医院中,所使用的婴儿保温箱价格昂贵,一个要两万美元以上,并非当地医院所能负担的,加上供电不稳定,也造成了婴儿照护的困扰。

他们还发现当地的生活落后,医疗资源缺乏,许多孕妇的家距离医院很远,大约需要四小时以上的车程。时常有刚出生的早产儿,因为出生之后,父母来不及送往医院的保温箱,便因失温而死于母亲的怀中。

陈珍和她的团队,也参观了尼泊尔地区的卫生机构,访问当地的医生、护士和母亲们。之后通过头脑风暴,产生数十种的设计模型,运用不同的概念和保温材质,经过不断的实验改进,最终研发出了一种成本低于25美元的婴儿保温袋(embrace infant warmer)。

这种保温袋,使用过程中不需要电源,可以重复使用,体积小,可以重复加热,以保护早产儿度过危险期。使用时,也不受时间和地点的限制。每加热一次,就可以让新生儿持续温暖6个小时。由于采用特殊的布料,可以始终将温度控制在恒温。而它的价格,却只有保温箱的百分之一!

这个产品拯救了不少当地的早产儿。陈珍的团队还成立了非营利的拥抱(Embrace)公司,详细内容请观赏2009年的TED影片——《陈珍,拯救生命的温暖拥抱袋》。

2012年,陈珍又创办了拥抱创新公司(Embrace Innovations),专门生产婴儿保温袋,这是个要盈利的社会企业,并在公司网站上,提供世界各国爱心人士捐赠保温袋的渠道。到2016年,这种婴儿保温袋,已经在全球救活了二十万个婴儿!

2015年,拥抱公司加入繁荣网络(Thrive Networks),繁荣网络是国际性非政府组织,以改善亚洲和非洲落后地区人民的健康和福祉为目标,它们透过科技和有绩效证据支持的计划,来达成使命。两者的结合将更有效地为亚非落后地区的新生儿健康做出贡献。

2016年,拥抱创新公司把生产制造婴儿保温袋的工作,转移给印度的凤凰医疗系统,以专注致力于新生儿的健康照护者的培训和推广工作。

婴儿保温袋是一个真实的可让大家了解创新与创业过程的细节的好故事,陈珍也因此获得多项国际创新与领导人奖,美国前总统奥巴马曾接见过她,并把她的产品昵称为"婴儿睡袋"。

资料来源:美华裔发明睡袋般大小育婴箱救活无数婴儿. 美国《星岛日报》.

创业训练: 用户需求挖掘

基于本团队的用户画像,以用户旅程图挖掘他们"冰山下"的需求。

- 15分钟,团队共创

挖掘尽可能多的需求

- 5分钟,团队发布

第 6 章

互联网时代与新型用户探索模式

6.1 设计思维

案例 她设计了一套老年痴呆症患者专属餐具，获斯坦福设计大奖

2014 年的斯坦福银发设计比赛主题是"如何扩展失智症（俗称老年痴呆症）患者独立生活的能力"，来自中国台湾的姚彦慈带着她的作品 eatwell 斩获一等奖。她不仅要带给失智症患者更好的进食体验，还要带给他们独立生活的尊严。

为什么失智症患者需要特别设计的餐具？

失智症患者有视觉障碍以及对距离的侦测障碍，简单的动作对他们来说都变得极其不易，有些老人又同时因手部颤抖而撒落食物，造成他们进食困难，也增加了照顾者的负担。

于是，姚彦慈以增加患者进食量、维护患者尊严，以及减轻照顾者负担这三个目的为出发点，经过四年的研究开发，设计出失智症患者专用的餐具，如图 6-1 所示。

这个看似儿童餐具的设计作品竟暗含多达 21 个设计玄机，让我们看看其中几处特点：

1. 缤纷的颜色：根据波士顿大学的研究指出，鲜艳的色彩可以促进食欲，让每个失智症患者平均多摄取 24% 的食物和 84% 以上的水分。因此，eatwell 采取了视觉对比强烈的颜色进行设计，来刺激使用者的进食量。

2. 倾斜的碗底和杯底：倾斜的碗底让食物会随时自动聚集到碗内的同一侧，方便使用者舀取；同样的原理，有高低差的杯底以及杯盖能够让吸管自然地稳定在杯中，让失智症患者不会因不停滑动的吸管而影响喝水的意愿。

3. 整套餐具的底部都是橡胶基底的防滑设计，让餐具不容易被打翻；而杯子的杯柄延伸到桌面，也有助于增大支撑力。

图 6-1　eatwell 餐具

4. 碗壁设计成和碗底垂直,防止使用者直接将食物拨出碗外。
5. 汤匙的设计和碗的弧度互相吻合,降低舀取食物的困难度,也让使用者更好握住。
6. 托盘上可嵌入餐巾,接住掉落的食物,让食物不会掉到患者的裤子上。

改善失智症患者进食的问题,不是想办法让他们吃进更多食物就好,而是要通过优化失智症患者的进食体验,让他们重拾生活自理能力和乐趣。不只是用餐,患者如果坐得越久,就会越不想自己起来动一动。所以要尽量鼓励他们自己来,对于他们生理和心理的健康都比较有帮助。

为他们设计产品,要先走进他们的生活里。

姚彦慈在美国学的是产品设计,为了让产品能贴近用户需求,姚彦慈到好几家不同形态的养老院当义工,观察失智症老人的作息,和失智症老人相处,再把产品原型提供给养老机构的患者和专业照护者(包括护理师、职能治疗师和社工)试用,从他们的建议回馈中持续修正产品。这套餐具除了要达到让老人顺利进食的目标,也要让他们愿意用、觉得好用,才能发挥产品的价值和设计初衷。

资料来源:作者根据网络资料编写而成

创业知识点: 设计思维(Design Thinking)

你知道什么是设计思维吗?设计思维又是如何解决我们生活中的问题呢?

首先,我们思考一个小问题:怎样让更多乘客愿意乘坐火车呢?你会选择把车厢变大?把座位变得更舒适?还是设置更多的车次?

解决这个问题的不是火车技术公司,而是一家设计咨询公司 IDEO。1997 年,我们接到来自 Acela 公司的改造火车车厢以提升乘客搭乘率的要求。IDEO 没有马上研究车厢,而是做了大量的用户行为研究,基于这些研究发现,搭乘率低的根本原因是订票、取票和搭乘整个过程过于繁杂,影响了乘客的乘车意愿。于是他们重新设计了购票系统,真正改善了乘客的整个乘坐体验。

乘客不愿意乘坐火车,一般人的惯性思维会想,是不是火车出了问题?而设计思维则一定会先考虑:乘客的需求是什么?

这就是设计思维的核心精神:"以人为本"的设计,也叫作"以用户为中心"的设计(User-Centered Design)。设计思维,就是一套"以人为本"的解决问题的方法论。解决问题,要从人的需求出发,多角度地寻求创新解决方案,并创造更多的可能性。

在设计思维提出之前,设计或许仅仅是为了让东西更好看或者更好用的一种工具。但设计思维的出现,阐明了如何去用设计师的一套思维方法来解决组织战略的问题、社会发展的问题等。

设计一词很容易让人联想到服装设计、室内设计、园林设计等,然而设计的范畴实则非常广泛。第10届诺贝尔经济学奖获得者、20世纪最具影响力的社会学家之一的赫伯特·西蒙将设计定义为优化现有情况的过程。而与自然科学追求"是什么"和"必然性"形成区分,设计关注的是"可能成为什么"和"偶然性"。赫伯特认为这一创造性过程需要一种不同的思维方式,他将其称为"设计思维"。

"以人为本"是设计思维的核心洞察,并以创造积极的社会影响为导向,从结果上来说,设计思维与社会创新有着同一目标,设计思维是一种解决问题的方法论。它的三个圆圈(从人的需求出发、商业上的延续性、技术上的可行性)的交集就是设计思维寻找的创新之路。

设计思维的方法论着眼于人,关注人就一定会去关注一些社会背景,解决一些社会问题,自然而然的就会产生商业与社会的跨界。同时,参与这种"以人为本"的设计的人,也会有一种天然的倾向,不单单只考量商业利益,也希望实现一些社会价值。

📖 **创业知识点**:设计冲刺(Design Sprint)

设计冲刺最初起源于谷歌,融合了设计思维和敏捷开发(Agile)两大方法论。设计思维强调"以人为本"的设计思想,它需要花费更长的时间做观察、访谈来深入理解用户,对解决未定义或未知的复杂问题极其有用。和设计思维不一样的是,设计冲刺更适用于已知需要解决的且较为明确的问题,它融合了敏捷开发,最大的优势在于5天内完成整个创新流程。EECN的活动工具火种节的底层逻辑也是设计冲刺,只是在它的基础上做了简化。

用五个词来概括设计冲刺即团队、目标、想法、原型及验证,简单来说,就是一群人在一起来定义清楚需求,在这个过程中孕育出各种创意的想法,孵化出一个低保真原型,最终找寻真实的用户进行测试验证,如图6-2所示。

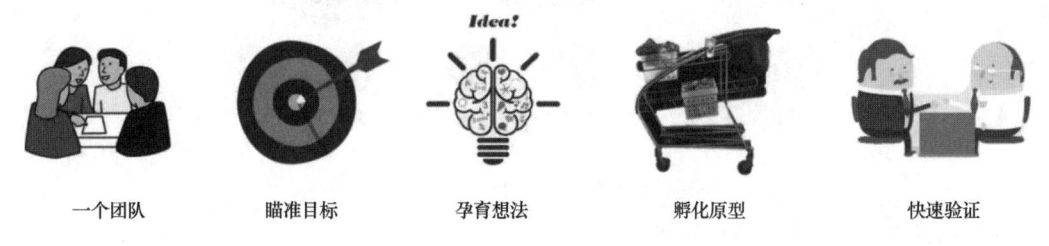

| 一个团队 | 瞄准目标 | 孕育想法 | 孵化原型 | 快速验证 |

图6-2 设计冲刺五原则

不管是什么类型的企业,不管是多大规模的公司,在经营的过程中可能都会面临着一些问题,比如应该把公司主要的人力、物力用于何处?新业务应该如何起步?脑袋里的创意进入现实生活后有多大的成功率?如何设计出让用户尖叫的产品?如何快速抢占市场先机呢?

能够快速解决这些难题的钥匙之一便是设计冲刺。Google团队已经在这套方法论的指导下，开展了 100 多个项目，应用于小到 Gmail 的智能收件箱，大到 Google X 的无人驾驶汽车；这套方法论经过多年的调整和沉淀，现在已经非常成熟，可以适用于很多领域，如软件、硬件、营销、服务等（图 6-3）；可以解决很多类型问题，从优化产品到制定营销策略，从为公司命名到评估新商机的可行性等棘手难题。

| 某个功能 | 网站 | 手机应用 | 硬件 | 营销 | 服务 |

图 6-3　设计冲刺适用领域

设计冲刺的整个流程是一个支持发散思维（自由形式创意头脑风暴）和收敛思维（线性、逻辑思维）的框架。与基于灵感乍现的设计方式相比，能有效地降低设计的风险，也更加适合团队协作。同时，设计冲刺针对每一个阶段的目标，都提供了数个经过实践的方法。

整个设计冲刺过程共包含六个阶段（图 6-4）：

- 理解（Understand）：理解要为用户解决的问题
- 定义（Define）：明确产品策略
- 发散（Diverge）：探索实现方案
- 抉择（Decide）：确定设计方案
- 原型（Prototype）：构建产品原型
- 验证（Validate）：验证产品原型

Understand　Define　Diverge　Decide　Prototype　Validate

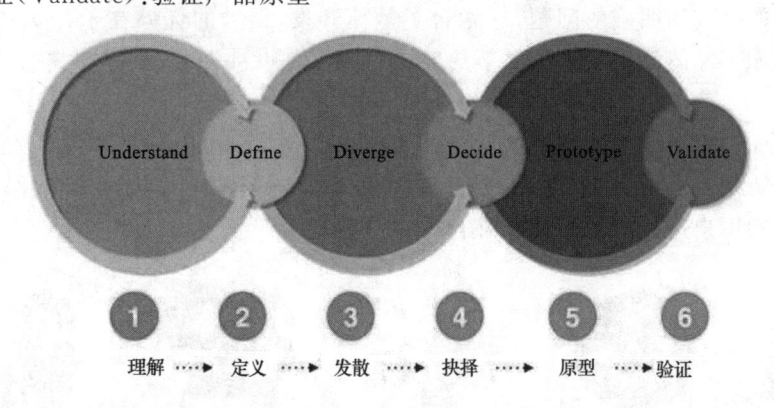

① ② ③ ④ ⑤ ⑥
理解 → 定义 → 发散 → 抉择 → 原型 → 验证

图 6-4　设计冲刺六阶段

▶ **创业知识点**：设计思维流程

设计思维流程在不同地方会有不同的术语来表达，其阶段模型也是从 3 到 7 个不等，但追求的目标基本相同，且整个过程都聚焦于人，是"以人为中心"的设计。下面简单介绍几个常见的模型。

《设计思维手册》中，是以 HPI（哈索·普拉特纳软件研究所）的 6 步骤模型进行阐述的，其阶段包括：理解、观察、定义视角、构思、原型、测试，如图 6-5 所示。

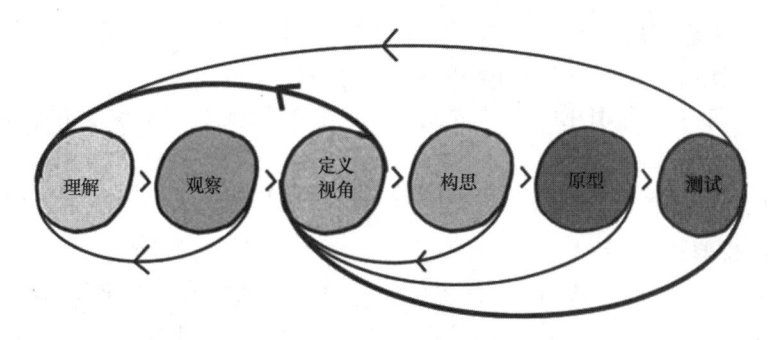

图 6-5　HPI 设计思维 6 步骤模型

斯坦福大学设计学校（d.school），现在称为哈索·普拉特纳设计学院，起初通过以下三个步骤教授设计思维过程：理解、改善、应用。

从那以后，他们开始着手制定和开源他们著名的被广泛应用的 5 阶段过程。这也是我们建议的过程：同理心、需求定义、创意动脑、原型制作、实际测试，如图 6-6 所示。

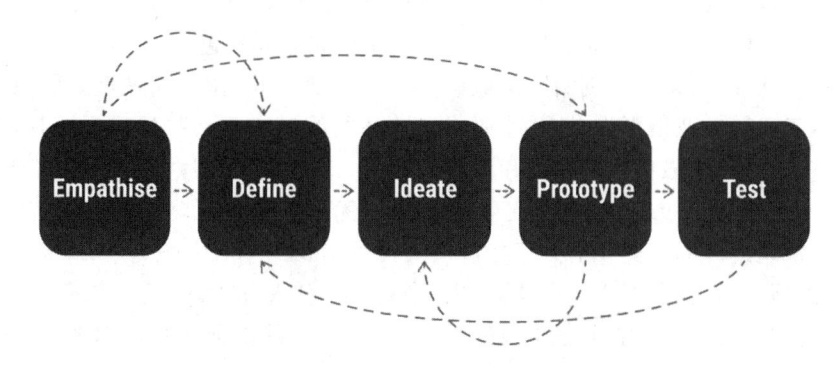

图 6-6　设计思维 5 阶段

d.school 使用一个六边形来代表 5 个阶段过程，以此表明设计思维是一个迭代过程而非线性过程，如图 6-7 所示。

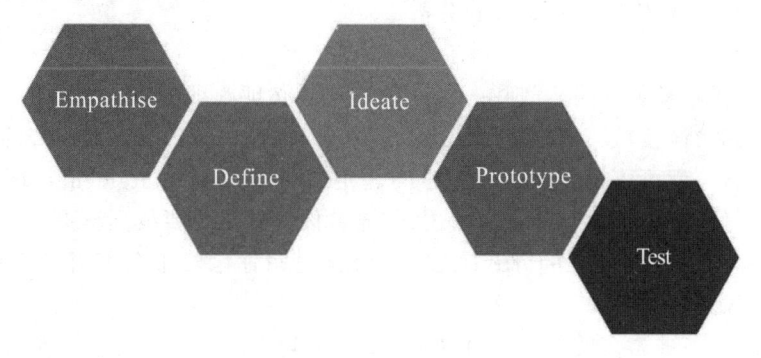

图 6-7　d.school 设计思维 5 阶段

IDEO 使用不同的流程，虽然它只有三个阶段，但与此处介绍的其他流程几乎完全相同。这三个阶段是：

- 灵感：促使寻求解决方案的问题或机会

- 构思：产生想法的过程
- 实施：引导项目从房间走向市场的路径

IDEO 还发布了一套 IDEO 设计方式卡，涵盖学习、观察、询问、尝试各自的方法集合，用于整个创新循环。

> **知识点**：设计思维原则

聚焦人的价值

设计思维不停地审视问题本身，使工作始终聚焦于真正值得解决的问题。在设计思维项目过程中，整个团队始终保持批判性思维，不停地回过头来质疑问题本身，到底我们要解决的是什么问题？是为谁解决的？这是否是个真正有价值的问题？而传统的做事情方式，往往是直接着手于寻求解决方案，有时候花费了很多时间和精力，得到了一个自认为很好的方案或产品，最后却发现无人需要。

颠覆了酒店住宿行业的 Airbnb 在创立初期，新用户和预订量增长停滞不前，创始人之一同时也是设计师背景的布莱恩·切斯基（Brian Chesky）通过深入对种子用户的理解，发现这些尝试租赁共享房屋的用户最为关心房源状态和特色。

基于这一认知，布莱恩和创始团队做出了可能是 Airbnb 初创期最重要的决定，将最后的预算用于租赁专业摄影设备，并按照用户关注的维度去重新拍摄房源照片，从色彩、角度和细节等方面，去强化共享房屋和酒店的差异，最终这批照片上线后为 Airbnb 带来了 100% 的预订量增长。而 Airbnb 更强化了图片优先的整体策略，时刻关注用户体验，成为这家估值超过 300 亿美元的共享经济巨头持续增长的基石之一。

设计思维强调把消费者当作立体的"人"来看，了解"人"的习惯经验如何对其购买、使用产品产生影响，分析其在服务各阶段的感受是什么，情绪如何变化。那么，如何了解如此复杂的"人"呢？

设计师们从心理学和人类学家那里借鉴了一些常用的方法，如采取实地观察、跟踪和访谈等方式，记录用户行为的"人种志（民族志）"研究；又比如场景分析，提倡对产品的使用环境（自然与社会环境）进行记录和分析。

行动优先

设计思维是行动的导向，要理解人们的痛苦，就必须跟他们进行真实的对话，不只是交谈，还要运用访谈技巧深挖出他们的经历，明确让他们在情感上感到痛苦的是什么。理解了他们的痛苦，就可以把它描述成一个问题定义（Problem Statement），这就好像是你高中和大学时候写论文，对于论题的阐述，它逼着你疯狂地想要找到解决方案。一旦你能够将他们的痛苦以问题定义的方式写在纸上，就说明你已经准备好开始迎接真正的乐趣——"头脑风暴"了。

一旦你产出了非常多的想法，把你的想法尽可能多地画出来（这些想法应该是尽可能关注在人们经历的痛点）。然后，就是行动导向，把这些想法展示给顾客，再次访谈他们并获得反馈，然后再回到概念草图进行改进。

这是设计思维的另一个重要方面，就是通过迭代来不断改进，小增量地改进你的想法（快速地、低成本地、轻松地"失败"）。

直到你对反馈和迭代感到比较舒服和满意了，这时候你可以进行原型制作阶段。走出办公楼,重新回到顾客身边,获取一些关于原型的反馈,然后再回到绘图板或工作间,在反馈的基础上进行迭代改进。

跨学科团队合作

设计思维强调跨界合作,不同领域的知识重叠。设计思维强调跨专业团队,实际上背后整合的是来自不同领域的大脑,代表着对问题有更加宽广的认知,在审视问题时可以拥有不同的视角,在寻求解决方案时才更有可能产生创新。而传统的方法往往是找到该领域的资深专家来剖析问题给出答案,而越是专业越是难以跳出固有的思维模式找到新的可能。

不同学科对产品会有不同的想法,并且无法自然地对其他学科的观点产生共鸣。缺乏共鸣的状态可能是团队由于有限的资源、历史因素、技术驱动产品和服务开发,以及其他成员对设计关注点的持续误解造成的。

在产品核心团队建立一个高度跨学科、跨领域的"产品准则"是至关重要的,它可以建立共享的愿景,并培养了跨学科的同理心。

创意方案探索的一般过程(图6-8)

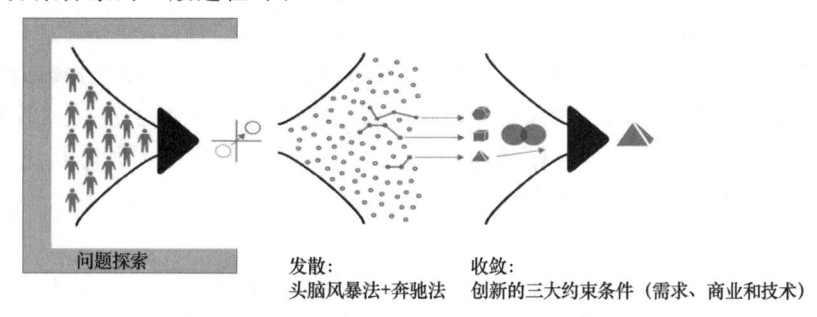

图 6-8 创意方案探索的一般过程

6.2 从"需求"到"问题描述"

美丽问题的语言范式——How Might We(HMW)

我们怎样才有可能……

"我们可以怎样?"式的问题是开启头脑风暴和其他创意发散的最佳方法,可以在其中探索帮助寻找解决设计挑战的灵感。通过将挑战框定为我们可能会提出的问题,为第三个设计思维阶段——构思阶段的创新解决方案做好准备。"我们可以怎样?"式的提问为新想法打开了广阔的视野,虽然我们目前还不知道如何解决问题,但我们会采取团队协作的方式一起来构建解决方案。

例如,如果你的POV是"十几岁的女孩需要吃有营养的食物,才能健康茁壮地成长"。

HMW问题可能如下:
- 我们如何使健康饮食对年轻女性具有吸引力?
- 我们如何鼓励十几岁的女孩选择更健康的饮食?

- 我们如何使健康饮食成为青少年向往的东西？
- 我们如何使营养食品更经济实惠？

这些 HMW 问题间的差别将会导致构思阶段产生不同的解决方案。通过一个或多个 HMW 问题来打开思维，这些问题会激发你的想象力，让你调研用户的核心见解与用户需求保持一致。

"我们可以怎样？"（HMW）这种提问方式确保创新者正在使用最佳的措辞提出正确的问题，且这个句式中的每个词都有助于激励创造性的解决方案的产生。我们不会提出一个特定的解决方案，但会整理一个创新思维的完美框架——Ideo.org。

我们可以怎样？

"我们可以怎样？"的提问方式故意保持一定程度的模糊性来扩展探索空间的可能性。这种形式的提问几乎适用于任何领域的挑战——尤其适合那些雄心勃勃但依然可以实现的挑战。但它并不适用于范围过大的问题或过于狭隘的问题。找到合适的 HMW 问题来问需要一个过程，我们可以在定义和构思阶段找到问题的最佳点。

"怎样"这个词代表了解决方案是存在的，它提供了创造的自信，帮助我们探索各种可能，而不仅仅是执行我们认为的解决方案。"可以"意味着我们可以把想法抛出来，可能有用也可能没用——无论怎样都没关系。"我们"则意味着我们要一起做这件事，相互补充、相互促进。如果没有明确的愿景或目标，"我们可以怎样？"显然毫无意义。"我们可以怎样？"问题需要框定一个合理的目标，即 POV，它既不能太狭窄以至于太局限，也不能太宽泛以至于使你在无限的可能性中徘徊。

振奋人心的 HMW 案例

戴维（David）和汤姆·凯利（Tom Kelley）的合著《创造性的信心》（*Creative Confidence*）讲述了"拥抱温暖"的故事，这是斯坦福大学的研究生们为了解决新生儿体温过低的问题而进行的一项设计挑战。在发展中国家，新生儿体温过低每年会夺去成千上万婴儿的生命，针对医院培育箱过于昂贵以及居住在农村地区的村民无法到达的现实挑战，这些研究生开展了共情调研，促使他们制定了 HMW 问题：

我们可以怎样创造出一种温暖婴儿的设备来提高婴儿存活率，帮助偏远村庄的父母呢？

这个 HMW 问题激发了 Embrace Warmer 睡袋装置的设计，它满足了农村地区的早产儿所需的保暖需求，且价格只有医院培育箱的一半。

倘若采用传统的设计方法将会在生产技术上下功夫来降低培育箱的成本。但共情研究表明母亲们无法离开村庄或把孩子长时间留在医院才是核心问题。这直接导致具备保暖、易携带且低成本的 Embrace Warmer 睡袋被开发出来了，如图 6-9 所示。

图 6-9 Embrace Warmer 睡袋装置
（作者/版权所有者：拥抱创新）

详细说明"我们可以怎样？"的问题

马蒂·纽迈耶（Marty Neumeier）的第二条天才法则就是通过帮助我们梦想的东西来建立和开拓观点。

首先，得先问自己以下问题：我们怎么可能……（这是用来表达挑战本质的常用句式)？我们将以何种方式……(在 HMW 上扩展以增加多种方式的可能性)？是什么阻止了我们…？我们怎样才能…？如果…会发生什么？

然后,询问诸如此类的后续问题:我们为什么要…？有什么变化使我们能够…？谁需要…？我们什么时候应该…？当你的思维在可能性的空白页上徘徊时,所有的约束和先入之见消失了,只留下依稀可见的零碎灵感,这时初步解决方案已见雏形——Marty Neumeier's Second Rule of Genius。

"我们可以怎样？"提问的最佳步骤

(1)从观点(POV)或问题陈述开始。在开头添加"我们可以怎样"来将观点转变成几个问题。

(2)将较大的 POV 挑战拆分成一些可执行的小任务。寻找问题陈述的多个方面,来填充"我们可以怎样…？"。

(3)在头脑风暴解决方案之前,集体讨论 HMW 问题将会非常有帮助。检查"我们可以怎样"的问题,并询问自己是否能产生各种各样的解决方案。如果没有,就扩大思考范围。

(4)HMW 问题应该产生许多答案,并将其成为创意发散(如头脑风暴)的启动板。

(5)问题需要足够宽泛,包罗一系列广泛的解决方法;但是又要足够狭窄,使得团队的讨论有一个约束的边界。

HMW 举例

- 我们怎样才有可能让手机的维修预约变得快捷简单？
- 我们怎样才有可能实现手机维修的智能化预约？
- 我们怎样才有可能让手机维修等待变得有趣？
- 我们怎样才有可能缩短用户感知的手机维修等待时间？
- 我们怎样才有可能有效地完成学校到社会的过渡？

……

创业训练:问题重构

在大家挖掘的多个"需求"中,选择一个你"最想突破"的需求,运用 HMW 句式,进行从"需求"到"问题"的转化。

6.3 创业知识点:创意方案探索的一般过程

通过激发人的创造力和想象力产出好的创意。这个过程被称为"创意生发"或构思(Ideation)。我们在设计思维的全流程中可能随时被激发出创新,比如本书在第 3 章中就重点提到,在开始阶段,我们可以运用好奇心和同理心、发现需求来共情用户,将以人为本的思维方式和人文关怀,融入创新之中,这样才能做出触动人心的设计。

在创意产生阶段,也有很多激发创意的方法。最常用的方法被称作"头脑风暴"

(Brainstorming)。头脑风暴最大的作用是让我们的思维边界被进一步拓宽,把我们的想象力充分激发出来。

发散和收敛

设计思维是从发散到收敛,从再发散到再收敛的过程。创意产生阶段,我们的思维状态应该是充分进行打开的发散过程,如图 6-10 所示。

第一步,发散。即针对一个具体问题考虑多种可能、多种机会,甚至重构问题本身,然后再仔细分析利弊得失。发散的目的是让团队发现新的机会,甚至重构问题本身。

比如,乐高在研发塑料积木过程中,发现因为积木之间的摩擦力过小,所以拼砌的体验不好。那么最初的问题就是如何通过设计增大摩擦力。但是,如果仍然依循木质积木的搭建逻辑,这个问题的解决方案恰恰让塑料积木失去了核心的竞争优势。为什么一定要增大静态摩擦力呢?可不可以通过插入式设计改变拼砌的体验呢?在这样的发散性讨论中,原有问题本身都会被重新构建。

第二步,收敛。收敛需要专业的行业知识,需要对各种可能进行深度分析,因此需要结合定量数据。收敛需要严格的逻辑思维,在各种探索中寻找正确的方向。

只有充分发散,才能正确收敛。

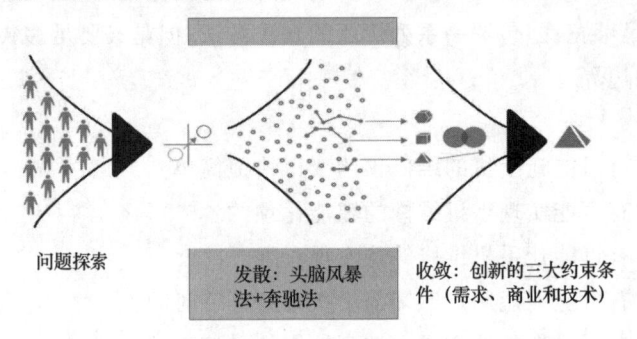

图 6-10 发散过程

如何进行头脑风暴,才能使我们的思维充分得到发散呢?

IDEO 每一个会议室的白板上方,都贴着如下七项原则(图 6-11):

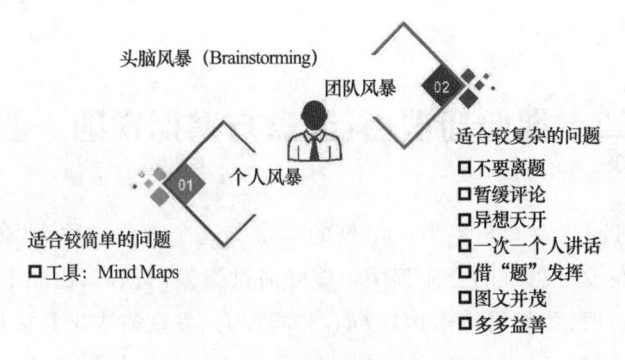

图 6-11 IDEO 头脑风暴

不要离题(Stay Focused on Topic)

每一次讨论都要有一个明确的题目,否则异想天开的结果就是无法收场。

暂缓评论(Defer Judgment)

不要急于对别人的点子发表有关是非对错的评论,这样会打消提出点子的人的积极性,还会把集体思维的联想和延展打断。不急于评价也是对提点子的人的尊重。

异想天开(Encourage Wild Ideas)

不要怕说错话。在别人发言时,你的脑子里之所以总想着"我要怎么讲是对的?""我要怎么讲才能表现我的水准?"等,是因为缺乏允许异想天开的环境。只有环境对异想天开足够宽容时,才能鼓励每个人真正地思考设计,而不是思考自己的水准和对错。

一次一个人讲话(One Conversation at a Time)

讲话的时候,一次只应该有一个人讲,不要七嘴八舌一起发言,那样就没办法进行记录了。

借"题"发挥(Build on Ideas of Others)

有时别人会提出很疯狂的点子,你虽然可能是专家,知道那样行不通,但在座有很多人不是专家,说不定听到这个疯狂的点子会得到启发、获得灵感,在这个疯狂点子的基础上提出更实际的方案。

图文并茂(Be Visual)

鼓励大家在想点子时,把这个点子"画"出来。即使不太会绘图也努力照出来,因为有时会收集太多的点子,也许有几百个,等过几天再回去看时,如果只有文字,很可能会想不起来这到底是什么。画图有助于我们回忆起这些点子。

多多益善(Go for Quantity)

在一小时之内,鼓励大家尽量讲,要讲究速度!

所以,只有暂缓评论的环境,才能让更多人借异想天开的点子发挥。因此,前三条是鼓励出好点子的环境基石;而后四条,则可确保头脑风暴的速度和品质。

当然,好的流程、规则并不能保证有完美的头脑风暴,因为最终的执行效果是因人而异的。

IDEO内部有句话:"讨论流程提供了方向,讨论者提供了点子。"所以,完美的头脑风暴还需要:"选择对的人,并点燃他们的激情!"

结构化头脑风暴的支持工具1:635头脑风暴法(静默脑暴)

传统的开茶话会式的头脑风暴法中,你一言我一语,往往效果欠佳,主要是不少人会内敛,附和别人发言,而喜欢表达的人又会在发言中占据主导地位。于是,德国人罗尔巴赫发明了"635头脑风暴法",这是头脑风暴的一个变种。635头脑风暴法,通俗点讲就是静默脑暴。

静默脑暴最大的特点是在团队共创时,避免了表达力强的成员的持续引导,给了团队中每一个人发散和表达想法的机会。这个全程静默的环节,经常会产出让人意想不到的创意,令人欣喜。

创意不止头脑风暴一种形式,甚至头脑风暴的形式可能会受到表达力特别强的人引导,让大家倾向于一种声音。而静默脑暴给了我们非常好的启示,可以在更多项目中应用。

与会的6个人围绕环形会议桌坐好,每人面前放一张画有6个大格、18个小格(每一大格内有3个小格)的纸。

主持人公布会议主题后,要求与会者对主题重新进行表述。

重新表述结束后,开始计时,要求在第一个5分钟内,每人在自己面前的纸上的第一个大格内写出3个设想,设想的表述尽量简明,每一个设想要写在一个小格内。

第一个5分钟结束后,每人把自己面前的纸沿顺时针(或逆时针)方向传递给左侧(或右侧)的与会者,在紧接着的第2个5分钟内,每人再在第二个大方格内写出自己的3个设想,新提出的3个设想,最好是受纸上已有设想的激发不同于纸上的或自己已经提出的。

按上述方法进行第3至第6个5分钟,全程共需30分钟,直到每张纸上写满了18个设想,6张纸共有108个设想。

整理、完成分类并归纳这108个设想,然后找出可行的想法。

结构化头脑风暴的支持工具2:奔驰法(SCAMPER)

奔驰法是一种常见的创意思考工具,由心理学家罗伯特·F.艾伯尔(Robert F. Eberle)提出。它由 SCAMPER 这7个字母代号组成,代表改进或改变的方向。在我们想要激发创意和找到更多点子时,奔驰法通常很有用。

SCAMPER 是7个单词的首字母缩写,它们分别代表:替代(Substitute)、结合(Combine)、适应(Adapt)、修改(Modify)、用作其他用途(Put to other uses)、去除(Eliminate)、重组(Rearrange),见表6-1。

替代(Substitute):什么可以被替代?什么可以替代它?其他有谁可以代为参与?还可以使用哪个流程?还可以利用哪些其他材料?

结合(Combine):可以和什么进行结合?可以和什么混合?如何连接某些部分?可以和哪些目的结合?

适应(Adapt):它还能提供什么点子?有没有相似的东西可以被拿来应用于现在的问题?过去有没有类似的情况?

修改(Modify):可以加入什么修改?意思可以改变吗?如何改变颜色或形状?可以增加什么?可以减少什么?什么可以现代化?可以放大吗?可以缩小吗?

用作其他用途(Put to other uses):就现有的状态,它可以有什么其他用途?如果修改它,它又可以有什么其他用途?

去除(Eliminate):可以去除哪些?没有了哪些东西它仍旧能运转?还有哪些模式可以起作用?

重组(Rearrange):可以进行哪些改装?哪些可以被替换?可以重组什么?

奔驰法几乎可以用在任何地方:产品、流程、系统、解决方案、服务、商业模式或生态系统。

表 6-1　　　　　　　　　　　SCAMPER 思考工具

方法	创意 1	创意 2	创意 3	创意 4	创意 5
Substitute 替代,何物可被"替代"?					
Combine 结合,可与何物"结合"而成为一体?					
Adapt 适应调整,是否能"适应""调整"?					
Modify 修改,可否改变原物的某些特质如意义、颜色、声音、形式等?					
Put to other uses 用作其他用途,可有"其他"非传统的用途?					
Eliminate 去除,可否"除去"? 可否浓缩、精致?					
Rearrange 重组,重组产品的各个要素					

流程:

与会的 2~6 人准备好画布(打印好的工具,或者 A0 尺寸白纸)贴到墙上,按照表 6-1 的格式画好。

将要讨论的主题或挑战写到画布的左上角,比如"设计银行的数字化营业网点"。

选择 SCAMPER 策略中 7 个方法的任何一个进行提问,每个人将要问的问题写在便签贴上,然后粘贴到对应的问题栏旁。

每个人都可以将自己的想法写到便签贴上,然后放到画布中间的灵感空间。想法足够多时,可以通过分类、汇总、投票,优先选择可行的想法画出草图或制作原型。

小贴士:不用刻意在一个项目中将这 7 种方法都尝试一遍。根据项目的差异,可以灵活选择合适的几种方法来拓展思路。

创业训练:创意发散

运用结构化头脑风暴对重构的 HMW 问题进行创意探索。

- 15 分钟,团队共创
- 至少探索 10 个创意方案

创意收敛

创意方案探索的一般过程(图 6-12)

IDEO 设计公司总裁蒂姆·布朗(Tim Brown):"设计思维是以人为本,利用设计师的敏感性以及设计方法在满足技术可实现性和商业可行性的前提下来满足人的需求的设计精神与方法。"

设计思维是一种设计理念,它所关注的重点不再是"使用"本身,而是通过理解用户内

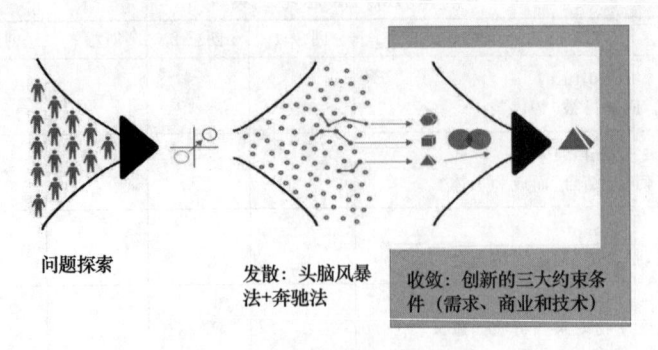

图 6-12　收敛过程

（图中标注：问题探索；发散：头脑风暴法+奔驰法；收敛：创新的三大约束条件（需求、商业和技术））

在心智模型、用户所处的环境，以及观察心智模型和所处环境双重作用下的使用行为，去设计一种真正能够融入他们的生活、被他们所依赖的产品。

用简单的话来描述，设计思维不单单思考用户如何使用，更多的是理解用户本身以及其所处环境。

设计思维并不是一个新产物，只是自第三次工业革命以来，社会分工的精细化导致了人们工作的局限性，其限制了人的全局性的思考，公司的决策和管理者也倾向于用有章可循的套路和理论来管理庞大的公司。

而随着互联网和工业4.0浪潮的到来，技术门槛的降低及消费者需求喜好的多样化，催生了大量人群及环境细分的小公司即团队型公司，创新性、产品开发速度及受欢迎程度对其极其重要。在"快速开发、快速试错、快速接收反馈并调整、快速迭代"的竞争模式下，公司对系统思维和统筹架构能力的要求大大提升，设计思维对于其产品开发及公司发展至关重要。这促使了设计思维越来越受重视。

如今的设计思维已发展成一个可以学习的创新设计模式，它倚靠的不是设计师个人的创意，而是要通过不同专业的人，以不同的角度，共同产生创意，然后设计出一个创新的产品或服务。

Tim Brown所说的设计思维谈到了设计师思考问题的三个出发点：用户渴望（Desirability）、技术可行性（Feasibility）与商业可行性（Viability）。这与荷兰代尔夫特大学的设计教育的"三大核心"理念相符合，即"人""商业""科技"，如图6-13所示。

用户渴望

从本质上来说，设计产品的最终目的依旧是满足用户需求，即用户渴望。

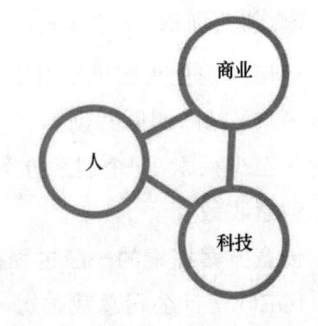

图 6-13　设计教育的"三大核心"理念

但是对于"满足需求"的定义已经发生了一定的变化——相比用户说了什么，要更关注用户做了什么。从用户的认知、行为和动机层面分析用户需求,并确定新的可能性,而不是仅靠用户的嘴或设计师的脑袋。

原有的消费主义的盛行导致了产品设计大而全的风格,如当年的诺基亚甚至到了月月有新机的程度,然而对用户使用体验的忽视和对趋势的错误判断使其产品本身设计上的优势不再。而这也是设计思维或者说系统设计与传统设计方法不同的核心——满足用户需求并不一定就能让产品获得商业上的成功,分析驱动用户购买和持续使用产品的意愿才是产品成功的关键。

技术可行性(Feasibility)

设计师的创造离不开直觉和想象,但一个概念的创造能否落地就要在现有技术层面做充分的技术可行性分析。

通过技术可行性分析,设计师和决策者们可以明确组织所拥有的或有关人员所掌握的技术资源条件的边界。

需要充分考虑科技发展水平和现有制造水平的限制,团队技术开发能力、所需人数和开发时间的分析。

商业可行性(Viability)

商业分析内容主要为:

- 供应内容:价值主张
- 业务内容:关键业务、核心资源、重要伙伴
- 客户:客户细分、渠道通路、客户关系
- 财政:成本结构、收入来源

商业模式图(图6-14)是讨论商业模型概念的综合性视觉工具,用于评估早期概念阶段的商业想法雏形,也用于分析现有商业模式中存在的优势、劣势、风险和机会。

商业模式图可用于产品开发的各个阶段,通过它设计师可看清与正在开发的产品或服务有关的经济、环境等影响因素。

考虑技术可行性和商业可行性是强迫设计师思考相关限制进而对可行性进行评估、取舍的裁剪过程。

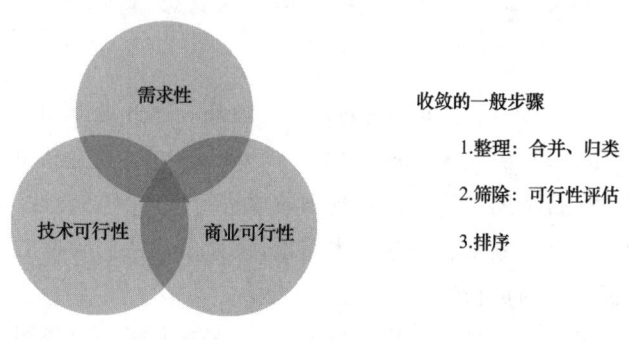

图6-14 商业模式图

创业工具：C-Box

📖 创业训练：创意收敛（图 6-15）

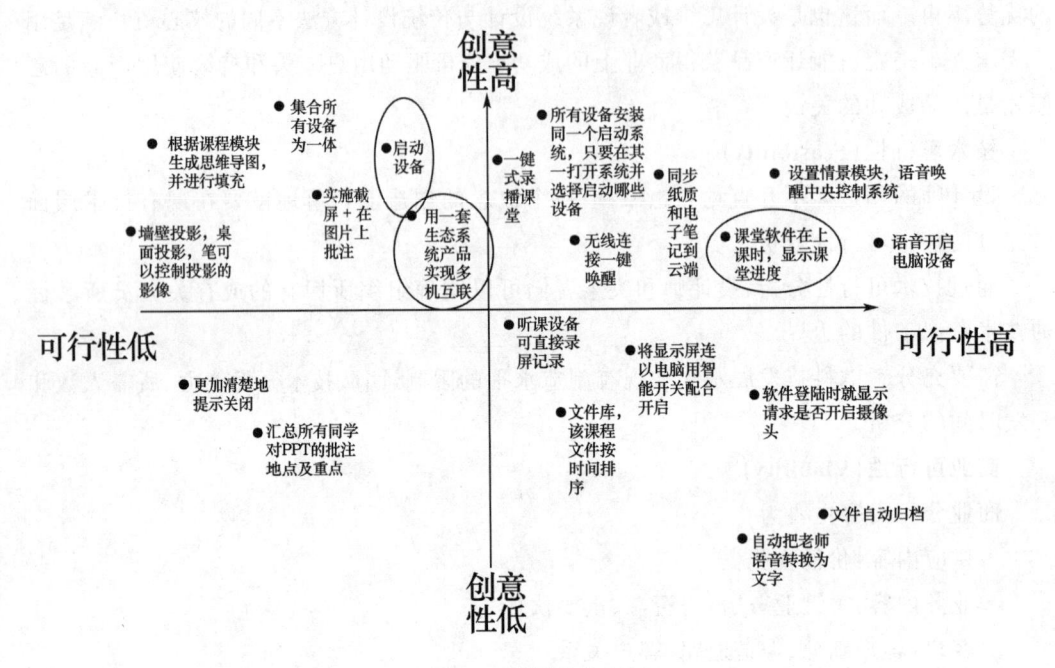

图 6-15　创意收敛 C-Box

运用创新的三大约束条件或者 C-Box 进行创意评价。
选出本团队的最佳创意

6.4　价值主张设计画布

　　我们常用的一个工具就是价值主张设计画布，是由亚历山大·奥斯特瓦德（Alexander Osterwalder）和伊夫·皮尼厄（Yves Pigneur）在《商业模式新生代》和《价值主张设计》中提出的理论，帮助在一个项目规划阶段进行推演其符合性、实质性、生存性。

　　价值主张设计画布可以洞察客户最根本需求，设计出让他们买单的产品；价值主张设计画布能够帮助验证想法的可行性。

　　先看看价值主张设计画布是怎么样构成的，它由客户洞察与价值图这两大版块构成，如图 6-16 所示。

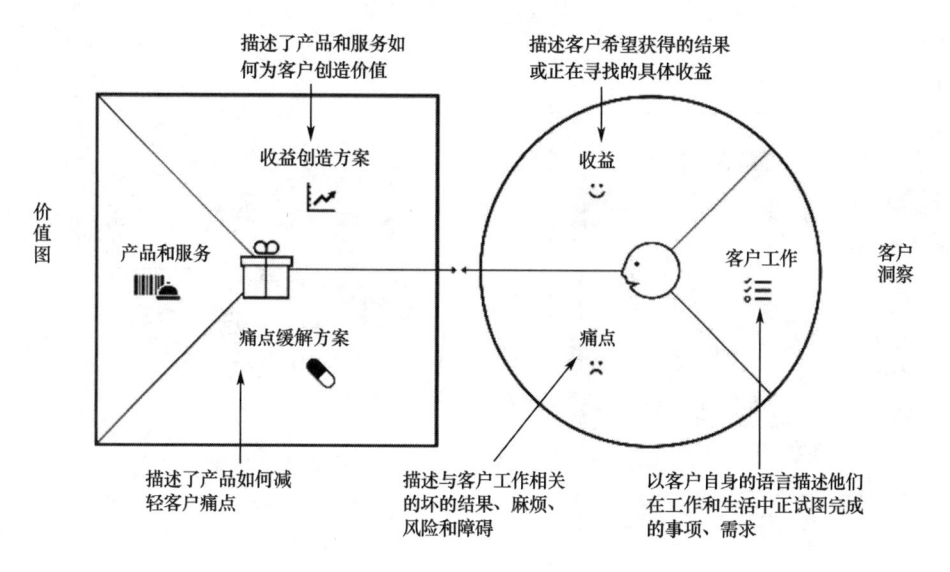

图 6-16 价值主张设计画布

• 客户洞察里面包括客户的工作、痛点、收益。

• 客户工作是指客户日常所涉及的工作事项，衍生为客户需求。比如上班的人要打卡、要每周制作 PPT、写周报；每周要设计一道菜，要写出一篇采访稿等。

• 客户痛点是指客户遇到的阻碍。比如某项工作交付时间太紧、原材料采购耗费太多时间、产品使用者不活跃等。

• 客户收益是指客户会喜欢的、实际或者远期可以获得的利益。比如心情开心、产品有格调可以晒出来炫耀、可以赚到钱等。

通过了解客户洞察可以真切了解客户的实际诉求，设计出符合他们需要的产品。

价值图里面包括产品和服务、痛点缓解方案、收益创造方案。

• 产品和服务是指所提供的产品，通过这个产品去满足客户。

• 痛点缓解方案是指产品与服务如何进行解决或者缓解客户的痛点。

• 收益创造方案是指产品与服务给用户带来了哪些可见或者不可见的好处。

痛点缓解方案解决用户的痛点，收益创造方案满足客户的收获，产品和服务符合客户日常工作所需，如图 6-17 价值主张设计画布所示。当价值图与客户洞察完全相符合时，就意味着这个产品是用户真正所需要的，是靠谱的、方向正确的产品。价值图和客户洞察会对应着商业画布中的价值主张与客户细分。

这就是我们所说的价值主张画布，符合价值主张画布会是一个好产品，但不一定能成为一个好的商业产品，因为一个好的商业产品需要能够在财务上长期自给自足。

价值主张是公司为客户提供的利益集合：

• 你为客户提供了什么价值？

• 你帮助客户解决了哪些难题？

• 你让客户得到哪些好处？

[喜马拉雅]

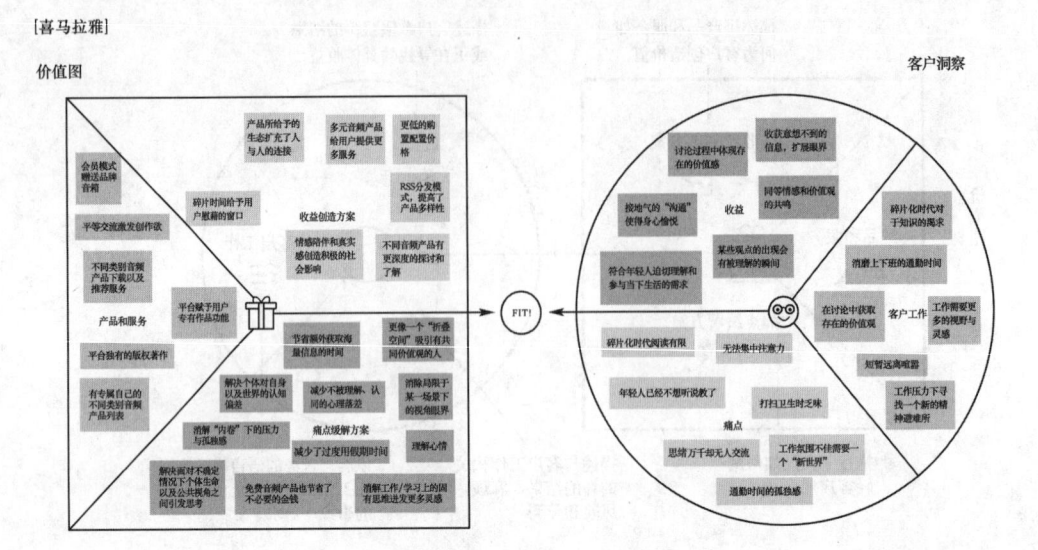

图 6-17　喜马拉雅价值主张设计画布

- 你为每个细分客户群体提供哪些产品和服务？

给上面的问题找到多种答案，对它们进行排序，一般保留最有价值的三个答案。

通常，只有3~5个原因，它们可能有更多的理由，但一些关键思想几乎占据了所有分量。

最后，还需要考虑，做哪些事情可能会导致客户选择竞争对手或替代方案？

价值主张设计画布是商业模式中最重要的环节，可以帮助你更好地将其落地，如图 6-18 所示。

契合：当客户对你的价值主张设计画布非常感兴趣时，表明实现了契合。它发生在你解决了重要工作、缓解极端痛苦和关注客户的基本收益时。

你的客户就是法官、陪审团和价值主张的执行者。

如果未能找到契合，他们将会对你毫不留情。

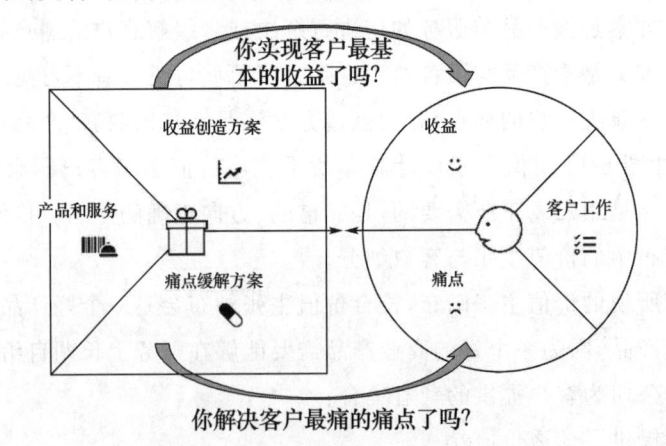

图 6-18　价值主张设计画布契合点

第 7 章

互联网时代的用户服务方案

7.1 凯文·凯利的 1 000 位铁杆粉丝理论

要成为一名成功的创造者,你不需要数百万粉丝。为了谋生的话,作为一名工匠、摄影师、音乐家、设计师、作家、App 制造者、企业家或发明家,你只需要 1 000 位铁杆粉丝。

铁杆粉丝被定义为购买你任何产品的粉丝。这些忠诚的粉丝会开 200 英里的车来听你唱歌;他们会买你书的精装本和平装本以及各种音频版本;他们会盲目地购买你的个人小雕像;他们还将购买你免费 YouTube 频道的"最佳"DVD;他们每月会来参加一次你组织的聚会。如果你大约有 1 000 位这样的铁杆粉丝,你就可以谋生——如果你满足于谋生而不是一笔财富。

达成这一点,需要满足两个标准:

首先,必须每年创造足够的产品,可以从每个铁杆粉丝平均赚取 100 美元的利润。在某些艺术和商业中,这比其他更容易做到,同时在每个领域都是一个很好的创意挑战,因为向现有客户提供更多的东西比找到新的粉丝更容易、更好。

其次,你必须与粉丝有直接联系。也就是说,他们必须直接付钱给你。你可以得到他们所有的支持,而不是他们向音乐唱片公司、出版商、工作室、零售商或其他中间商那里购买你的产品。如果你赚取每位铁杆粉丝 100 美元,那么你每年只需要 1 000 位铁杆粉丝就可以赚到 10 万美元。对大多数人来说,足以过上不错的生活。

有 1 000 位铁杆粉丝比起超过一百万粉丝更为现实。数以百万计的付费粉丝并不是一个现实的目标,特别是当你刚开始时。但是 1 000 位粉丝是可行的。你甚至可以记住 1 000 个名字。如果你每天增加一位新的铁杆粉丝,那么只需要几年时间就可以获得 1 000 位铁杆粉丝。

数字 1 000 不是绝对的。它的意义在于其粗略的数量级——大概四位数的粉丝便能养活你。每个人需调整自己铁杆粉丝的实际数量,如果每位铁杆粉丝每年只能赚 50 美元,那么你需要 2 000 位。(同样,如果每年每位铁杆粉丝可以卖 200 美元,那你只需要

500位铁杆粉丝。)或者你每年只需要75 000美元,那么你就可以向下调整铁杆粉丝数量。再者,如果你有合作伙伴,那么你需要乘以2也就是要获得2 000位粉丝。

最后,根据媒介不同,铁杆粉丝的实际数量也可能有所不同。画家也许只需500位铁杆粉丝,而视频制作者可能需要5 000位铁杆粉丝。所需粉丝的数量也会随国家、地区不同而不同。但事实上,实际数字并不重要,因为只有达到这个数值,你才能知道到底需要多少铁杆粉丝。

Suck.com的联合创始人卡尔·斯特德曼(Carl Steadman)提出了一个关于微名人的理论。在他看来,如果某人对1 500人来说都很有名,那么这个人就是一个微名人。

正如丹尼·奥布莱恩引用的一句话所述:如果英国每个镇子都有一个人喜欢你的网络漫画,那么就足以让你一年到头啤酒不断(或T恤销量不愁)。

有人称这种微名人的支持为微赞助,或分布式赞助。

另一种计算铁杆粉丝支持的方法是——每年从他们那里获得一天的工资。想想看,你能激发或取悦他们足以赚取一天的劳动力吗?这是一个很高的标准,但在全世界找到1 000人也并非不可能。

当然,不是每位粉丝都会成为铁杆粉丝。1 000位铁杆粉丝的支持可能就足以谋生,但对应每一位铁杆粉丝,你可能会有两三位普通粉丝。

想象一个同心圆,中心有铁杆粉丝,周围有更广泛的常规粉丝圈。这些常规粉丝可能会偶尔购买你的作品,或者只购买一次。但他们的普通购买会扩大你的总收入,也许这将是你总收入额外的50%。尽管如此,你仍然应该专注于铁杆粉丝,因为铁杆粉丝的热情可以促使普通粉丝的赞助行为。铁杆粉丝不仅是你收入的直接来源,也是你对普通粉丝的主要营销力量。

你可能会说:粉丝、客户和赞助商早已存在。这里有什么不同?下面两点能解答你的困惑:

(1)在过去创造者与粉丝的直接接触是不存在的,但现代零售的革新改变了20世纪大多数创作者都没有与消费者直接接触的局面。通常来说,在那时即使是出版商、工作室和制造商也没有收集客户名称等那些重要信息。例如,尽管已有数百年的经营历史,但纽约图书出版商并不知道其核心和专注读者的名字。对于以前的创作者来说,这些中间体(通常不止一个)意味着你需要更多的粉丝才能取得成功。

而现在,随着无处不在的点对点通信和支付系统的出现,每个人都可以直接通过优秀的工具向世界上的任何人销售。因此,俄勒冈州的创作者可以向尼泊尔加德满都的某个人出售并传送一首歌曲,就像从遍布世界的唱片公司购买一样容易(甚至可能更容易)。这项新技术促使创作者与客户保持直接关系,以便客户可以成为铁杆粉丝,并使创作者可获得无中间体的总付款金额,从而减少所需的粉丝数量。

(2)P2P(peer-to-peer network)网络模式的基本优点是——最冷门的节点距离最热门的节点只差一次点击。换句话说,当你在浏览畅销书籍、歌曲或是创意时,只需点击一下便可以看到冷门书籍、歌曲或创意。

在网络兴起的早期,内容和产品的大型聚合商(如eBay、Netflix等)注意到那些最低销售的冷门商品的总销售额总是会等于或在某些情况下超过畅销产品的销售额。Chris

Anderson将此效果命名为"The Long Tail"(长尾效应)。

用销售分布曲线做出视觉图形就是:一类低的几乎无休止的物品系列,每年只卖几份,形成了一些畅销书的长"尾巴",但是尾巴的总面积和头部一样大。

通过这种洞察,网络商家们有很大的动力去鼓励观众点击不起眼的项目。因此他们发明了推荐引擎和其他算法,以引起人们对长尾中罕见创作的关注。

即使像谷歌、必应、百度这样的网络搜索公司也发现,可以根据不同消费者的兴趣向他们推荐冷门内容,那样的话他们就可以在长尾中卖广告,结果是最冷门的东西也变得不那么冷门了。

如果你只是住在地球上200万个小镇中的任何一个,那么你可能是你镇上唯一一个渴望死亡金属音乐的人,或者是光听到低声细语便能颅内高涨的人,或者是想要一个左手渔具的左撇子。

在网络出现之前,你永远无法满足这种愿望,只会深陷在你的迷恋中,独自一人,但现在只需点击一下即可获得看似私人订制的产品。无论你作为创作者的兴趣是什么,你的1 000位铁杆粉丝只需点击一下即可获得他们想要的。

没有任何产品、任何想法、任何潜在的欲望,在互联网上是没有粉丝的。你所做出或想到的每一件事都可以让一百万人中的一个人感兴趣——这只是一个低标准。然而,即使百万人中只有一人感兴趣,这个地球上可能就有7 000个人。这意味着任何吸引力只有百万分之一的事物都可以找到1 000位铁杆粉丝。

诀窍是找到那些粉丝,目前的状况是:大公司、中间商、商业生产商都没完全做好准备,还难以与这千名长尾粉丝直接联系,这意味着长尾对你来说是敞开的。你将拥有属于自己百万分之一的真正粉丝。随着通信工具不断改进,社交媒体的不断创新,在创作者周围聚集1 000位铁杆粉丝从未如此容易,也从未像现在这样可以和粉丝如此亲密。

资料来源:凯文·凯利——1 000位铁杆粉丝.人民邮电出版社.2018-09-11.

7.2 美国创业公司获取1 000位粉丝的七种策略

美国创业公司获取1 000位粉丝的七种策略包括:
1. 去目标用户所在的地方(线下)
2. 去目标用户所在的地方(线上)
3. 从邀请朋友开始
4. 创造"害怕错过"心理,带动口碑效应
5. 利用名人或大V
6. 吸引媒体报道
7. 建立一个社区

七种策略涵盖了所有类型App的早期增长情况。大多数创业公司只用了一种策略就找到了早期用户,像Product Hunt和Pinterest这样的少数几家公司用了几种策略获得了成功,没有一家公司使用三种以上的策略。最常见的策略涉及直接去找你的用户:线

上、线下和通过朋友圈,做一些无法规模化的事情。要执行这些策略,首先要狭义地定义你的目标用户,这一点很重要。Andy Johns 最近分享了一些关于这个问题的好建议,用来获得前 1 000 个用户的策略和获得前 10 000 个用户的策略是非常不同的。

1. 去目标用户所在的地方(线下)

关键问题:你的早期目标用户是谁,他们目前线下聚集在哪里?

- 大学校园—Tinder(陌生人社交 App)和 DoorDash(外卖 App)

Tinder 从大学校园入手。

Whitney Wolfe 和 Justin Mateen(Tinder 创始人)基本上是在南加州大学校园里寻找机会,向联谊会和兄弟会推销 Tinder。Tinder 让用户第一次在校园里可以通过 App 看到其他单身的人(并且知道他们是否对自己感兴趣),这种 App 对学生的吸引力就会呈现出病毒式传播。

——Jeff Morris Jr.(投资人,Tinder 前营收负责人)

DoorDash 早期是一个有 PDF 菜单的网站。

DoorDash 的最初版本是一个叫 paloaltodelivery.com 的网站,里面有帕洛阿尔托餐馆 PDF 格式的菜单。Tony 和团队印了一堆传单,收取 6 美元的外卖费用,并在斯坦福大学到处张贴。他和团队首先想看看是否真的有外卖的需求。这就是一切的开始:一个有 PDF 菜单的网站,以及到处发传单。

——Micah Moreau(DoorDash VP)

- 创业公司办公室和交通枢纽—Lyft 和 Uber

Lyft 团队进行地推。

Lyft 要求团队中的每个人都要提供他们认识的创业公司的联系人名单,然后联系所有人,请对方允许 Lyft 为他们的员工提供免费的 Bi-Rite 冰淇淋圣代(他们基本上都答应了,因为 Bi-Rite 的冰淇淋很好吃)。于是,Lyft 团队安排了一次免费送冰淇淋圣代的活动,让员工们带着保温袋,把冰淇淋圣代送到这些公司,并给他们发放 Lyft 的打车优惠码。

——Emily Castor Warren(Lyft 前政策主管)

在 Uber 早期有非常多的地推团队,他们去 Caltrain 车站这些地方派发推荐码,也有创始人 Travis 亲自去 Twitter 总部派发推荐码的故事。

——Andrew Chen(Uber 增长团队前负责人)

- 商场—Snapchat

创始人 Evan 最开始一对一地给大家展示 Snapchat,为大家讲解教程,并解释为什么用 Snapchat 很有趣,甚至还帮他们下载了应用。

为了获得用户,Evan 愿意尝试任何事情。当他在 Pacific Palisades 的家中时,他会去商场派发传单,宣传 Snapchat。"我会走到人们面前说,'嘿,你想发一张阅后即焚的照片吗',人们会说,'不想'。"Evan 后来回忆说。

——Billy Gallagher(《Snapchat 故事》作者)

- 邻里间的业主协会(类似中国的物业)—Nextdoor(邻里社交 App)

选择合适的社区至关重要。

当年，创始团队知道，只有找到一个能接受邻里社交网络的社区，并沿途测试，才有可能成功。选择合适的社区是至关重要的。

那个社区叫作 Lorelei，位于靠近海湾树影婆娑的街道上，这个社区是紧密团结的，小而有活力，拥有加州历史最悠久的业主协会。这个社区已经有了一些相互沟通的方式，这是一个很好的现象。Nextdoor 创作团队联系了业主协会的董事会成员，他们非常愿意听取意见。经过初步交谈后，他们邀请我们在下次董事会会议上向更多的居民介绍这个概念。

——Sarah Leary（Nextdoor 联合创始人）

• 工艺品交易会—Etsy（手工艺品交易市场）

美国有许多手工艺品展会。

Etsy 决定去美国各地的这些线下展会，让员工去参加所有的手工艺品展会，招募卖家，因为卖家会把自己的买家吸引到网站上，而不只是靠 Etsy 通过数字营销去吸引买家。

——Thales Teixeira（哈佛商学院教授）

• 苹果店—Pinterest（图片社交分享平台）

说实话，我们做了各种相当绝望的事情。我经常在回家的路上经过苹果店，进去后把所有的电脑上都装了 Pinterest。然后就站在后面说："哇，这个叫 Pinterest 的东西，真的很火爆。"

——Ben Silbermann（Pinterest CEO、联合创始人）

2. 去目标用户所在的地方（线上）

关键问题：谁是你的早期目标用户，他们目前在网上聚集在哪里？

• Hacker News（YC 旗下极客向的内容聚合平台）—Dropbox

创始人 Drew 制作了一个简单的视频来演示产品，并于 2007 年 4 月以"我的 YC 应用"为标题发布到 Hacker News 上。Dropbox：扔掉你的 U 盘。这段视频为新兴的 Dropbox 带来了第一批用户。

——John Popel（Chummy 增长负责人）

• App Store—TikTok/Musical.ly

App Store 里有一个秘密：可以把应用名称做得非常长。而且 App Store 上的搜索引擎会给应用名更多的权重。所以我们有一个非常长的应用名称，"为 Instagram、Facebook、Messenger 制作各种特效的音乐视频"。流量主要来自搜索引擎，这就是我们最初的起步。

——Alex Zhu（原 TikTok 总裁，Musical.ly 联合创始人）

• Product Hunt（产品发现社区）—Loom（企业协作通信软件）

前 3 000 名用户：来自 Product Hunt 曝光之后。

3 000～20 000 名用户：来自早期拓展的企业用户（我们试图与所有客户建立 1 对 1 的联系）。

20 000 名以后的用户：我们推出了推荐系统（每推荐一位同事可获得 5 美元，最高可获得 50 美元的奖励）。

——Shahed Khan(Loom 联合创始人)

• 通过蹭现有的网络社区——Netflix 和 Buffer(社交平台管理工具)

Netflix:为了进一步与客户建立联系,Netflix 请来了 Corey Bridges 负责用户获取工作——更确切地说,我们戏称他为"黑色行动"。他当时还是伯克利大学英语专业的一名学生,是一名出色的写作者,在创造人物方面很有天赋。

他很早就意识到,找到 DVD 爱好者的唯一方法是在互联网的小众社区:用户组、公告栏、网络论坛以及所有其他数码爱好者聚集的地方。Corey 的计划是潜入这些社区,以家庭影院发烧友或电影爱好者的身份,加入 DVD 狂热者和电影发烧友的社区中去,与玩家交朋友,慢慢地,随着时间的推移,提醒那些最受尊敬的评论员、版主和网站站长关注 Netflix 这个新的好网站。Netflix 上线还有几个月的时间,但 Corey 先前种下的种子届时会有很大的回报。

——Marc Randolph(Netflix 联合创始人,首任 CEO)

Buffer:仅仅通过投稿,Buffer 在运营的前 9 个月内就获得了大约 10 万用户。下面是这个数字的更多信息,在突破 10 万用户之前,是一个非常渐进的过程。在大约 9 个月的时间里,我写了大约 150 篇投稿文章。当然,早期的文章几乎没有带来任何流量,后来才慢慢地有了很大的进步,在找到合适的发文频率之前,是需要一定时间的沉淀,这是非常重要的一点。

——Leo Widrich(Buffer 联合创始人)

3. 从邀请朋友开始

关键问题:你的朋友是否符合目标用户群? 如果是,你邀请他们了吗?

• Yelp(美国点评网站)

邀请社交圈子中的人(主要是 PayPal 的前同事)组成了 Yelp 最初的用户。Yelp 要求所有人动用其全部的人脉邀请他们的朋友,作为创业者,他们都愿意伸出援手,因此 Yelp 大概有了 1 000 左右的用户。经验告诉我们,不要低估个人推荐的力量,要深入思考激励机制。

——Russel Simmons(Yelp 联合创始人、CTO)

• Lyft

Lyft 的内测邀请邮件

我们的朋友们都会收到个人的内测邀请邮件。

——Emily Castor Warren(Lyft 前政策主管)

• Facebook

Thefacebook.com 于 2004 年 2 月 4 日星期三上线。"那是一个普通的夜晚,在宿舍里。"Moskovitz 回忆说。"当马克完成网站后,我们告诉了几个朋友。然后他们中的一个人建议把它放在哈佛大学本科生宿舍的在线邮件列表上,当时有三百人。当这样做了之后,有几十个人加入 Thefacebook,然后他们再告诉其他人。我们一直都在积极地关注着注册过程,在二十四小时内,平台已经有 1 200~1 500 名注册者。"

——Dustin Moskovitz(Facebook 联合创始人,扎克伯格大学室友,团队协作软件 Asana 创始人)

- Quora(美国问答网站)

Quora 在 2010 年 1 月推出时,用户群主要来自创始人 D'Angelo 和 Cheever 的大学、高中好友;这意味着 Quora 早期有很多关于宾夕法尼亚州匹兹堡美食的信息,因为 Cheever 就是在那里长大的。此外,网站还创建了一个功能——用户可以邀请他人,很快,他们的朋友们从 Facebook 上召集了其他创业公司的人,以及其他创业者。

——Wired 对 Quora 的报道《How Quora became the hottest website of the year》

- LinkedIn

Reid 有意地将产品与成功的朋友和人脉关系播下种子,因为他意识到培养一个有抱负的品牌对于推动主流用户的接受是至关重要的(如果有大量的"不相关"的用户涌入,而不是需要招聘的人,那么整个公司就完蛋了)。

——Keith Rabois(LinkedIn 前高管)

- Slack

我们恳求和劝说其他公司的朋友们去尝试,并给我们反馈。一开始可能有六到十家公司是这样找到的。

我们的模式是将 Slack 与逐步扩大的小组分享。我们通过增加更多的团队,放大了每个阶段得到的反馈。

——Stewart Butterfield(Slack 创始人,Flickr 创始人)

- Pinterest

我们发布这个应用后,我大概做了大家都会做的事情——给我所有的朋友们发了邮件,希望它能起飞。说实话,并没有几个人真的去用。但有一小部分人喜欢上了它,而这一小部分人并不是我认为的那些人,不是那些我以为愿意尝试新事物的人,他们是和我一起长大的朋友,在生活中用 Pinterest 来做一些常规的事情。比如"我的房子会是什么样子?我想吃什么食物?"诸如此类的事情。

——Ben Silbermann(Pinterest 创始人、CEO)

4. 创造"害怕错过"心理(FOMO),带动口碑效应

关键问题:

- 你的产品是否依赖 UGC?考虑营造早期社区。
- 你的价值主张(顾客群体所做出的价值承诺)是否无比强大?考虑使用等待名单。
- 你的产品是天生的社交型产品吗?考虑依靠现有用户来邀请新用户。

通过运营早期的社区提高产品吸引力——Instagram、Pinterest 和 Clubhouse(音频版 Twitter)

通过 Testflight(内测工具)来观察 Clubhouse 的做法很有意思。

- 人工筛选(制造 FOMO)
- 快速迭代(无 App Store 审核流程)
- 初期种子用户带来高质量的新用户

——Todd Goldberg(天使投资人,W14 创始人)

最重要的事情是:当做原型设计和测试 Instagram 的时候,把它介绍给一些在 Twitter 上有非常多粉丝的人。不一定是大 V,而是在垂直领域内有非常多的粉丝,特别是设计师社区、网页设计社区。我们觉得摄影和我们正在做的事情的视觉元素真的能引起这些人的共鸣,因此我们把它分享给那些有大量粉丝的特定人群。

而又因为他们分享到 Twitter,就产生了这种"害怕错过"的心理,人们会说"这个东西什么时候推出来的,我什么时候能玩到它?",等到我们真正推出来的那一天,就有了那种踩跳板效应。

——Kevin Systrom(Instagram 创始人)

Pinterest 早期需要得到邀请才能使用。

Pinterest 一开始是一个只有收到邀请才能注册的社区。第一批用户是 Silbermann 招募的设计博主。他建议这些被邀请者只向他们认识的有独特想法和创意的人发出邀请。这个专属社区的发展缓慢,直到 2012 年,网站取消了邀请限制,才开始慢慢发展壮大。

——Entreprenuer

添加等待列表—Mailbox,Robinhood(免佣在线股票交易平台),Superhuman(明星邮件 App),Spotify

• Mailbox

Mailbox,这款 iPhone 上的邮件收取管理应用发布了测试版之后,约有 70 万用户在排队等待开放(在写这篇文章的时候),表面上看这样做是帮助 Mailbox 的服务器管理用户对其提出的巨大需求的机制,但也有人认为这是一种营销策略——饥饿营销,旨在增加需求。

——Darrell Etherington(TechCrunch 作者)

• Superhuman

开发 Superhuman 的第一年,因为我们主要是做产品建设,所以我们做了一个引导页。在这个页面上,用户可输入他的电子邮件地址。当输入电子邮件地址后,用户会收到一封来自平台的自动回复邮件,里面有两个问题:

(1)今天你都用什么来发邮件?

(2)发邮件时你最讨厌的是什么?

——Rahul Vohra(Superhuman 创始人、CEO)

• Robinhood 早期网站页面

最初推出 Robinhood 这个网站时,我们最不愿意看到的就是它在一夜之间就爆掉,所以我们在处理这个问题的时候有点随便。

网站有一个描述,用非常简单的语言写道,"免佣金交易,不再每笔交易支付高达 10 美元。"然后有一个注册按钮,当你注册后,会把你加入等待名单,会显示有多少人排在你前面...

我清楚地记得那是一个星期五的晚上。我们一直在做等待名单,为下周三或周四的新闻发布会做准备。然后大家都回家了,我周六早上醒来,打开谷歌分析,看到我们的网站上有 600 个并发量,那时候应该没人知道我们的网站。我当时就想,"这是怎么回事?这是不正常的。一定是有问题的。"难道不是吗?

我看了看分析报告,看到了很多流量,或者说大部分流量都来自 Hacker News。我打开

Hacker News,看到排名第一的文章:"中国飞船登月",排名第二的文章:"谷歌收购波士顿动力公司,一家机器人公司",排名第三的文章是:"Robinhood:零佣金股票交易"。所以,我当时想,"哦,伙计,排在 Hacker News 第三位?这可能是硅谷每个工程师的梦想吧?"

——Business Insider

• 新用户必须由现有用户邀请—Spotify

该音乐流媒体服务于 2008 年 10 月上线,产品是免费的,但需要邀请,这也是它在公开发布前的最后开发阶段。

邀请制是平台崛起的重要组成部分。它不仅帮助 Spotify 管理了用户增长的速度,而且还为产品创造了病毒式元素,用户一开始有 5 个邀请名额,可以分享给好友。

——TNW

5. 利用名人或大 V

关键问题:谁是能够影响你的目标用户的大 V,如何能让这些大 V 谈论你的产品?

• Twitter

图 7-1 是 Twitter 发布后的用户增长图。我所能找到的第一个公开提及 Twitter 的消息是在 7 月 13 日晚上,Evan William(Twitter 创始人)的博客上,但可以看到,即使是在 12 日的时候,注册人数也呈现了一个小高潮。随后,Om Malik(知名投资人)在 15 日发表的文章真正把 Twitter 推到了高潮,第二天就有超过 250 人注册。我觉得最吸引人的是,当时只有不到 600 人,所以这是一个很有先见之明的插曲。

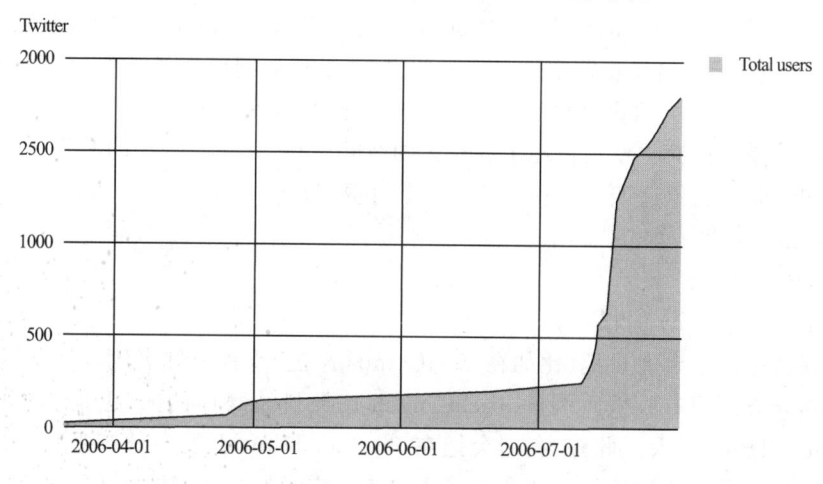

图 7-1　Twitter 用户增长曲线

一个反复出现的主题是,那个最初的宣传带动着早期用户的力量,让人感觉 Twitter 是一种与一群有趣的人建立联系的方式。Evan 的高调和 Om 的背书,想必对建立这样的热闹氛围有很大的帮助。

——Pete Warden(OpenHeatMap 创始人)

• Product Hunt

Product Hunt 的邀请邮件

一旦我们确定了一个有影响力的人,Nathan 或我本人就会发送一封个人邮件,邀请他们来我们的平台发布内容,并把我们的网站链接加到 PandoDaily 或 Fast Company 的文章里面,讲述我们的故事。这确实是一个手动的过程,但也是一个有效的方法,可以招募到优秀的投稿人,并为未来的反馈打开沟通渠道。

——Ryan Hoover(Product Hunt 创始人)

• Instagram

创始人们精心挑选了第一批用户,寻找那些优秀的摄影师,尤其是那些在 Twitter 上拥有高粉丝数的设计师。这些首批用户将帮助平台建立正确的艺术基调,创造出好的内容,以便其他用户观看,这基本上是有史以来第一批 Instagram 大 V 活动,而这要比大 V 概念早很多年。

Twitter 和 Square 的 CEO 杰克·多西和 Instagram 创始人凯文(Kevin)的妹妹曾经是相当不错的好友。多西是早期 Instagram 最有影响力的用户之一,但自 2012 年以来,他就没有使用过这款应用。

Instagram 在 2010 年 10 月 6 日正式推出时,由于多西等人的分享,它立刻走红,在苹果应用商店的相机应用中排名第一名。

——Sarah Frier(《No Filter:The Inside Story of Instagram》作者)

6. 吸引媒体报道

关键问题:有什么独特的、令人信服的、新鲜的故事可以提供给媒体?

• Superhuman

最好的办法是紧跟新闻事件,对我们来说,有一次是 Mailbox(知名邮箱 App)宣布被关闭的时候,这是一个很好的切入点,"Mailbox 没了,Superhuman 在这里,来看看我的公司。"我有一篇关于如何在收购中生存下来的文章,是目前阅读量最大的一篇。这篇文章是为了回应 Mailbox 关闭事件而写的。文章最后被刊登在 Medium 上,并被 qz.com 转载得以广泛传播。这篇文章大概花了我三天的时间撰写,又花了一天的时间去传播,所以总共花了四天时间。但这四天收获了 5 000 个付费用户。

——Rahul Vohra

• Product Hunt

得到 FastCompany 的报道。

我在科技媒体平台上投稿(比如在 FastCompany 上)来提升知名度。在早期,媒体在推动用户增长方面很有成效。阅读 TechCrunch 这类科技媒体的人,也是那些可能会想访问 Product Hunt 的人。此外,我们会把在 Product Hunt 上发布的有吸引力的产品转发给我认识的记者。我把他们可能会感兴趣的产品或者是与他们的兴趣点相关的产品发送给他们,结果就会有几篇文章提到并链接到了 Product Hunt。我们帮助 Product Hunt 上的产品制造商和早期创业公司获得了更多的曝光率。

——Ryan Hoover

• Slack

"当时我们发布了测试版,但我们不想把它称为测试版,因为那样的话,人们就会认为这项服务是不可靠的。"创始人巴特菲尔德(Butterfield)说。相反,在一次令人印象深刻的新闻宣传(主要讲述团队之前的经历,也就是说,只要你有什么东西就用什么东西)的帮助下,欢迎用户试用 Slack。第一天,来了 8 000 名用户;两周后,这个数字已经增长到 15 000 人。

这给我们上了一课:当发布产品时,不要低估了传统媒体的力量。

——Stewart Butterfield

- Instagram

Instagram 直接联系了媒体,而没有找公关公司。"一个好的产品,应该由充满激情的创作者们自己推销,而且他们还靠自己获得了大量的宣传报道。"Kevin 说:"我们厚着脸皮联系了一些我们认为会喜欢这个产品的人。"这么做后我们得到了好的反馈。实际上,人们对我们说,"联系《纽约时报》这样的大媒体是没有意义的,是在浪费时间。"但《纽约时报》不仅和我们谈了,还派人和我们见面。在 2010 年 10 月的发布会当天,所有的媒体报道不约而同地出现,Instagram 的服务器受到了严峻的考验。

——TNW

7. 建立一个社区

关键问题:你能不能现在就建立一个社区,以便以后再去利用?

- Product Hunt

Product Hunt 发布每日新产品的排行榜,前身是使用 Linkydink 的电子邮件列表,Linkydink 是一个创建协作式每日电子邮件摘要的工具。

在感恩节假期里,我们设计并打造了 Product Hunt。同时,我们联系了早期的内容贡献者和其他知名的产品从业者,分享早期的模型并收集反馈。我们并不只是在做客户开发,我们要让他们感到兴奋,让他们觉得产品是自己的一部分(事实上他们确实是,为我们的设计决策提供了大量的帮助)。

5 天后,我们有了一个非常简单但功能齐全的产品。我们给支持者们发了一封邮件,告知他们不要公开分享产品的链接。支持者们很高兴能加入,这也是他们曾经想过并间接帮助建立的产品。那一天,我们获得了第一批 30 个用户。

到周末的时候,我们有了 100 个用户,感觉已经准备好了和全世界分享 Product Hunt。

——Ryan Hoover

- Stack Overflow(IT 技术问答网站)

Stack Overflow 的创始人 Joel Spolsky 和 Jeff Atwood 都有大量的粉丝,他们在之前的网上积累了很多拥趸(通过 Joel On Software 和 Coding Horror 他们的个人网站)。他们邀请这些读者参与到产品测试中来,在测试版中,参与者为 Stack Overflow 带来了内容,因此网站正式推出之时就已经非常丰富了。

——Jeff Atwood(Stack Overflow 联合创始人)

获得第一批 1 000 名用户的七大策略,要以你自己的关键问题来确定重点在哪里:

关键问题:

- 你的早期目标用户是谁,他们目前线下聚集在哪里?
- 谁是你的早期目标用户,他们目前在网上聚集在哪里?
- 你的朋友是否符合目标用户群?如果是,你邀请他们了吗?
- 你的产品是否依赖 UGC?考虑营造早期社区。
- 你的价值主张(顾客群体所做出的价值承诺)是否无比强大?考虑使用等待名单。
- 你的产品是天生的社交型产品吗?考虑依靠现有用户来邀请新用户。

- 谁是能够影响你的目标用户的大V,如何能让这些大V谈论你的产品?
- 有什么独特的、令人信服的、新鲜的故事可以提供给媒体?
- 你能不能现在就建立一个社区,以便以后再去利用?

7.3 寻找客户的新逻辑

美国财政部前部长鲁宾曾说过:"关于市场,唯一确定的就是不确定。"这句话之所以成为"名言",是因它说出了大多数人的切身感受。

不确定性急速增加,已经成为当代商业时代的基本特征。不确定性的增强给长期以来一直在稳定的环境下追求效率的企业组织带来不适,多数人对不确定性是持敌视态度的。在多数企业经理人的词典中,不确定性是需要规避的风险,是破坏秩序的罪魁,所以要努力地消除不确定性、忽略不确定性、感知不确定性、降低不确定性、远离不确定性。

然而,不确定性很有可能并不是因人们的认识水平和控制能力不足所造成的结果,而是从本质上不可消除的。随着信息时代的到来,人们逐渐认识到,世界并非是完全确定的,不确定性是世界的另一本真面目。而确定性实际上是不确定性世界的一个相对稳定的片段,或者说当变化速率缓慢时给人的假象。

当认识到不确定性作为世界的本质而不能消除、作为当今商业时代的特征而不能忽略的时候,我们就只能直面不确定性,学会怎样更好地面对不确定性。也许,不确定性不应该是企业经营者的敌人,而应该成为企业经营者的朋友。因为在一个确定性的、充分竞争的商业时代里,从长期来说,所有的行业其总利润将无限趋近于零,只有不确定性存在,才能给企业经营者提供施展智慧才华、赢得超额利润的空间。

不确定性无处不在,创业者在面对不确定的创业情境时如何做出营销战略决策?

- 在高度不确定的创业情境下,经验丰富的创业者通常会质疑市场研究的有效性,而初次创业者则严重依赖于市场研究来进行决策。
- 在高度不确定的创业情境下,经验丰富的创业者通常会基于先前的创业经验进行类比推理,而初次创业者则较少依赖类比推理来进行决策。
- 在高度不确定的创业情境下,经验丰富的创业者通常基于整体观视角进行决策,而初次创业者倾向于将每次营销决策过程视为孤立的事件。
- 在高度不确定的创业情境下,经验丰富的创业者会同时考虑多个可能的市场和产品,并采用撇脂定价策略;而初次创业者则通常聚焦于给定的产品和市场,并采用渗透定价策略。

为何经验丰富的创业者和初次创业者的营销战略决策如此不同呢?是因为他们基于因果逻辑和效果逻辑两种思维。基于因果逻辑的营销,我们叫传统营销;基于效果逻辑的营销,我们叫创业营销。

传统营销强调目标导向,首先设定目标,然后根据产业竞争、经营环境和可动员资源等情况来决定通过什么方式实现预定目标,假定管理者能够事先确定相关决策的结果。在创业营销中,创业者面临的情境具有典型的奈特不确定性:市场和顾客都是不确定的,而且是在信息非常不对称的情况下进行创业决策。例如,他们必须针对尚不存在的市场制定营销战略,在还没有获得合法性的情况下进行创业融资,还要为尚未建立的企业招募尽可能优秀的员工。

传统营销,基本假设市场控制与交易简单可行,适用于相对稳定的确定市场;营销者的角色是营销组合的协调者、品牌的建造者,通过低程度的创新被动适应市场,通过调研识别并清楚地说明顾客需求最小化营销活动风险,有效利用现有的物质资源和匮乏的智力资源。传统营销强调最小化营销活动风险,有效利用现有物质资源和匮乏的智力资源,由研发部门和其他技术部门支持新产品/服务开发。客户是提供知识及反馈的外在资源。

创业营销,基本假设通过价值创造获得持续竞争优势,适用于设想中的、新兴的、经过细分的市场,带有高度不确定性。营销者的角色定位是内、外部变化的媒介;新品类的创立者。营销者积极主动地通过动态创新引导顾客需求,通过领先用户发现、识别顾客需求,强调风险评估,减少、利用或分散风险,创造性地使用他人资源;以较少的投入获取较多的产出;活动不受当前资源限制。营销是创新的主体;顾客是积极的共同创造者,是营销决策过程的积极参与者,共同议定产品、价格、分销和传播策略。

直观逻辑的传统营销是基于已知的某一特定结果,聚焦于选择要达到其结果的方法,与"手段—目的分析"(Means-ends Analysis)思路接近。而不确定情境下的创业营销是基于已知的一系列资源和既有条件,聚焦于这些条件可以带来的可能性和能创造的效果的推进和实现过程。如一个形象的比喻:厨师做饭,因果逻辑过程是给出菜单,由厨师按菜单来购买材料并烹饪调制出预想菜肴;而效果逻辑过程则是能使用的食材有限,没有菜单,厨师利用这些现有食材自己设计并调制菜肴。因果逻辑和效果逻辑都是构成完整的人类思考的方法,两者差异明显但不决然对立,在不同的决策及行为背景下可能重叠交织或同时发生。如图7-2所示。

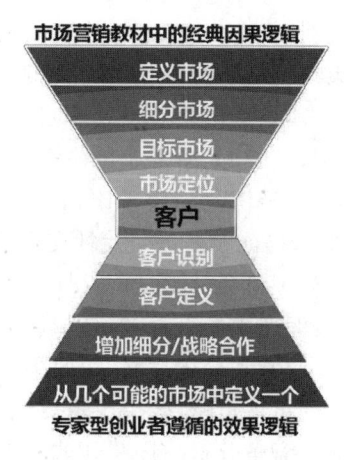

图7-2 因果逻辑和效果逻辑的关系

以经营一家餐厅为例,因果逻辑过程是基于行为选择中的理性假设,传统的因果逻辑会采用科特勒的STP理论进行决策,分析研究消费群并做区分,选择有潜力的目标客户,然后做针对目标客户的产品定位等。但现实中很多创业者往往从他们既有的资源和条件出发,考虑以尽可能少的资源将其创意带入市场,如说服当地某个餐厅同意摆柜台卖快餐、或向写字楼职员推销外卖等,也许会失败,但经积累和学习,充分发挥了有限条件,逐渐做大甚至连锁经营;又或者在餐厅经营时发现做商务茶馆的商机进而改行。这就是效果逻辑:瞄定于既有条件,在可控范围内搜索,在执行中得到反馈和思考,得到不同的偶然性结果,它是创业者抽象抱负的操作和实现过程。

再举个例子,20世纪50年代中期,美国商业复印机市场上存在的复印机,平均每天只能复印15到20张,而且复印品很脏;之后,施乐公司发明了利用静电复印技术的914型复印机。按理说其效率、效果都远大于老式复印机,市场需求应该很大。但结果是,因为价格太高,这种新型复印机基本没人使用。

为了打开复印机市场,施乐公司提出了一种全新的商业模式——从顾客的需求出发,利用现有的资源,充分预估可能的风险,以提供租赁服务的方式把914型复印机推向市场。消费者每个月只需支付95美元,就能租到一台914型复印机。

由于复印质量很高而且使用方便,用户的办公室一旦安装了914型复印机,每天能复印2 000张!而在过去,市场上90%的复印机每月复印量却少于100张。通过降低使用门槛,而以租金以及额外的部分复印纸费用,施乐公司大挣一笔。

最重要的是,它通过一种非常低的门槛,把它的设备快速地推向了市场和客户端。这种租赁模式使施乐公司收入增长率一直保持在41%,原本一家销售规模仅3 000万美元的小公司变成了年收入25亿美元的商业巨头。事实证明:施乐公司新型复印机的市场需求很大;然而,因为价格原因,消费者望而却步。

对于企业而言,满足消费者需求的产品并不一定就会卖得出去,只有采用一系列贴合消费者心理的手段,既从客户那里了解他们的需求,又主动地去帮助他们发现自己的需求,才能为企业创造市场。

企业选择何种逻辑来进行机会处理,取决于机会本身及企业特征。不少大型企业都会选择因果逻辑的方式来处理成长机会信息,这或许主要有以下几点原因:其一,经营稳定的组织会有成功惯性,进而束缚自己创新步伐,害怕失败,内部烦琐复杂的决策流程消磨了企业快速行动的可能;其二,因果逻辑的信息处理过程看似更加理性,符合社会和市场对企业和个人理性经营的预期;其三,大型企业往往资源、资金实力雄厚,有时候可以通过并购新企业来绕开时间压缩的不经济性障碍。比如,Facebook于2014年3月份以20亿美元收购虚拟现实厂商Oculus,提前布局下一代社交和通信平台。

相对而言,采用效果逻辑来处理机会,往往可获得的信息并不充分,信息质量不高,甚至可能是创业者基于长期经验浸润产生的直觉,但是却往往能够让企业获得先动先机。

因果逻辑聚焦于实现最大化收益和最优战略,而效果逻辑关注可承受的损失,从有限条件出发、尽可能多地开发并实验可得策略,效果逻辑更偏好能创造更多选项的决策而非眼前的收益最大化、策略联盟而非竞争分析。因果逻辑,如波特的战略模型,强调详细的竞争分析;而效果逻辑则强调战略联盟以及与利益相关者的事前承诺,减少不确定性并抬高进入门槛,前者像红海战略而后者更像蓝海思维开发偶然性(contingency)而非现存知识。当现存知识,如新技术知识,成为竞争优势的来源时,因果逻辑更为适用;而如果持续出现未预知情况时,则更适合于采用捕捉和利用机会的效果逻辑,控制不可预见未来而非预测不确定事物。因果逻辑聚焦于预测不确定未来的可预见成分,"能预测未来即可控制它";而效果逻辑更关注不可预知未来的可控制性,"能控制未来就不需预测它"

传统思维的因果逻辑关注决策问题的确定性或风险性,强调科学分析、理性决策和目标实现;而效果逻辑关注决策问题的不确定性(目标含糊、决策物),强调抱负指引、执行导向和开发偶然,这为决策理论提供了新的思路,也为创业研究提供了新的指引。行政和管理工作、成熟市场和企业更需要因果逻辑思维,而创业过程、新兴市场、初创企业和转型企业更需遵从效果逻辑思维。

讲一个笑话创造出来的市场。加里·达尔在一家加利福尼亚广告公司工作,一天晚上,他和几个朋友边喝酒边聊天,聊着聊着便聊到了宠物。加里·达尔插话说他自己的宠物是块石头——性格温顺、饲养简单、物美价廉,可谓是理想宠物之选。几个朋友大笑不止。而他们哪会想到,之后风靡一时的产品就此诞生。

起初,也就是1975年4月,加里·达尔想写一本手册——《如何饲养和训练你的宠物石》——手把手教授如何与石头宠物相处。接下来,他花费了几周时间来撰写这本手册,包括介绍如何训练宠物石表演杂技,例如前滚翻(最好在山坡进行)和装死(宠物石最喜欢自己独自进行)。当手册基本完成之时,加里·达尔决定再补充一点:将一块真正的石头放在一个铺好细刨花的、带一个小小的透气孔的小盒子里,随书附送。后来,达尔在圣何塞的一家建筑用品店里发现了他的宠物石。这些宠物石是那个廉价商店里最贵的石头。

8月,在参加旧金山礼品展销会之后,宠物石就接到来自纽约内曼·马库斯百货商店的500个订单。之后,达尔炮制出一条新闻,还附有一张自己被宠物石包围的照片,一举成名,《新闻周刊》甚至用足足半页纸来报道他的故事。达尔还被《今夜脱口秀》电视节目两次邀请做嘉宾。10月底时,达尔已经每天可以售出10 000块宠物石,而到圣诞节之时,2.5吨宠物石又被销售一空,全美3/4的报纸都在报道他的故事。宠物石面世几个月之后,销售额就高达100多万美元,平均每块宠物石价格达3.95美元。达尔——一个最初只想每块石头赚得1美元的人——瞬间成为百万富翁。

"搜索与选择法"一般是指(无论明确的抑或内隐的)创业者有意去抓住新颖的、未被开发的或潜在的市场。在创业学中,这种观点通常表现为富有远见的个人不断搜索并开发市场商机的过程。

在"创造与转换法"概念中,全新市场的创建并不需要有意为之,甚至并不是创业者提前预测或想象到的结果,而仅仅是因为满足了创业者的某种个人动机,或者是因为完成颇具可能且有意义的工作后得到的意外结果。

全新市场的创造很可能是因为意外事件或机缘巧合发生的结果。不仅如此,全新市场最初常常被看作现有市场的"残渣剩饭",或者说是创业者从事自己认为值得做的事情时的"副业"。在这个过程中,一个全新市场应运而生,尽管这并不是创业者起初的目标,创业者不可能之前就对此有清晰的了解,或者就将其设为目标。创业目标不仅可以预先设定,更可以在创业过程中被创造出来。正如哥伦布最初的目标不过是探索印度,然而在他很偶然地发现新大陆的那一刻,他的使命和目标便随即发生了彻底的转变。

宠物石案例更是证明了市场不可能事先被预测。阅读这个实例并思考,达尔是否服务于市场中一个未被满足的部分?请记住,在当时,我们并没有任何关于"无生命的石头宠物"的历史数据,整个创业活动不过始于创业者和朋友们之间的一句玩笑,起初并没有任何关于赚钱的想法。这就引出了效果逻辑中另一条重要原则：成功与失败在很大程度上并不取决于创业结果是否完全符合最初设想，也不取决于相关战略是否被准确地实施。

创业营销是基于不可预知的未来、迭代过程与实验、利用价值网、负担得起的损失等原则。创业营销者寻求战略联盟伙伴，通过谈判、磋商等方式建立联盟网络，是决策者整合利益相关者资源的重要途径。在竞争分析之前创造一个初始市场而不是首先开展竞争分析。鉴于不确定性中蕴含的宝贵机遇，相比细致的竞争分析，通过联盟尽快创造市场、打开销路显然更有实际意义。

构建或创造市场而不是发现市场。决策者不应该把精力主要放在预测未来，而是要采取行动。相比规划而言，积极采取行动更为重要，毕竟，未来会怎样将取决于你现在做了什么。

在营销过程中，新手企业家认为这个想法多么新颖，基于新技术想法的程度，认为顾客肯定会被产品或服务的优势所折服，认为自己有改变行业的潜力，具备直觉或良好的感觉。而经验丰富的企业家首先解决客户的问题，希望能够产生正现金流，希望创收速度够快，能够承担可管理的风险，希望与其他人在他们的网络中合作开发企业。

在效果逻辑理论看来，传统的市场营销方法非常值得怀疑。翻开科特勒的《营销管理》，里面几乎所有的案例都是大公司的。在他们的眼中，小公司只有销售，而没有营销。大公司市场营销的通常做法就是：扫描营销环境—分析市场—识别市场细分和目标市场—设立定位和应对竞争—制定营销战略—通过整合的营销渠道接触客户，传递价值。大企业也许可以这么做，小企业要活命，销售是天经地义的第一位。

基于效果逻辑的创业营销则认为，创业者不应该花费大量的时间、金钱和人手在细致的市场调查上。创业者应该"先开枪再瞄准"，而不是趴在那里瞄上半天，这样一来很可能错过了"机遇之窗"。创业者应该首先做出一个临时的产品或服务，尽可能早和尽可能多地吸引顾客购买自己的产品或服务，然后不断地塑造市场或者人们的消费行为，由点及面，迅速地扩大战果。

客观来看，我们不应该错误地认为效果逻辑可以完全取代因果逻辑，而应该把它们看成是适用于不同条件情境下的不同选择。因果逻辑更适合于大型成熟的公司，而效果逻辑适合于新创企业。

举个例子，试想现在就有这样一个创业者，她打算经营一家印度餐厅。根据"搜索与选择法"，她应该首先对当地餐饮行业进行调查研究，然后再精挑细选出店址，合理细分市场，并根据对潜在的投资回报率的估计选定目标市场，据此目标市场设计店面、筹资、组建团队，最后运用某些市场策略，日复一日经营下来而最终获得成功。

如果使用更加富有创意的"创造与转换法"，那么真实发生的过程在很大程度上就取决于这个创业者是谁、她知道什么及她认识谁。为了能更好地帮大家理解创业过程，我们假设她是一个打算自主创业的印度餐厅大厨，她并不富裕，那么她该如何将自己的想法付诸实施呢？她或许可以和一家已有的印度餐厅建立合作关系、参加食品展销会、为客户承办酒宴等。假如她说服了一个在市中心工作的朋友，让这个朋友把她做好的午餐带给同事们品尝。久而久之，便会有客户每日预订午餐，她可以在家做好然后亲自送货上门。而最终，她便可以利用自己的积蓄租个小店铺，完成自己独立开店的心愿。

假若起初的几位客户并未能给生意带来如愿以偿的开门红,那么也一样值得庆贺。因为根据"创造与转换法"逻辑,除了开餐厅以外,这个创业者还可以根据客户的其他具体需求,与其他创业者进行合作,开创自己的事业。例如,客户或许比较欣赏她的性格,那么她便可以录制一段烹饪视频或者开办一所烹饪学校。因为不同客户有不同的需求,这个创业者可能由此进入任一行业。例如,她最后很有可能在以下行业中成功创业:娱乐、教育、旅游、包装制造、零售、室内设计,甚至可能是在成功学领域!

经验丰富的创业者和初次创业者在制定创业营销策略的决策过程中存在显著的差异,前者更倾向采用效果逻辑来进行决策,而后者则更倾向于采用因果逻辑。其次,经验丰富的创业者一般会根据自身的个人特质、能力、知识基础和社会关系来决定是否创业,他们的创业行为受手段导向而不是目标导向驱动。在对机会进行评估时,经验丰富的创业者一般会根据自己可承受的潜在损失而非创业机会本身所具有的吸引力来决定是否实施创业。再者,经验丰富的创业者很少依赖市场调研,他们一般不会去分析竞争对手,而是倾向与具有承诺意愿的合作伙伴甚至顾客共同开发新产品或新机会,从而实现双赢。当发生意外事件时,经验丰富的创业者通常会采取权变手法,并把权变因素作为新出现的机会善加利用。最后,经验丰富的创业者不会去预测结果,而是奉行控制逻辑,认为凭借个人的主观能动性可以在一定程度上改变环境并取得创业成功。在制定营销战略时,初次创业者往往奉行因果逻辑(Causation),他们从定义市场入手,通过采取不同的营销手段(如定义市场、细分市场、确定目标市场等)来满足顾客需求;而经验丰富的创业者则奉行效果逻辑,他们从顾客入手,根据自己掌握的创业手段来定义可能存在的市场,并在战略合作的基础上开发可能存在的新市场。

在传统营销主导的过程中,企业习惯于开始识别出新的产品、市场,然后进行竞争分析和市场调研,形成商业计划,用计划书去争取各种资源投入,再因环境变化适当调整计划。在这一逻辑中,机会是既有存在的,只是因为被忽略或者企业或个人的信息不对称而没有被发现。常用的BCG分析、SWOT分析甚至五力模型都服务于这一逻辑。而在效果逻辑主导的创业营销过程中,在一定的情境下,创业者不计较可能的收益,而关注自己能够承担的损失,通过与社会资源持有者之间的互动建立利益共同体来创造机会。能够采用这种逻辑创造成长机会的企业或者创业者往往是技术型专家,在创业之前,他们往往综合自己的人力资本、关系网络、资金、专利等资源,在市场中寻求可能的外部资源提供者形成利益联盟,采用新的方法,实现新的目标。在这种逻辑下,机会不是一开始就有的,或者至少不是很清晰的,创业家利用自己的能力,与关系网络、市场环境不断的互动、引导,最终创造出市场机会。

7.4 增长黑客

增长黑客本质上是一种精准的、低成本、高效率的营销方式,是互联网带来的营销红利之一,如图7-3所示。

增长黑客:AARRR用户增长路径(图7-4)。

图 7-3 增长黑客

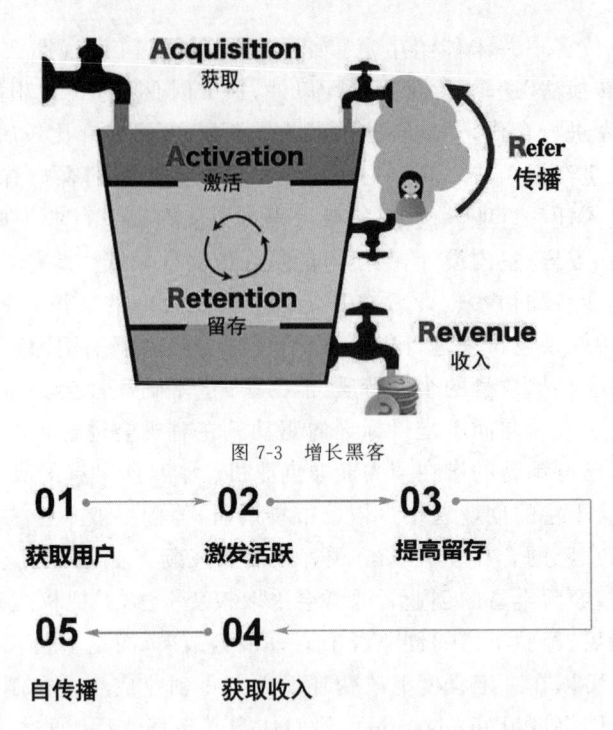

图 7-4 AARRR 用户增长路径

有人说是用户生命周期管理,也有人说是产品运营周期管理,那到底哪一个是对的?好像也分辨不出来。

做运营的本来就是围绕用户,那针对不同生命周期的用户进行运营好像也没错;就算对一个产品而言,获取、激活、留存、收入再到传播,也是一个正常的路径。

那使用 AARRR 做产品运营周期管理到底有没有问题?AARRR 到底是什么模型?

一、模型匹配所有研究对象

AARRR(海盗模型,图 7-5)其实是用户生命周期的模型,但同时也有人拿来变成运营流程的模型:先获取用户,其次激发活跃度,接着提高留存率,然后获取收入,最后实现自传播。

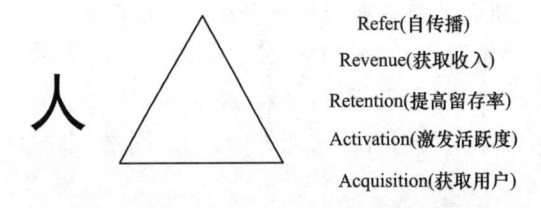

图 7-5 AARRR 模型 1

用 AARRR 来对比运营流程,大部分看似可以,但其实会出现问题。

我们用同样是对应于人的马斯洛需求层次理论(图 7-6),同等地去对比看看。

如果以品和人这样一个交互流程,从某种意义上来说是可以互换的:把人当作品,把品当作人,如图 7-7 所示。

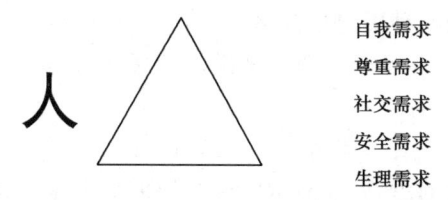

图 7-6　马斯洛需求层次理论

那我们就以马斯洛需求层次理论当作人的管理,海盗模型当作品的管理。

图 7-7　品和人的交互流程

然后我们将二者进行匹配(图 7-8)。

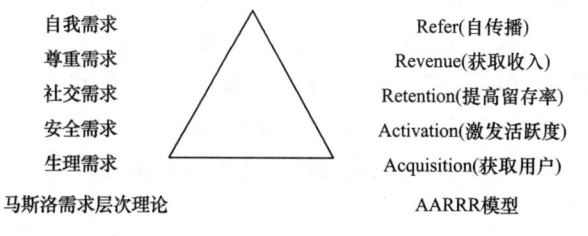

图 7-8　马斯洛需求层次理论与 AARRR 模型相匹配

1. 生理需求(人)—获取用户(品)

对一个产品来说,只有当它拥有了大量的用户,形成一定规模的流量,才能让它在众多产品中生存下去。

2. 安全需求(人)—激发活跃度(品)

流量不能光有,不能死粉、假粉,而要拥有相对优质的流量,才能给这个产品一定的安全感。

3. 社交需求(人)—提高留存率(品)

当大部分产品都有一定流量的时候,就可以尝试做互推、置换,如果两个人讲的东西都听不进去,那是无效的社交,如果两个产品之间的互推没办法留存,也是无效的社交。

4. 尊重需求(人)—获取收入(品)

人要获得尊重,获得地位,在无形价值之前的衡量标准大多数是工资、年薪,产品能带来多少的收入也变成了产品的地位。

5. 自我需求(人)—自传播(品)

当人上升到一定层次的时候,会开始考虑自我价值的体现,同样产品自传播,不也是口碑、品牌形象这些自我价值的体现吗?

这样看来,人和品、马斯洛需求层次理论和海盗模型好像是可以等同互换的。

是不是 AARRR 也同样可以作为运营流程的模型呢?

答案是:并不能。

马斯洛需求层次理论驱动的是研究,对象是全人类;而海盗模型驱动的则是工作,对象是单一的产品——这样的匹配会造成普适性大过于特殊性。

运营恰巧又是一个围绕人的工作,如果只固定的匹配海盗模型,也就相当于默认了只有一种固定的需求路径和一种固定运营路径。

但是由于人的复杂性,从数学的角度来说,5个需求或5个运营行为通过随机排列组合,其实是有120种形式的:

$$5×4×3×2×1=120$$

所以通过理论推理论的思路,AARRR模型如果拿来做运营流程管理会出现过于单一的结果。

二、不只有AARRR

上文讲了,AARRR通过随机排列一共有120种组合,这是数学的角度,那在现实生活中,根据产品和用户的不同,看看其他组合是否真的存在。

例一:工具型产品

音乐播放器:A获取—A激活—R留存—R收入—R传播

地图导航软件:A获取—R留存—A激活—R收入—R传播

同属于工具型产品,但对于类似地图导航的软件,其功能更像用完即走,而且需求的满足是即刻体现,所以留存会先于促活。而音乐播放器本身可以轻松满足听歌的需求,除听歌之外,如何更好地促进听歌,必然是先活跃才能得到留存。

例二:游戏产品

平民玩家:A获取—A激活—R留存—R传播—R收入

氪金玩家:A获取—A激活—R收入—R留存—R传播(不一定)

同一款游戏产品,面对不同的用户,平民玩家一开始觉得好玩,拉朋友一起玩,实在干不动了,才充钱;而氪金玩家在觉得好玩之后,就想快速通过充值拉开距离,获得成就感——所以这是两种不同的路径。

例三:电商产品

其他1:A获取—A激活—R留存—R传播—R收入(不一定)

其他2:A获取—R收入—A激活—R留存—R传播(不一定)

其他1的路径有点类似内容电商,App里面都是好的商品内容推荐,也带有销售的链接,但是会有用户在种草之后,去其他平台的旗舰店购买,不一定会在原本的平台完成消费。

其他2的路径则类似购物返现裂变,新用户进来之后,只要完成成交即可获得返现,或者拉其他新用户也可以完成返现,通过返现实现活跃,最终留存。而传播这一行为在返现时就已达成,是否还设置独立的传播点,另外再说。

所以从上面几个例子可以看出,用户的运营流程未必都是固定的AARRR模式,可以说取决于产品功能设计,更确切地说是取决于用户行为流程,但如果依旧保持单一的运营路径,就会造成运营偏差。

三、产品的用户生命周期

所以AARRR只是一个广义的用户生命周期的模型,只是分别对应了其中的5个重要环节。

而真正的用户生命周期则是:引入、成长、成熟、休眠、流失,如图7-9所示。

第 7 章 互联网时代的用户服务方案

```
引入        成长        成熟        休眠        流失
获取    留存    激活    收入&传播
```

图 7-9　用户生命周期

引入时我们也要获取用户，引入到成长时要注意留存，成长促活逐渐会变为成熟，可以进一步产生收入和传播，到最后，用户还是会有可能休眠和流失的。这才是一个用户的生命周期。

AARRR 其实针对的不是单体用户，而是对一个产品的广义的所有用户，如图 7-10 所示。

```
忠实用户              Refer(自传播)
付费用户              Revenue(获取收入)
真实用户    品        Retention(提高留存率)
普通用户              Activation(激发活跃率)
新手用户              Acquisition(获取用户)
```

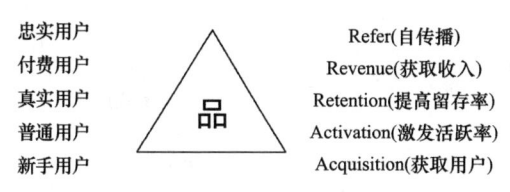

图 7-10　AARRR 模型 2

一个产品一开始要获取用户，可以说是拉来种子用户，也可以是拉来新手用户，新手使用产品之后会变成普通用户，但没有留存下来的话，就还不是真正这个产品的真实用户，真实用户里面会逐渐演变成付费用户，甚至是帮助产品传播的忠实用户。

所以 AARRR 能帮助我们理解一个产品所需的用户从新手到忠实的演变过程，也同时告诉我们这是一个漏斗或者是金字塔逐渐变小的群体。

与其说 AARRR 是用户生命周期模型，不如将其称为用户层次模型，如图 7-11 所示。

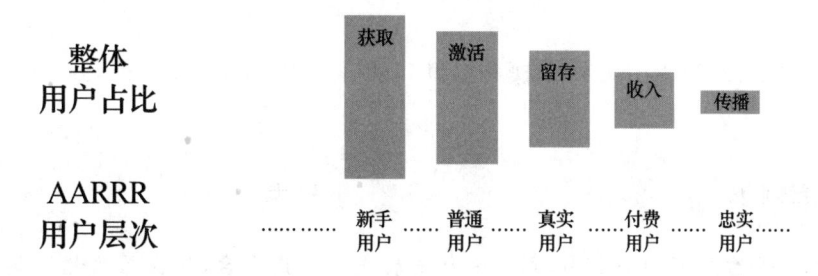

```
整体
用户占比        获取   激活   留存   收入   传播

AARRR
用户层次        新手   普通   真实   付费   忠实
                用户   用户   用户   用户   用户
```

图 7-11　用户层次模型

那么真正的产品运营流程管理又是如何呢？

产品运营的流程是要遵照用户行为的流程，AARRR 里面的文字描述只是正好对应了用户行为的表达：

用户行为流程：发现—常用—关注—付费—传播

用户生命周期：获取—激活—留存—收入—传播

所以，120 种 AARRR 的排列组合中，真正是用户行为流程的排列组合是：

"我可以先付费再关注"，常见的视频客户端就是这样。

又或者"我先传播再常用"，邀请新的朋友即可返现。

所以，运营是刺激用户产生行为或者持续性行为的工作，这些行为都要遵照用户行为流程，如图 7-12 所示。

119

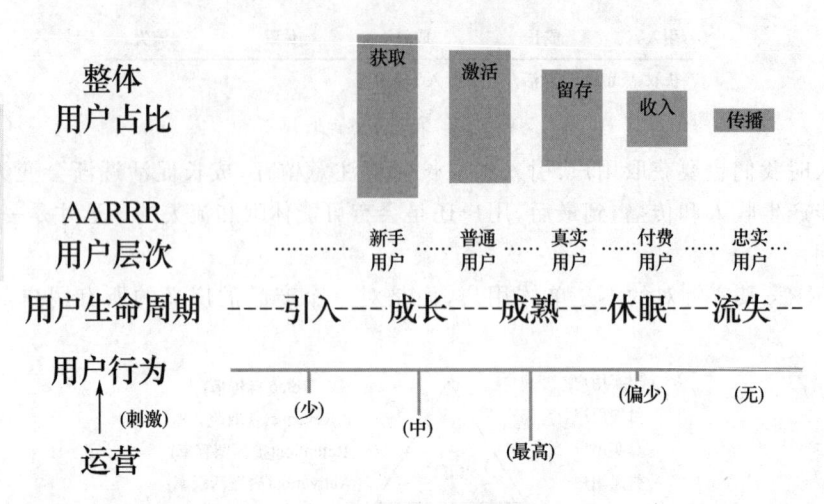

图 7-12　用户行为流程

AARRR 模型是：

1. 运营刺激用户产生行为或持续行为。

2. 运营刺激行为依据用户行为路径，随着生命周期的变化，用户行为会有多或少的变化。

3. 用户的生命周期是引入、成长、成熟、休眠和流失。

4. AARRR 适用于形容产品所有的广义用户层次，如新手、普通、真实、付费和忠实，整体用户占比逐级递减，对于广义用户的运营行为也可统称为获取、激活、留存、收入和传播。

资料来源：AARRR 是什么模型？其实大家都搞错了. 人人都是产品经理. 2019-09-11.

案例 1　小红书

以社交平台起家的小红书，到后来却发展成了电商平台，规模居然越做越大，大到在电子商务榜上排名第 9。

小红书创建于 2013 年 6 月 6 日，最开始是以分享社区内容为主，从分享美妆、个护，到运动、旅游、家居、旅行、酒店、餐馆等相关内容，并引导用户进行交易。

截止到 2018 年 9 月，其月活跃人数已达 2 560 万人。

能在竞争激烈的电商环境下取得如此骄人的成绩，必有其与众不同之处。那么小红书的不同点在哪呢？接下来，我们通过 AARRR 模型来拆解分析一下。

所谓 AARRR 模型即为获取用户（Acquisition）、激发活跃度（Activation）、提高留存率（Retention）、自传播（Refer）、获取收入（Revenue）。

获取用户（Acquisition）

小红书通过在地铁、分众传媒、电视剧、综艺等渠道花大量的钱投放广告，再利用 SEM 主推品牌词来转化一部分二次搜索的用户。但这些只是常规的拉新手段，虽然稳定,但不能带来爆炸性的用户增长。

所以小红书另辟蹊径,利用自身平台的特点,邀请与平台定位相符的明星入驻。

要知道明星本身就是带有巨大流量的KOL,邀请明星入驻,平台就能直接把一部分明星的粉丝转化为用户,从而实现拉新。

除了邀请当红明星入驻平台,小红书还很会蹭热点,但凡某综艺节目火了或某电视剧火了,小红书一定会邀请综艺节目、电视剧的主要角色入驻平台,趁热拉来一波流量。虽然小红书通过邀请明星入驻平台来拉新的套路玩得很溜,但也要注意,邀请的明星本身要能自带话题,要与平台定位相符。

激发活跃度(Activation)

小红书是社区起家,所以"发布笔记"这一模块一直都是小红书提高活跃度的一大利器。

小红书的用户群体以女性为主,女生天生喜欢分享、喜欢记录生活,发布笔记这一模块恰好满足了她们爱分享的需求。把小红书当成另外一个朋友圈,在这里记录分享生活中的点点滴滴。

为了方便用户发布笔记,小红书把这一入口放在了App底部正中间,让用户打开软件就能看到,极大优化了用户的体验,活跃度高也是自然而然的事了。

除此之外,小红书还给用户设置了专门的成长体系。

通过给他人的笔记点赞、收藏他人的笔记、发布自己的笔记等方式来进行升级,每升一级就可以获得与等级相符的特权。

这无疑提高了用户的积极性,用打怪升级的方式激励用户去完成任务,完成任务就能升级,就能获取更高的特权及更尊贵的标识,通过激发用户的虚荣心来提高产品的活跃度。

提高留存率(Retention)

小红书自身带有的社交属性极大地提高了用户的留存率。

在我们打开小红书的App时,第一眼看到的不是商城、不是促销,而是内容。

通过UGC的方式来留住用户,让用户知道小红书不只是一个卖东西的平台,它还是一个社交平台,每天都能在这里看到很多好玩、有趣的内容。

而且平台还邀请了一部分明星大咖入驻,这些明星经常会分享一些干货,如护肤、保养、化妆等。

内容好玩、有趣,再加上有偶像大咖们的干货分享,用户的流失率自然就会降低。

自传播(Refer)

人们看见好玩、有趣、有用的内容自然喜欢分享。

所以小红书引导用户主动分享的本质还是内容,当用户看到喜欢的内容时,就可以直接分享到QQ、微信、微博等社交平台。

如此就能间接为平台带来流量,而且由于是靠内容吸引用户,用户对平台的认同感也就越强,流失率也就越低。

获取收入（Revenue）

小红书的盈利主体是电商。不过不同的是，除了常规的卖货，小红书还会用内容激发用户的购买欲望，给用户种草。如一些KOL会分享产品使用心得、护肤心得、化妆心得等内容。有图有真相，这样用户很容易就把自己代入到内容之中，在内容的刺激下，很容易就会购买KOL推荐的产品。如此，KOL实现了盈利，小红书也能分走一杯羹。

除了通过电商来获取盈利，小红书的另外一个盈利点在于会员体系。

会员体系共设置了199元年卡、55元季卡、19.9元月卡三档价格。

显然，从整体价格来看，199元的年卡更合算，相对于每月只需16.5元，适合长期使用小红书购物的用户。

而季卡和月卡则偏向于短期使用小红书购物的用户，加入限时无非也是利用"稀缺心理"告知用户，再不买可能就会涨价，促使用户下定决心购买会员。

仅仅价格合理还不够，小红书的会员价值也一定要物超所值。

所以当我们打开小红书的会员菜单时，第一眼看到的不是购买价格，而是会员能为用户省3 865元，直击用户痛点。用户一看能省这么多钱，一定点开详情看购买价格以及能享受哪些特权优惠。

如此，看到会员每月仅需19.9元（年卡更便宜），相对会员所带来的价值简直太便宜了，所以一旦有需求，多半会购买会员。

通过AARRR模型拆解（图7-13），我们就会对小红书的运营模式清晰很多。但这只是产品前端的运营，一款产品想获得成功，除了前端同样离不开后端的支持。

小红书 AARRR增长框架分解

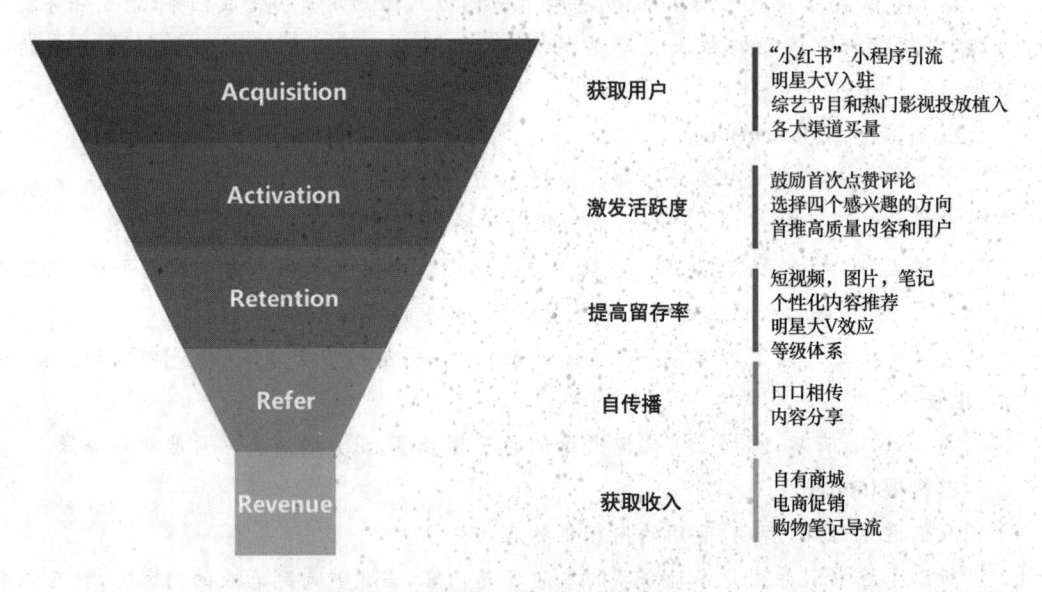

漏斗层级	作用	具体措施
Acquisition	获取用户	"小红书"小程序引流；明星大V入驻；综艺节目和热门影视投放植入；各大渠道买量
Activation	激发活跃度	鼓励首次点赞评论；选择四个感兴趣的方向；首推高质量内容和用户
Retention	提高留存率	短视频、图片、笔记；个性化内容推荐；明星大V效应；等级体系
Refer	自传播	口口相传；内容分享
Revenue	获取收入	自有商城；电商促销；购物笔记导流

图7-13 小红书AARRR增长框架分解

小红书主要是做海淘，卖进口商品的，但进口要收税，而且快递也慢，从购买到商品送至用户手中，怎么样也得十天半个月。这样在很大程度上就会影响用户的体验，那样小红书就不会像今天这样成功。

所以小红书能取得今天的成就,同样也离不开后端的运营,离不开它那超过 5 万平方米的保税仓。

什么是保税仓?

简单来说保税仓就是进口商品经过海关批准后,用来存储商品的一个地方,可先不用缴税,等商品出售后再进行缴税。

有了保税仓的支持,购买进口商品也就不用那么麻烦了,原本海淘需要十天半个月才能到货,现在仅需 2~3 天就能到货;原本海淘购物买到次品想退货基本不可能,太麻烦了,现在 1 个月内可以包退货。

因此,用户体验得以提高,购买进口商品时自然喜欢通过小红书,不仅速度快,而且安全还有保障。

小红书之所以能成功,不是成于电商,而是成于内容,这是它与其他电商平台的区别点,也是它能在竞争激烈的电商领域脱颖而出的重点。同样,除了前端运营的成功,小红书的后端保障也做得非常好,极大地优化了用户体验。

所以,一家企业、一个产品要想做成,需要前端和后端的相互支持,就像人的双手一样,缺一不可。

资料来源:营销干货:谈谈小红书的运营策略.搜狐网.2018-12-07.

案例 2　"啊哈时刻"

这里借用《增长黑客》中对"啊哈时刻"的解释:"'啊哈时刻'就是产品使用户眼前一亮的时刻,是用户真正发现产品核心价值(产品为何存在、他们为何需要它以及他们能从中得到什么)的时刻。换句话说,就在这个时候,用户认识到这个产品对他们来说为什么不可或缺。正是这个时刻下的体验使早期用户转变成产品的超级用户和宣传大使。"

可见,产品团队有必要去探索自身产品的"啊哈时刻",促进用户增长,提升收益。

"啊哈时刻"的作用

既然都说"啊哈时刻"有价值,那"啊哈时刻"可以为产品侧和用户侧带来哪些好处呢?

1. 产品侧
- 提升用户规模、日活跃度、月活跃度;
- 促使用户分享和口碑传播,形成产品自然传播力;
- 用户爱不释手,可以提升产品的销售额;
- 促进产品继续发现"啊哈时刻",产品如滚雪球般让用户越来越喜欢。

2. 用户侧
- 从来没有用过这么好的产品,只要有相关需求,就会使用(付费),"啊哈时刻"是其他产品无法给予的;
- 朋友们有相关需求,第一时间推荐给他们(传播),满满愉悦,继续感受"啊哈时刻"。

如何实现"啊哈时刻"

实现产品的"啊哈时刻"是产品团队要去做的事情,而不是用户要去做的事情,用户只需要感受"啊哈时刻"即可。

1. 从核心流程着手,设计"啊哈时刻"

C端可以从"获取—激活—留存—下单—复购—传播"路径着手,找出可以带给用户的"啊哈时刻"。例如在用户"下单"环节流失率较高,那么可以调研和分析流失如此高的原因,从而找到解决办法,转化成用户的"啊哈时刻"。

很多人经历过获取到京东的购物券,充值进去准备使用时,但在下单环节怎么都找不到用购物券支付的方式,App只允许使用现金支付,因此而放弃购买。

实际上,京东购物券使用是有限制的,只能在某些商品上使用。如果京东团队能发现下单环节用户失败的各种原因,就可以优化下单节点,从而为用户带来"啊哈时刻"。

B端产品由于角色不同,需要对角色的核心流程进行梳理,从而找出它们的不爽点,转化成他们的爽点。

以Devops平台为例,通过对其平台的满意度提升和易用性提升专项调研发现:研发工程师(核心角色)每次登录Devops不知从何开始,既不知道待办任务是什么,也没办法从首页全局搜索内容,每天打开Devops后一脸茫然。而且,大部分角色都存在这个诉求。因此,平台将相关功能添加进去后,用户每天打开Devops从"唉"变成了"啊哈时刻"。

再举一个例子:腾讯问卷。用户在建立问卷后,就不知道怎么往下继续了,需要稍微研究一下才可继续(但也并不是那么顺利)。通过调研用户发现,面对这么多的表单组件,用户不知道哪个是最适合自己这个问题的(选择题、填空题这些简单的除外)。

如果腾讯问卷团队知道这个事情,便可以通过引导、视频教程等方式帮助用户顺利展开问卷设计,协助用户愉快完成。

一定要记住:只要在核心流程中用户被卡住,那么"啊哈时刻"就没有了。再进一步思考,腾讯问卷还可以教用户如何投放问卷回收率更高、如何提取有效数据配置成图表等,这可以不断触发用户的"啊哈时刻"。

2. 从已有"啊哈时刻"着手,引导用户

有些产品的"啊哈时刻"就隐藏在产品中,需要产品团队引导让更多的用户发现,从而促成"啊哈时刻"。

在《增长黑客》中说道,注册Twitter的用户关注30人以上时,后期的活跃度会变高。原因在于他们每次打开Twitter能看到很多信息,而只关注少数人的用户,获取不到让他们可以浏览的足够信息,因此注册Twitter后几乎不再登录。所以Twitter团队采用了相关方法,让注册Twitter的用户直接达到30人的关注量(默认关注大V等),提升了用户的活跃度,给用户带去了"啊哈时刻"。

Facebook用户的"啊哈时刻"与Twitter用户的"啊哈时刻"有相似之处。Facebook用户添加7位以上好友,活跃度会变高。因此,如何引导用户注册时就能添加7位以上好友,成了Facebook团队重点要考虑的问题,最后他们的确成功了。

"啊哈时刻"案例

淘宝:提供用户沉浸式的购物体验、足够丰富的商品、便捷的下单流程,让剁手党随意逛逛逛、买买买。大部分用户表示,每次在地铁上打开淘宝,逛到忘记下车,可见淘宝的

"啊哈时刻"设计得很棒。

eBay：eBay 是一个可让全球民众在网上买卖物品的线上拍卖及购物网站。当 eBay 推出时，用户们发现自己可以从来自世界各地的人的手中发现并拍下独一无二的商品，很"啊哈时刻"。那时候线上购物刚刚起步，eBay 带给了人们无以言表的兴奋感。

iPod：iPod 推出的时候，乔布斯说："整个音乐库随时随地带在身上，享受绝对流畅的音乐体验"。对当时的人们来说，这简直太酷了。

语雀：语雀是阿里推出的一款在线协作知识库。在语雀上写文章，随时随地"Ctrl+S"保存，非常方便。并且它会显示最后一次的保存时间，保证可追溯。

资料来源：从"增长黑客"衍生的"啊哈时刻"那些事儿. 人人都是产品经理. 2021-10-01.

7.5 找到目标用户聚集的地方：找对池子捞鱼

所谓"池子"就是你的目标用户聚集的地方。创业公司首先要摸准哪里才是目标用户聚集的地方，然后去拉人。

案例 找对池子捞鱼？

Tinder 是国外的一款手机交友 App，这款应用在推出的两个月内，推荐匹配了超过 100 万对的爱慕者（双方第一眼就互有好感），并获取了 3 500 万个用户的账号打分。而它最初的着力点，正是在校园。

基于用户的地理位置，应用每天为用户"推荐"一定距离内的四个对象，根据双方在 Facebook 上面的共同好友数量、共同兴趣和关系网给出评分，得分最高的推荐对象优先展示。你可以选择"喜欢"或者选择"跳过"（相当于一次评分）该名推荐对象。假如你喜欢的推荐对象恰好也喜欢你，那么你们就可以互发消息、在 Facebook 上互相关注、组织线下见面……

五个月不到的时间内，虽然依旧只有 iOS 版本，但 Tinder 牵线男女的数量已经突破 5 000 万对，同时积攒了 45 亿个用户评分。

心理杠杆："朋友推荐"

所谓心理杠杆，就是利用一些心理因素，对用户施加影响。当别人对一个新产品不太了解的时候，心理杠杆尤其会起到明显作用。

最常用的心理杠杆是"朋友推荐"。很多创业公司（美国版知乎）最初都会让员工发动身边的朋友使用。真正会去使用的人，并不是他之前以为的那些"愿意尝试新事物"的人，而是和他一起长大的朋友。

心理杠杆：害怕错过

Spotify（声田）是一个正版流媒体音乐服务平台，2008 年 10 月在瑞典首都斯德哥尔摩正式上线。Spotify 提供免费和付费两种服务，免费用户在使用 Spotify 的服务时将被插播一定的广告，付费用户则没有广告，且拥有更好的音质。2019 年 10 月 23 日，2019

《财富》未来50强榜单公布,Spotify排名第5名。随后,Spotify还上榜2020福布斯全球企业2 000强榜,排名第1 329名。

全球最大的流媒体音乐软件Spotify最开始时限制注册。要想注册,必须得有已注册用户的邀请才行,而且一个用户只能有5个邀请名额。这又是为什么呢?

这背后也有一个心理杠杆,叫"害怕错过",英文叫FOMO(Fear of Missing Out)。限额限量,反而会激发潜在用户害怕错过的心理,为产品造势。而且这一招还有个额外好处,就是让企业能控制用户增长节奏,免得万一有太多新用户涌进来,服务跟不上,最后留不住人。

FOMO也称为社群恐慌症等,是指一种由患得患失所产生持续性的焦虑,得上这种症的人总会觉得别人在自己不在时经历了什么非常有意义的事情。

FOMO中最重要的元素是"恐惧"这个词。它会让人们去做一些不想做的事情。这就像逻辑与情感的对抗:当一个令人信服的选择摆在人们面前时,如果说"不",人们就会觉得自己像个局外人,甚至可能会担心如果说"不",就会错过一生难得的机会。

同时,它也被定义为一种对后悔的恐惧,而这种恐惧使得人们情不自禁地陷入对错失结交社会关系、获取新奇经历、投资机遇或是其他好事的忧虑之中。

换言之,当你想象事情可以变得不是现在这样子的时候,这种焦虑就会不断向你袭来,让你感觉自己对于如何安排时间的决定永远是错的。究其根源,FOMO错失的恐惧其实是一种古老的恐惧,由最新的沟通形式引发:社交媒体。

借用"影响力":获取粉丝

利用大V、名人、媒体、权威背书,达到获取粉丝的信任:

- 找有一定影响力的人帮你宣传。
- 找媒体。

图片社交软件Instagram是一款运行在移动端上的社交应用,以一种快速、美妙和有趣的方式将你随时抓拍的图片彼此分享。

2012年4月10日,Facebook宣布以10亿美元收购图片社交软件Instagram。4月11日上午,Instagram首次登顶苹果App Store免费应用排行榜。4月14日,Instagram的用户数达到4 000万人,10天内增加了1 000万人。2012年9月12日,Facebook联合创始人、CEO马克扎克伯在Techcrunch Disrupt大会上表示,手机照片美化应用Instagram注册用户数已经突破1亿大关。

哪些人有影响力呢?名人或大V。不过,就是找名人或大V,也要找得巧才行。

图片社交软件Instagram最开始选的用户,都是在Twitter上拥有一定粉丝的摄影师和设计师。这些人其实算不上多红的大V,但Instagram看中的,就是他们在垂直领域内吸引粉丝的能力。

这个策略相当奏效,这些网红摄影师和设计师的入驻,一下子就让Instagram的格调高起来了,而且他们还把自己大批粉丝带到了Instagram。

美国有个新兴的跨平台邮件客户端Superhuman,它在成立初期,竟免费让媒体帮其宣传了一波。

怎么做到的呢?Superhuman的方法是:紧跟新闻事件。

2015年,在美国红极一时的邮箱客户端Mailbox宣布关闭,引发了广泛关注。这件事的背景是:Mailbox此前是被Dropbox花了一亿美元买下的,才不到两年时间,就被东家整个砍掉,不禁让人唏嘘。

而Superhuman的创始人很聪明,他写了一篇关于"如何在收购中生存下来"的文章,蹭了这个热点。结果是,这篇文章被媒体大量转载,很多读者通过这篇文章知道了Superhuman,这篇文章为Superhuman带来了5 000个付费用户。

> **创业训练**:找用户
>
> 运用海盗模型,描述你的早期用户,他们是谁?
>
> 我们可以在哪里找到他们?怎么找到他们?

第8章

互联网与用户价值创造新逻辑

8.1 你的商品是你的商业模式

案例 打造一个好产品,除了产品还需要什么?——花西子的DNA

1. 坚持10年的民族主义

花满天曾在博客里写道:"一个品牌能不能成长为一个大品牌,往往是由它的DNA——品牌定位来决定的。"

因而在今天看来,花西子这个国风品牌的诞生,不是临时拍脑袋的决定,而是花满天10年时间里一直都在贯彻实施的价值主张。

从2010年前开始,花满天就一直选择去操盘国货品牌,在美妆护肤领域战绩斐然:2010—2014年,百雀羚天猫旗舰店日销售额从4 000元提升至210万元。

2014年8~11月,水密码店铺月销售额从270万到1 540万,天猫排名从第58名上升至第13名。

在2012年左右,还操刀过玛丽黛佳"DIY我的eye(爱)"的整合营销活动。

而从他过去做品牌营销的经历,可以清晰地看到花西子的影子:

多年前,早在做百雀羚操盘手的时候,花满天自称曾经参与打造过百雀羚的产品线三生花。其中"花+东方美感"的定位已经根植其中。

到了后来,三生花已经成为一个子品牌,其"花酿美力"的slogan与花西子的"以花养妆"有着异曲同工之妙。

而三生花的包装设计,更是与花西子宣传的"东方之美"非常契合。

2. 定位增量市场

有了坚定的价值主张,花满天的下一步就是找准产品的市场定位:花西子成功瞄定了

"彩妆+100～200价格带+有审美欲求(喜欢国风)+有一定消费能力"的人群。

从他的过往言行中,我们不难推测他深谙"定位"这一经典理论。在一次线上分享活动中,有人想让他推荐几本实用的营销运营书籍,但花满天却说自己从来不看战术层面的书,反而推荐人们去看特劳特的《定位》、迈克尔波特的《竞争战略》,多去钻研一下4P理论。

a. 为什么花满天选择了彩妆这个赛道,而不是百雀羚这种他更熟悉的护肤品?

我们退回去看花西子诞生之前的彩妆市场格局。2017年,全球彩妆市场规模达到725亿美元,占整体化妆品收入的13.18%,美国、日本、韩国彩妆规模以18.21%、17.78%、15.99%分列全球前三,而经过几年经营的中国市场份额只能达到9.22%。国内彩妆行业上升空间巨大。

在2017年的中国彩妆市场中,国际品牌美宝莲、欧莱雅、卡姿兰还是当时的彩妆老大。市占率前20的彩妆中,只有三个国产品牌:玛丽黛佳、韩束、韩后,且市占率总和不超过7%。国货彩妆还是一片蓝海,不难想象胸怀振兴民族品牌抱负的花满天正在摩拳擦掌。

b. 花西子的定价有什么差异化?

完美日记、橘朵等国货彩妆平均价格只有50～60元,而花西子高达130元!

从价格带来看,国产品牌均价处在100以内价格带,而国际品牌则达到0～500元的全区间覆盖。国产品牌在100及以上的价格带有非常大的成长空间。因此,花西子瞄准国货美妆100～200元的真空价格带,在定价形成差异化竞争,因此其产品均价成为同类美妆国货里最高。

c. 花西子的产品卖点究竟与其他国货有什么差异?

从消费者的评论来看,花西子明显瞄准了20～30岁年轻人的"颜值经济","包装"是消费者评价中提及最多的词(图8-1),"好看""效果""颜色"也被多次提到,很容易与花西子色彩丰富的"百鸟朝凤"眼影盘、雕花口红等热销单品联系在一起,而品牌溢价也正是源于此。

图8-1 消费者评价关键词

(数据来源:魔镜电商)

另外,通过淘宝产品词(图8-2)可以发现,花西子更看重"防水""保湿""持久"等功能性。对比完美日记"明星同款""女学生"的特性,很容易发现卖点存在本质区别,证明花西子在产品卖点上也找到了空白带。

图 8-2　淘宝产品词

(数据来源:淘宝)

3. 借助体验官高速迭代产品

找准品牌定位是基础,而打造出符合用户需求的产品则是能否推向市场的关键。对于消费品新物种来说,都会通过高频的上新及测试,持续打造爆款。花西子自然也不例外。

在花西子成立之初,推出了包括眉笔、散粉、气垫在内的6大产品。初代核心产品如图8-3所示,一眼望去,与现阶段充满国风元素的东方彩妆形象相去甚远。不到一年时间,这些核心产品线从外观到配方上都有了惊人的改变。

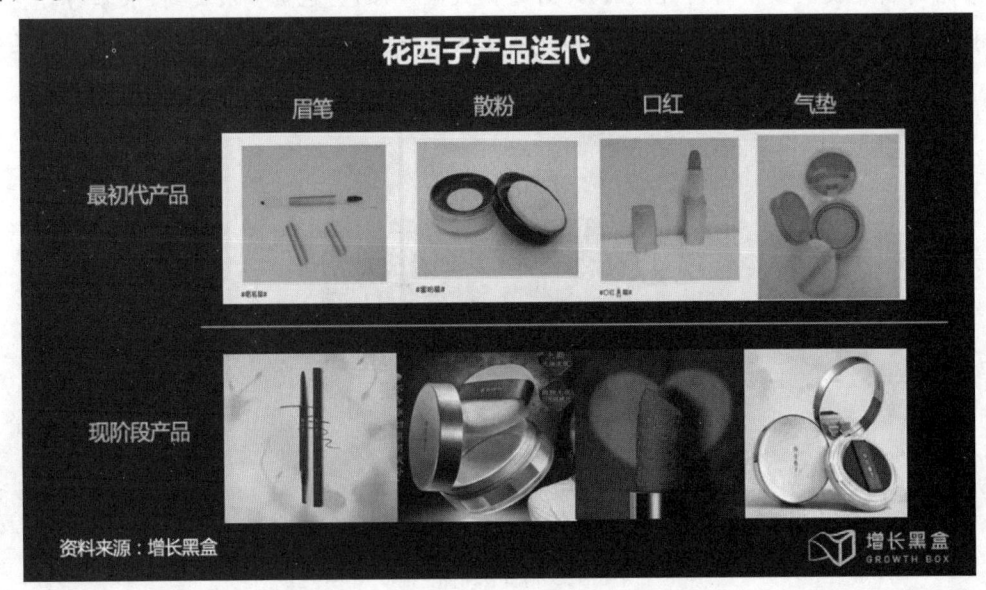

图 8-3　初代核心产品

从花西子的历史资料中,我们得以发现快速迭代的秘诀:用户体验官。花西子从设立的第一天,就利用微博开始招募种子用户,进行产品共创。

如果是花西子最早的一批体验官,应该会知道:内部有一个机制,在产品/赠品开发前一定要做足充分的市场调研,也会按体验官需求的紧急程度来决定开发的先后顺序。

——花西子化妆刷开发负责人 满天星

从2017年花西子初代产品刚上市到现在,主流款SPU已经历了至少4轮迭代,而且迭代节点与关键大促节点较为吻合。

其实我们还注意到,花满天曾操盘的品牌三生花,早在2018年就通过线下渠道招募18万名体验官。虽然他已经早就脱离了这个项目,但我们依旧很好奇这是否也传承了花满天的创意呢?

4. 花西子的增长因子

2013年,在花满天《推广将死,营销已来:淘宝店铺运营模式的三代论》中,提到了"营销三代论",自己则一直在奉行第三代"营销式运营"理论:

1代:运维式运营

包括进货、上架、促销、发货、售后等,可理解为店铺管理维护;

2代:推广式运营

利用直通车、钻展、淘宝客、淘宝试用等工具和平台进行营销;

3代:营销式运营

在明确品牌和店铺定位的基础上,综合运用各种营销手段,借助各种营销方案去整合资源。让顾客更容易记住甚至爱上它,可以在花同样的钱的情况下引进更多的流量,可以让店铺转化率、客单价和顾客忠诚度更高。

根据观察分析,"营销式运营"其实是花满天成功操盘百雀羚、水密码,一直到花西子背后的可复制的方法论。

首先,来总结下这究竟是什么意思:在早期的电商环境中,淘内推广+产品=销量,是由广告推广驱动的增长。在淘宝内有流量就可以带来产品销售,是简单的摆摊卖货逻辑,这便是1、2代运营模式。

而在今天,淘宝内已经没有流量红利了,仅有淘宝内资源是不够的。而且,摆一辈子摊也做不成一个大品牌。所以逻辑转变为:淘外营销+淘内推广+品牌定位+产品=产品销量+品牌知名度,是由营销驱动增长,这就是第3代运营模式。花满天追求的不是单纯的销量,而是品牌的知名度和美誉度。

今天的花西子"营销式运营"可复制的三大特征:讲故事、整合资源、精细化运营。

(1)复刻故事套路,然后卖情感

营销式运营的第一个特征,便是讲故事,让产品看起来更有"内涵"。

花满天本人就是文案策划出身,一步步成为操盘手的。从种种资料可以看出,他本人就是一个特别会讲故事的人。

所以他的关键策略就是通过品牌故事让消费者"爱上品牌"。其实讲故事是有一套模板的:把民族文化元素和产品研发融合,打磨出一套推广品牌产品的同时宣传民族文化的故事脉络。

在 2012 年,他为百雀羚策划了名叫"北纬 30°—琥珀计划"的营销活动,围绕"东方之美"的定位展开。

• 案例 1

主题:北纬 30°草本集萃之旅

人物:彝族匠人吉伍伍各,传承草本文化

地点:北纬 30°的 7 个省份

物品:北纬 30°上 7 个省份最珍贵的草本植物,定制产品,作为产品主线

不仅其故事元素非常鲜明,活动形式也回归到公益上:与民间艺术家合作开发工艺品,义卖捐助他们。

为了体现自己克服种种困难发起这项传承民族文化运动,百雀羚团队声称至少提前两个月在做准备,"……且专门组织了一个团队,遍寻四川和浙江两个省份濒危的民间艺术,与艺术家合作,为本次活动专门设计和开发了一批赠品"。

再来看 2020 年花西子非常火爆的"苗族印象"产品,其营销活动"银火相传"也用了非常相似的手段来讲故事。

• 案例 2

主题:苗族非遗公益探索之旅

人物:苗族匠人龙太阳,传承银饰文化

地点:西江苗族古寨,背后有悠久的历史

物品:非物质文化遗产,苗族银饰工艺,定制产品,作为产品线(图 8-4)

图 8-4 苗族非遗公益探索之旅

当然,最后也少不了公益活动:和中国扶贫基金会开展"苗族女童助学计划"。在活动期间,花西子官方渠道每售出 1 份"苗族印象"高定礼盒,则捐赠 10 元。首批 100 万捐赠金额,将为超过 1 000 名苗族贫困女童提供助学金。

当然,这次为了创造更大的传播度,花西子不仅与人民日报合作拍摄了纪录片《非一般的非遗》,还邀请了网红李某作为主持人。

最后,不忘强调下这项活动筹划了两年,自己是下决心要弘扬民族文化的。正如花满

天自己所说:"卖产品不如卖服务,卖服务不如卖情感。"

(2)整合资源:先搭舞台,后请演员

营销式运营的第二个特征,便是打破闭门造车的传统,整合市面上优质资源,一起搞个大事出来。

在百雀羚发起"涌泉相报"这个营销活动时(2011年10月开始),花满天盘活各种资源搞了"八大借"。搞定大明星站台,联系数十家媒体发通告,发起品牌联合营销等,突出一个"空手套白狼"——比如说服百雀羚在电视广告里植入天猫的logo,以此换来天猫价值60万的广告资源;在百雀羚旗舰店悬挂漫姿丝袜的banner,换来价值80万的袜子作为赞助……

让人真的很疑惑,在当时,花满天团队凭什么有这样的能耐调度起那样量级的资源?

花满天本人在日记里给出了答案:先用敏锐的眼光发掘高价值的资源,然后用一套营销策划方案把各种资源串联起来。以营销方案为"线",把营销活动需要的资源"串"起来,然后拿这个方案去说服资源方。换句话说,先搭舞台,后请演员。

到了花西子时期,花满天延用同样的思路,盘活多方资源。以上述提到的苗族"银火相传"计划为例,可以看到花西子不仅在国内掀起热度,还高调出海。

资源集中起来,为的就是能够打爆整个活动。花满天也非常重视用户触点上的曝光和传播。在过去,更多集中在淘内资源位以及淘外的媒体。而今天的Z世代用户都集中在了小红书、抖音等内容平台,花西子自然就把曝光迁移到了这些渠道上,如图8-5所示。

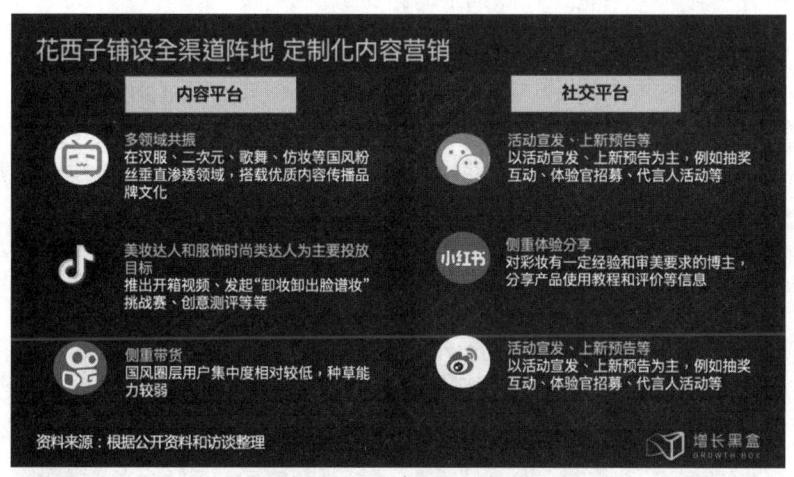

图8-5 花西子铺设全渠道阵地

当然,规划做得再好,最终还要落到执行上。种种资料表明,花满天是个执行力极强的人。举个例子,在操盘百雀羚"北纬30°——琥珀计划"时,就联合团队策划了一张一米多高的活动执行排期表,表格上的一行内容代表一次工作,排期铺满一整个月,分工明确,计划严谨。

回归到花西子身上,花满天盘活了两大资源:知名直播网红×××和天猫。

📕 **资源1:从淘宝客到知名直播网红×××**

在操盘百雀羚的过程中,花满天策划过一场非常轰动的事件营销:"百万面膜送淘客"。

据花满天本人复盘,淘宝客是当时所有付费推广方式中投入产出比最高的一种:当时虽然 KOL 的概念没有兴起,但本质上就是找人帮你带货分销,然后付佣金。但是,当时吸引淘宝客群体参与分销的套路非常单调:靠反复发帖、刷帖赚曝光,举行推广比赛,或者送奖金、iPhone 甚至价格更高的奖品。

大部分的淘宝客属于长尾阶层,那么如何在最短的时间内,找到足够多的淘宝客来参与分销呢?花满天这时候便扭转了思路——与其花大力气去找,何不让淘宝客自己找上门来。

于是,"百万面膜送淘客"就诞生了:2012 年 8 月和 10 月,花满天先后推出"万瓶精华水送淘客"和"百万面膜送淘客"的活动;部分产品的佣金提高到 90%+10% 额外奖励。

📖 **资源 2**:搭上天猫国潮快车

花满天一向不会放过天猫的资源。2019 年,花西子加入了"510 国潮来了"。

早在 2017 年,项目的名字还是"国品计划",市场上的水花还不算大。到了 2018 年,这个计划改名换姓卷土重来,操盘纽约时装周、国货跨界联名、国潮出海等大型营销项目,以一个新生的营销 IP 逐步被消费者所认知。国家在 2017 年将 5 月 10 日定为"中国品牌日",天猫自然也要全力投入,扶植国货。

根据官方的说法:"天猫平台从大数据洞察、创意共创、营销传播等多方面对品牌进行了赋能"。那么天猫究竟给花西子带来了怎样的影响呢?

最重要的影响便是联名。天猫官方促成了一系列著名的品牌联名活动,比如六神花露水×RIO、周黑鸭×御泥坊、阿芙精油×泸州老窖。

详细梳理花西子近三年的营销动作(图 8-6)会发现,其中一个明显的特征是:从 2019 年开始,花西子进行了频繁的品牌联名活动,这在 2017 年、2018 年是从未有过的。而这些联名能够有效地进行"破圈",大幅提升品牌的影响力。

图 8-6 花西子营销活动

(3)精细化组织架构

营销式运营的第三个特征,便是用超配的组织架构,打造精细化的团队职能。品牌故事讲得再好，卖货还是需要回归电商运营本身。早在2012年，花满天就开始实践"精细化运营"。

到了2014年，运营水密码旗舰店时，就有130位员工参与到各个板块的运作，不仅从人员数量上，更从工作维度上架构起了超配式组织进行精细化运营，这在当时是比较少见的。

当时负责水密码运营端的至美电商COO寻欢曾表示："公司的创始人兼CEO花满天提出的'运营三代论'中，营销式运营把店铺视作一个木桶，DSR、转化率、客单价、回购率、收藏率、连带率等就是木桶的一个个木板，而销售额就像是木桶里的水，店铺销售额的高与低是由最短的那个木板决定，所以要进行精细化运营。"

今天如果我们再来看花西子的组织架构，就可以发现它依然秉持着精细化运营的传统思路。170人的电商运营中心承接了花西子大大小小数十个营销活动。

除电商团队的超配式架构，花西子产品设计部也采用了超配模式。30人建制的内部设计团队负责与外部设计团队接洽。根据调查，花西子长期稳定合作的外部设计团队在70～80人，整个花西子产品的设计也以采用外部团队提供的方案为主。其中，花西子还跟中央美术学院建立了合作关系。

比如，花西子经常与文渊设计团队合作，从网页页面设计到物料插画到当下最热的"苗族印象"，甚至包括花西子刚成立不久的护肤品牌——OGP时光肌。花西子与文渊设计团队合作的内容，如图8-7所示。

图8-7　花西子与文渊设计团队合作的内容

产品设计体现品牌概念，策划助力品牌传播。早在创办电商代替运营公司时，花满天就曾将自己定义为"电商行业的4A广告公司"。

从花西子的招聘信息来看，新媒体策划相关的岗位，竟然比天猫店运营招的还多，可以看出文案策划对花西子品牌发展的重要性。

从花西子的宜格集团2020年校招可以看出，除了常规岗位，还有个"文案策划方向管培生",这在电商行业是比较少见的。

5. 高速增长背后的隐忧

在花西子高速增长的背后,其实也有隐忧之处:

- 产品种类太少:花西子的 SPU 是同类国货里最少的;
- 营收集中度过高:蜜粉的营收占比长期超过 40%;
- 没有新的爆品接棒:爆款生命周期都很短,2019 年中期之后,再也没有现象级爆款出炉。

那么,花西子如何尝试破局,突破增长的天花板呢?

#尝试 1:品牌出海

去年双十一,花西子斩获国货美妆出海销量 Top1。从东方彩妆到国风汉服,从国内宣传到登录海外主流线下媒介平台,从国内 KOL 种草到国际明星联合宣传,花西子出海行动似乎一直很顺畅。事实上,之前已经有成功的先例。把产品跟中国文化绑定是绝佳的增长点,毕竟文化输出是受到政府大力扶持的。

#尝试 2:线下新零售

电商时代,新产品在线上火了之后,一般都会开始铺设线下实体店。比如完美日记,从 2019 年开始布局线下门店,如今已经有 200 多家门店了。虽然没有看到花西子真正去开彩妆店,但花西子却悄悄地开了一家线下奶茶店:西子黛茶。这家坐落在杭州科技总园的线下店铺,周边环绕十多所高校。我们其实挺期待花西子究竟是下了怎样一步棋。

#尝试 3:多维品牌矩阵

花满天在 2019 年间接持股了一家新的公司-OGP 时光肌,主打面膜、面霜等护肤产品,甚至还推出了美容仪。不过这个新品牌目前表现平平,近一年的天猫销售额不过 1 400 多万元,似乎还没有看到增长的发力点。

资料来源:如何实现一个国货美妆 25 倍增长.搜狐网.2020-11-27.

公司的产品不是真正的产品,商业模式才是公司的产品。

好产品只是基本功

在这样一个时代,如果企业的产品不行,很快会被市场淘汰。良好的产品已经成为企业生存下去的基本功!即使企业开发出了遥遥领先别人的独特产品,不出两个月你会发现,市场上很快会出现大量类似的产品,甚至质量和功能完全不弱于你。

所以,良好的产品只是一个企业活下去的基本功,如果把大家都会的基本功拿来当作绝杀技,早晚会被对手绝杀。

所以,企业可以把产品这个基本功练得比对手纯熟,但绝不能把它当成绝杀技。

好的商业模式只是让你的盈利途径畅通

直白地说,商业模式就是企业盈利途径。所谓好的商业模式,就是让企业的盈利途径更加畅通,在资金回流时不会造成堵塞。

严格意义上来说每一个企业都有自己的商业模式,尽管这个模式是什么可能连老板自己都不知道!甚至摆地摊也是一种商业模式。

这个时代的变化很快,市场的变化也很快,客户的观念也在变,企业的商业模式也必须变。

企业的商业模式或者在当时比较先进,但是如果企业固守着这个商业模式,很快会发现,过去很多赚钱的方式难以赚钱或者赚不到钱了,过去很多有效的方法也没什么效果了;企业一直按照过去有效的方式在运行,但客户越来越少了,业绩越来越差了。

如果说产品是企业的基本功,是基本刀法、剑法,那么商业模式就是企业手中的兵器,或刀或剑。

兵器可以增加企业的胜率,如果企业手中拿着倚天剑一样的神器,或许可以将胜率提高不少。但是它不能保证你一定能胜利,尤其现实往往是你的兵器和大部分人手中的武器差距不大。

所以商业模式依然不能成为企业的核心竞争力,只是可以把这个武器打造得尽可能锋利,但不可能仰仗着一把锋利的武器闯天下。

8.2 价值创造的逻辑

商业模式描述了企业如何创造价值、传递价值、获取价值的基本原理(图8-8)[Osterwalder(2010) Business Model Generation,即《商业模式新生代》]。

商业模式从未像今天这么高频率地被人提起。在中国当下这一波创业大潮中几乎所有创业者都会被风险投资者这样问道:"你的商业模式是什么?如何盈利?"几乎每一个人都确信,有了一个好的商业模式,成功就有了一半的保证。

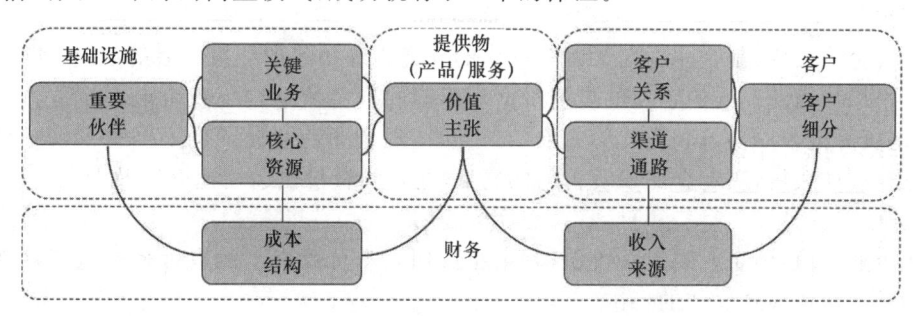

图 8-8 商业模式画布

在《商业模式新生代》中对商业模式是这样定义的:商业模式描述了企业如何创造价值、传递价值、获取价值的基本原理,如图8-9所示。

结合图8-9可以看到商业模式最核心的三个组成部分:创造价值、传递价值、获取价值,是一个环环相扣的闭环,三者缺一不可,少了任何一个,都不能形成完整的商业模式。

- 创造价值是基于客户需求提供解决方案;
- 传递价值是通过资源配置、活动安排来交付价值;
- 获取价值是通过一定的盈利模式来持续获取利润。

一个成熟的商业模式背后都会潜藏着一定的商业要素,任何人在操作的过程中,必须匹配了这些要素才能提高创业项目成功的可能性,从而形成机制。

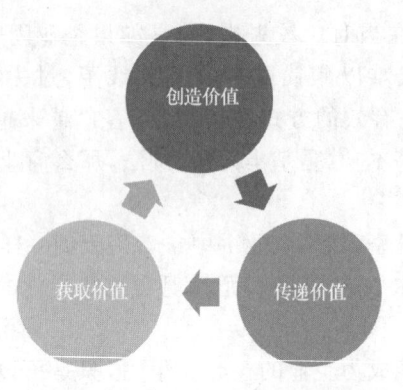

图 8-9　商业模式核心的三个组成部分

商业模式六要素

- 定位：一个企业要想在市场中赢得胜利，首先必须明确自身的定位。定位就是企业应该做什么，它决定了企业应该提供什么样的产品和服务来实现客户的价值。定位是企业战略选择的结果，也是商业模式体系中其他有机部分的起点。
- 业务系统：是指企业达成定位所需要的业务环节、各合作伙伴扮演的角色以及利益相关者合作与交易的方式和内容，业务系统是商业模式的核心。
- 关键资源能力：是指业务系统运转所需要的重要资源和能力。
- 盈利模式：是指企业如何获得收入、分配成本、赚取利润，是在给定业务系统中各价值链所有权和价值链结构已确定的前提下，企业利益相关者之间利益分配格局中企业利益的表现。
- 现金流结构：是企业经营过程中产生的现金收入扣除现金投资后的状况，其贴现值反映了采用该商业模式的企业的投资价值。不同的现金流结构反映企业在定位、业务系统、关键资源能力以及盈利模式等方面的差异，体现企业商业模式的不同特征，并影响企业成长速度的快慢，决定企业投资价值的高低、企业投资价值递增速度以及受资本市场青睐的程度。
- 企业价值：即企业的投资价值，是企业预期未来可以产生的自由现金流的贴现值，是评判企业商业模式优劣的标准。

为了更直观地了解它，大家可以参见图 8-10 的简单运行机制图。

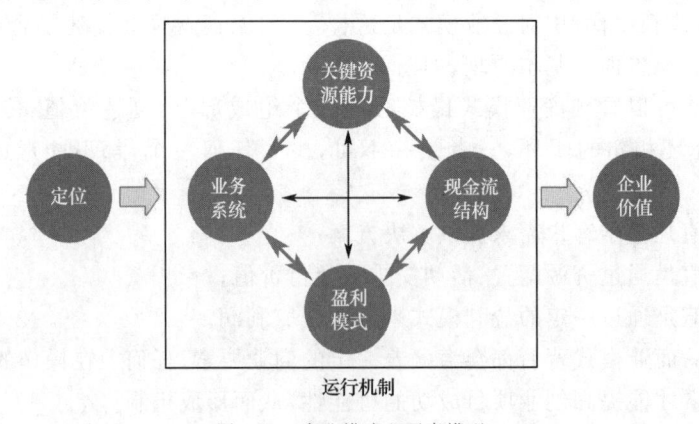

图 8-10　商业模式六要素模型

商业模式的这六个要素是互相作用、互相决定的:相同的企业定位可以通过不一样的业务系统实现;同样的业务系统也可以有不同的关键资源能力、不同的盈利模式和不一样的现金流结构。

例如,业务系统相同的家电企业,有些企业可能擅长制造,有些可能擅长研发,有些则可能更擅长渠道建设;同样是门户网站,有些是收费的,而有些则不直接收费等。商业模式的构成要素中只要有一个要素不同,就意味着不同的商业模式。

一个能对企业各个利益相关者有贡献的商业模式需要企业家反复推敲、实验、调整和实践这六个要素才能产生。而通过在合理的时机调整这六个要素,就可以重构企业的商业模式进而为进入发展瓶颈期的企业重塑活力。

建立商业模式的意义

商业模式是一个企业得以运转的底层逻辑和商业基础,如果没有弄清楚一个企业的商业模式,就开始运作,那就是无本之木、无源之水。完善的商业模式可以让一个企业更加科学合理、有的放矢地去运营。

它就是一个企业的基石,是一个企业的内在价值,如果一个企业没有弄明白自己的商业模式是什么,一直在靠外在的资本注入而运作,那就相当于这个企业还没有断奶,没有获取自力更生的生存能力,这在竞争激烈的商业市场上是没有生存空间的,更别提达到持续盈利。

所以,商业模式是一个企业健康发展的根本前提,是一个企业最高级别的竞争方式。在任何一个想要长久发展的公司里,商业模式都是无可或缺的。

8.3 商业模式画布

创业工具:商业模式画布(图 8-11)

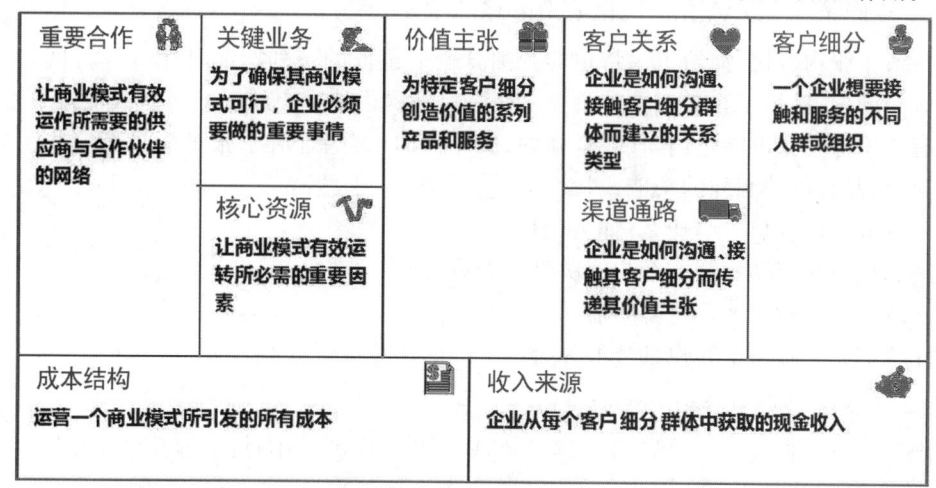

商业模式画布是指一种能够帮助创业者催生创意、降低猜测、确保他们找对了目标用户、合理解决问题的工具。商业模式画布不仅能够提供更多灵活多变的计划,而且很容易满足用户的需求。更重要的是,它可以将商业模式中的元素标准化,并强调元素间的相互作用。

重要合作	关键业务	价值主张	客户关系	客户细分
让商业模式有效运作所需要的供应商与合作伙伴的网络	为了确保其商业模式可行,企业必须要做的重要事情	为特定客户细分创造价值的系列产品和服务	企业是如何沟通、接触客户细分群体而建立的关系类型	一个企业想要接触和服务的不同人群或组织
	核心资源		渠道通路	
	让商业模式有效运转所必需的重要因素		企业是如何沟通、接触其客户细分而传递其价值主张	

成本结构	收入来源
运营一个商业模式所引发的所有成本	企业从每个客户细分群体中获取的现金收入

图 8-11 商业模式画布

商业模式画布(Business Model Canvas,BMC)是亚历山大·奥斯特瓦德(Alexander Osterwalder)、伊夫·皮尼厄(Yves Pigneur)在《商业模式新生代》(Business Model Generation)中提出的一种用来描述商业模式、可视化商业模式、评估商业模式以及改变商业模式的通用语言。商业模式画布由9个基本构造块构成,涵盖了客户、提供物(产品/服务)、基础设施和财务生存能力四个方面,可以方便地描述和使用商业模式,来构建新的战略性替代方案。简单来说就是描述商业模式的框架。

商业模式画布包含四个视角:
- 我们为哪类人群提供服务/产品?(Who)
- 我们具体提供什么服务/产品?(What)
- 我们要怎么提供服务/产品?(How)
- 我们要怎么通过这些服务/产品赚钱?(Money)

商业模式画布九要素

(一)客户细分(Customer Segments,CS)

客户细分构造块,描绘了一个企业想要接触和服务的不同人群或组织。客户是任何商业模式的核心。没有可获益的客户,企业就不可能长久。

企业把客户划分成若干个细分区隔,每个细分区隔中的客户都具有共同的需求、共同的行为以及其他共同的属性。在商业模式中,可以定义一个或多个可大可小的客户细分区隔。

企业必须做出决定,为哪一个客户细分区隔提供产品或服务。一旦做出了决议,就可以凭借对特定的客户细分进行深刻分析,并设计出相应的商业模式来。
- 我们正在为谁创造价值?
- 谁是我们最重要的客户?

客户细分,常见的有大众市场、利基市场、区隔化市场、多元化市场、多边平台或多边市场。

(二)价值主张(Value Propositions,VP)

价值主张构造块,描绘了为特定客户细分创造价值的系列产品和服务。价值主张解决了客户问题,满足了客户需求。价值主张是企业提供给客户的受益集合或受益系列。

有些价值主张可能是创新的、全新的、破坏性的;有些价值主张可能只有一些细微的差异化,只是提供了额外的功能或特性。
- 我们要向客户传递什么样的价值?
- 我们正在帮助我们的客户解决哪一类难题?
- 我们正在满足客户的哪些需求?
- 我们正在提供给客户细分群体哪些系列的产品或服务?

(三)渠道通路(Channels,CH)

渠道通路构造块,用来描绘公司是如何与细分客户进行沟通、接触并传递其价值主张的。沟通、分销和销售这些渠道构成了公司对客户的接口界面。渠道通路是客户接触点,它在客户体验中扮演着重要角色。

渠道通路有以下作用：①提升公司的价值主张在客户心中的认知；②帮助客户评估公司的价值主张；③协助客户购买特定的价值主张；④向客户传递价值主张；⑤为客户提供售后支持。

- 通过哪些渠道可以接触到我们的客户细分群体？
- 我们现在是如何接触他们的？
- 我们的渠道是如何整合的？
- 哪些渠道最为有效？
- 哪些渠道的成本效率最好？
- 如何把我们的渠道与客户的例行程序进行整合？

（四）客户关系（Customer Relationships，CR）

客户关系构造块，描绘了公司与特定客户细分群体之间所建立的关系类型。企业应该弄清楚自己所希望的与客户细分群体之间的关系类型。这种希望可以被以下几个动机所驱动：①客户获取；②客户维系；③提升销售额（二次购买、追加销售）等。

- 我们的每个客户细分群体希望我们与之建立并保持怎样的关系？
- 哪些关系我们已经建立了？
- 这些关系的成本如何？
- 如何把这些关系与商业模式的其他部分进行整合？

客户关系类型可以划分为多种类型，这些关系类型可以共存于企业和特定客户细分群体之间。常见的客户关系类型有以下几种：个人助理、专用个人助理、自助服务、自动化服务、社区、共同创作。

（五）收入来源（Revenue Streams，RS）

收入来源构造块，描绘了公司从每个客户细分群体中获得的现金收入（需要从创收中扣除成本）。如果说客户细分是商业模式的心脏，收入来源就是动脉。一个商业模式中，可以包含多种不同类型的收入来源，可以是一次性的交易收入，也可以是经常性的收入。

- 到底什么样的价值主张才能够让客户细分群体真正愿意付费？
- 客户现在付费买什么？
- 客户是如何支付费用的？
- 客户更愿意如何支付费用？
- 每个收入来源占总收入的比例是多少？

常见的收入来源方式有：资产销售、使用收费、订阅收费、租赁收费、授权收费、经纪收费、广告收费等。

（六）核心资源（Key Resources，KR）

核心资源构造块，用来描绘让商业模式有效运转所必需的重要因素。核心资源可以是实体资产、金融资产、知识资产、人力资源等。核心资源可以是自有的，也可以是从重要伙伴那里获得的。

每个商业模式都需要核心资源，这些资源使得企业能够创造并提供价值主张、接触市场、与客户细分群体建立关系并赚取收入。不同的商业模式所需要的核心资源也不尽相同,比如制造业所需要的核心资源是生产设施,而芯片设计商所需要的核心资源是技术人才等。

- 我们的价值主张需要什么样的核心资源?
- 我们的渠道通路需要什么样的核心资源?
- 我们的客户关系需要什么样的核心资源?
- 我们的收入来源又需要什么样的核心资源?

核心资源可以分为:实体资产、知识资产、人力资源、金融资产。

(七)关键业务(Key Activities,KA)

关键业务构造块,用于描绘为了确保其商业模式可行,企业必须要做的重要事情。所有的商业模式都需要多种关键业务活动,这些业务活动是创造和提供价值主张、接触市场、维系客户关系并获取收入所必需的。不同的商业模式,其关键业务也有所差异。

- 我们的价值主张需要哪些关键业务?
- 我们的渠道通路需要哪些关键业务?
- 我们的客户关系需要哪些关键业务?
- 我们的收入来源又需要哪些关键业务?

关键业务可以分为:制造产品、问题解决、平台或网络。

(八)重要合作(Key Partnerships,KP)

重要合作构造块,用于描绘让商业模式有效运作所需要的供应商、合作伙伴等关系网络。合作关系早已经成为许多商业模式的基石,建立合作关系可以优化商业模式、降低风险、获取资源等。

- 谁是我们的重要伙伴?
- 谁是我们的重要供应商?
- 我们正在从合作伙伴那里获取哪些核心资源?
- 合作伙伴都执行了哪些关键业务?

常见的合作关系有以下几种:在非竞争关系下的战略联盟;在竞争关系下的战略合作;开发新业务而构建的合资关系;为确保可靠供应的"购买方-供应商"关系。

(九)成本结构(Cost Structure,CS)

成本结构构造块,用来描绘运营一个商业模式所引发的所有成本。商业模式中的任何构造块都有可能引发成本。

- 什么是我们商业模式中最重要的固定成本?
- 哪些核心资源花费最多?
- 哪些关键业务花费最多?

在每个商业模式中,都应该让成本最小化。商业模式的成本结构有两种极端的驱动方式,分别是成本驱动和价值驱动。

8.4 商业模式描述

商业模式是连接顾客价值与企业价值的桥梁,商业模式最终总是能够体现为获得资本和产品市场认同的独特企业价值。商业模式是利益相关者的交易结构。商业模式画布的价值就在于:它准确地告诉你,只要思考完这九个方面的问题,你的商业模式就一定是理性的、思考全面的。以小米为例(图8-12):

客户细分:小米的客户分几大类:年轻人的大众市场;移动、联通、电信运营商的利基市场;提供商品给第三方平台或是供应商的平台式市场;开售手机周边商品的多元化市场。

价值主张:小米以"为发烧而生"的价值观来打造产品差异化、服务差异化、形象差异化。

渠道通路:小米以网络平台为主要渠道,还有可利用的合作伙伴的渠道。

客户关系:小米以社区方式为主,来提高用户黏性,除此以外还有个人助理、自助服务、专用个人助理、自动化服务。

收入来源:小米的收入来源有手机、周边产品、网络广告、产品服务、知识产权等。

核心资源:实体资产、人力资源——知识产权、金融资产。

关键业务:"铁人三项"——硬件、软件、互联网服务。

重要合作:富士康、凡客诚品负责小米商城物流。

成本结构:平台维护、手机硬件、软件开发。

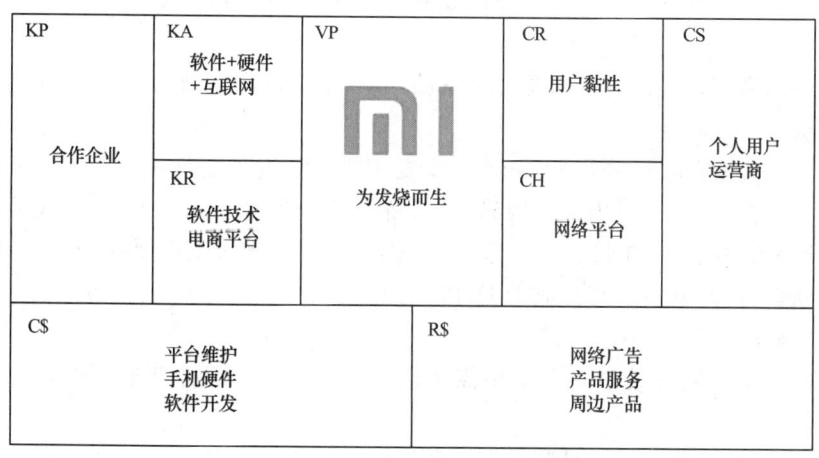

KP 合作企业	KA 软件+硬件 +互联网 KR 软件技术 电商平台	VP 为发烧而生	CR 用户黏性 CH 网络平台	CS 个人用户 运营商
C$ 平台维护 手机硬件 软件开发			R$ 网络广告 产品服务 周边产品	

图8-12 小米的商业模式画布

8.5 商业模式创新

商业模式创新是指企业价值创造提供基本逻辑的变化,即把新的商业模式引入社会的生产体系,并为客户和自身创造价值,通俗地说,商业模式创新就是指企业以新的有效方式赚钱。新引入的商业模式,既可能在构成要素方面不同于已有商业模式,也可能在要素间的关系或者动力机制方面不同于已有商业模式。

商业模式创新的创意可以来自任何地方,商业模式的 9 个构造块都可以是创新的起点。具有改造作用的商业模式创新可以影响多个商业模式构造块。

我们可以把这些创新区分为 4 类不同集中点的商业模式创新:资源驱动、产品/服务驱动、客户驱动和财务驱动。

这 4 个集中点的每一个都可以成为主要商业模式变化的起点,每一个都可以对其他 8 个构造块产生强大的影响。

有时候,商业模式创新可以引发自多个集中点。此外,变化经常源于那些通过 SWOT 分析后被标识出来的区域:针对一个商业模式的优势、劣势、机会和风险的调查研究。

- 资源驱动型

资源驱动型创新起源于一个组织现有的基础设施,抑或合作关系拓展,抑或转变现有商业模式。

- 产品/服务驱动型

产品/服务驱动型创新是以建立新的价值主张的方式来影响其他商业模式构造块。

比如淘宝,通过建立一个服务平台,整合多方用户需求,为多方带来价值。

- 客户驱动型

客户驱动型创新是基于客户需求降低获取成本或提高便利性,就像所有从单一集中点所引发的创新一样:来自客户驱动的创新同样可以影响商业模式的构造块。

比如,一些提供项目外包开发、设计服务的软件、设计公司。

- 财务驱动型

财务驱动型创新是由收入来源、定价机制或成本结构来驱动的,同样影响商业模式的其他构造块。

1958 年,施乐公司发明了 Xerox 914 型复印机——世界上第一台普通纸复印机。针对市场定价太高的问题,施乐公司构建了一种新的商业模式。它以每月 95 美元的价格出租这种复印机,包括 2 000 张免费复印纸,额外购买一张复印纸需要 5 美分。就这样,客户获得了新设备,并开始了每月成千上万份的复印。

- 多中心驱动型

多中心驱动型创新是由多个集中点驱动的,并会显著影响商业模式的其他多个构造块。

比如,专业的全球建筑工具制造商喜利得(Hilu)将自己的商业模式从彻底的销售工具转变为出租工具套件给客户。这是对喜利得价值主张的潜在改变,同时也改变了它的收入来源,从一次性销售收入变成重复性的服务收入。

案例 1　　摩拜单车

图 8-13 为摩拜单车的商业模式。

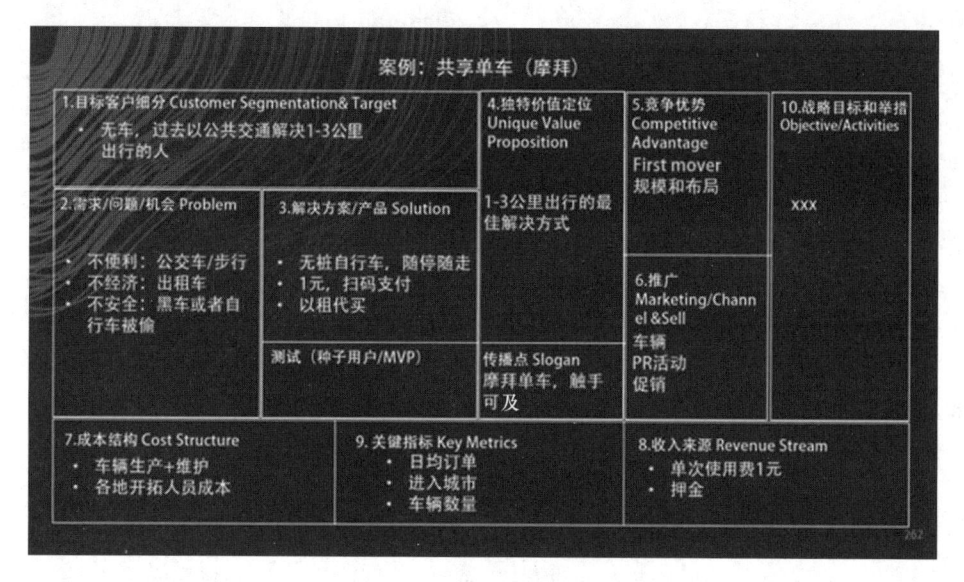

图 8-13　摩拜单车的商业模式

首先，它的用户是没有车，过去要以公共交通解决 1~3 公里出行的人，该人群还有哪些细节特征？

第一，他们的需求和机会在哪里？他们过去解决这 1~3 公里有很多的问题：

他们觉得不是很方便，因为他们坐公交车或步行的话不方便；他们坐出租车又会觉得很不经济；他们通过购买自行车这样的方式会觉得不安全，自行车容易被偷。所以这就是这类人群存在的问题。

第二，要用什么样的产品或解决方式来解决它呢？摩拜的解决方案中，首先解决它不便利的问题，用无桩自行车，随时随地可以出发，很便利；其次，用户考虑到成本的问题，摩拜就告诉他很便宜，只要 1 元就可以了，扫码立刻可以走；最后关于不安全的问题，用户只要使用就可以，不需要去买，因此不用考虑不安全的问题——公司从三个方面解决了用户的三个需求。

第三，产品独特的价值定位。摩拜想传递给用户的价值定位到底是什么？其实前面问题的第一个部分，解决用户 1~3 公里的最佳出行方式；摩拜是解决用户 1~3 公里出行的最佳解决方案，这就是摩拜的定位，你要想到 1~3 公里的出行的最佳解决方案就是选择摩拜。

其次，摩拜传播点的 UVP 就是："摩拜单车，触手可及。"这也是解决第一个问题——不便利。所以，创造摩拜的价值、传递摩拜的 UVP 整个的过程是一脉相承的。

第四，是指摩拜的竞争优势。首先，摩拜是先发者，是最早去做这个的；其次，在资本的推动下，摩拜的规模和摩拜的布局是当时最有竞争力的；当然，今天摩拜已经被美团收购了，这是就过去的时间点来分析它的竞争优势。

第五，当时摩拜的推广方式是什么？做裂变的活动，当然车辆就是最好的推广方式。

第六，钱当时主要花在什么地方？最早的时候，钱是花在车辆的生产、维护，以及各地人员的开拓的成本、队伍的建设和拓展等。

第七，关键指标是什么？关键指标是摩拜的日均订单数、进入的城市数以及车辆的数量。

第八，收入来源主要来自什么？当时收入来源主要来自使用费一元；但是还有一个非常大的资金池，就是每用户必须交的199元或者99元的押金，这也是巨大的资金池。

第九，就是整体的战略举措：

把关一个公司所有的脉络，不管它是10人的公司、百人的公司，还是万人的公司，它的核心的业务逻辑都在这里面。

其实在设计这个过程的时候是要经过很多的研究、研讨和思考，也就是借助前面所讲的9个模块的方法，才能够得出摩拜这个模块里面的内容。

所以大家记住，其实更有价值的时候是在事前，我们在做这件事情的时候能把它确定下来，再按这样的想法去进行商业模式，它的分析就会非常有价值。

资料来源：倪云华.商业模式画布——案例篇.2020-11-24.

案例 2　　瑞幸咖啡

再来看另外一个案例：瑞幸咖啡，商业模式地图如图 8-14 所示。

案例：瑞幸咖啡

1.目标客户细Customer Segmentation&Target 一、二线城市白领		4.独特价值定位 Unique Value Proposition	5.竞争优势 Competitive Advantage ·资本	10.战略目标和举措 Objective/Activities
2.需求/问题/机会Problem ·价钱贵 ·购买不便	3.解决方案/产品Soulution ·便宜(20元) ·外送 ·店铺经营	·便宜/优惠		·10亿元,500家店
			6.推广 Marketing/Channel&Sell ·大牌代言 ·病毒营销	
	测试(种子用户/MVP)	传播点Slogan 这一杯，谁不爱		
7.成本结构Cost Structure 食材成本　广告 促销　开店		9.关键指标Key Metrics 月用户购买杯数	8.收入来源Revenue Stream ·20元/杯	

倪云华|商业模式地图

图 8-14　瑞幸咖啡的商业模式地图

瑞幸咖啡当时是要解决那种一、二线城市的年轻人或者白领喝咖啡的问题；相比来说，星巴克可能相对会比较贵，今天我们让它用另外一种方式来呈现。

瑞幸咖啡想强调的一种特征是什么呢？在瑞幸咖啡早期的宣传和推广当中可以看到：

第一，它更多的是说这是来自全球最优秀的咖啡大师做出来的咖啡，咖啡最专业，咖啡的口感也是最好的——是强调品质。

第二，引入了很多的代言人，来做这些咖啡的代言。在这个过程当中，它又传递了这种关系的纽带，所以这是它想传递的价值——关系的纽带和人情上的关系。

它打造的标语是："这一杯，谁不爱"，强调一种人际的关系；但是在这里面传递的价值和用户真正得到它的价值是有问题的,这是为什么呢?

90%的人在喝瑞幸咖啡的时候都会有一个特点:

当问用户:"你为什么选择喝瑞幸咖啡?"可能很多人给出的回答都是说:"因为瑞幸咖啡比较便宜,价格很低,它经常发优惠券促销。"

这是大多数人喝瑞幸咖啡最主要的原因,并不是因为跟它的情感上的纽带,也不是因为它的咖啡更好喝,而就是因为便宜。所以,当这个时候,一个公司所创造的价值和它想传播的价值、用户真正感受到的价值是有错位的。

一旦这个地方有错位,这就意味着公司的价值在商业模式上存在了问题。因为公司持续传播出去的价值并没有被用户所接受,要不断地让用户去保持他认为低廉的价值传递,就要不断地降低利润、不断地去烧钱。

这个过程会导致公司接下来获取价值变得很困难,因为这是一个由不断的资本驱动的、从外围来驱动的公司;而不是从内生的、能够真正地去创造价值、带来收入来源的公司。

所以这样的公司,表象可能会轰轰烈烈,但它实质从底层的商业逻辑来看,就会存在裂痕和错位,导致它难以长时间为继。所以在这个过程当中,我们可以通过简简单单的一张画布来看到它里面存在的问题。

通过这个问题的梳理,大家可以做的事情就是要么修正它,要么重新优化。梳理整个过程是否顺畅,是否都能保持一致,是否能够真正地有核心价值。

当然在这个过程当中,也会给你很多的武器。当你在思考创新价值或者传递价值,或者收获价值的过程当中,要想可以有哪些突破? 可以有哪些改进和优化? 这个时候这些武器能够给你更好的启发。

也许某一个小点,运用到你的商业模式上,就能够带来一些新的变化——这就是其中的价值。

资料来源:倪云华.商业模式画布——案例篇.2020-11-24.

8.6 Johnson 和 Christensen 的四要素模型

商业模式是由顾客的价值主张、盈利模式、关键资源和关键流程四大部分组成的相互依存的系统,如图 8-15 所示。

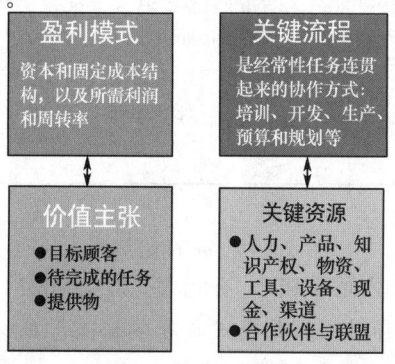

盈利模式
资本和固定成本结构,以及所需利润和周转率

关键流程
是经常性任务连贯起来的协作方式:培训、开发、生产、预算和规划等

价值主张
● 目标顾客
● 待完成的任务
● 提供物

关键资源
● 人力、产品、知识产权、物资、工具、设备、现金、渠道
● 合作伙伴与联盟

图 8-15 Johnson 和 Christensen 的四要素模型

价值主张是创建一个成功的商业模式的起点——即产品或服务能帮助目标客户更有效率、更便利、成本更低地完成他们一直渴望完成的工作。

接着,管理者需要投入一系列向目标客户传递价值商品所需的资源——包括人力、产品、知识产权、物资、设备、工具和现金等。

在达成目标的反复努力中,流程形成了。流程指惯常的协作方式,表现为雇员成功地完成重复出现的任务,它定义了为传递价值主张而整合资源的方式。

接着,盈利模式也就应运而生,它指为了抵销传递价值主张时耗费的资源和作业流程的成本所必不可少的价格、利润、毛利率或净利润率、资本周转和资本容量。

四要素模型具有鲜明的技术倾向、实践取向、系统化和结构化特点。

这个模型的主要意义在于:把顾客的价值主张作为商业模式的首要因素和起始点。

四要素模型并不是简单地罗列出构成商业模式的要素,而是发现和指出了商业模式构成要素之间存在相互锁定关系,暗示了这个模型的因果逻辑,从而使企业的商业模式更加清晰。

商业模式的威力在于不同要素之间的复杂互动。一个成功的商业模式都离不开四要素之间的协调、互动和互补,其中一个要素的变化会影响整个系统,不同要素之间的冲突会对系统的整体绩效产生巨大的影响。

8.7 创业工具:精益创业画布

创业计划书是梳理创业项目的一个很好的过程。而精益创业画布则是对于创业项目更聚焦的思考和精确的提炼。它能够让我们抓住事物的本质,创业项目的核心更加聚焦。

这个模型(图 8-16)最早来自硅谷的学者 Ash Maurya,他是创业畅销书《Scaling Lean》的作者。他对于精益创业画布(Lead Startup Canvas,LSC)的最早设想是来自于大家非常熟悉的商业模式画布(Business Model Canvas,BMC)。

精益创业画布					
问题 需要解决的三个问题	解决方案 产品最重要的三个功能	独特卖点 用一句简明扼要但引人注目的话阐述为什么你的产品与众不同,值得购买	门槛优势 无法被对手轻易复制或者买去的竞争优势	客户群体分类 目标顾客
	关键指标 应考核哪些东西		渠道 如何找到客户	
成本分析 争取顾客所需花费、销售产品所需花费、网站架设费用、人力资源费用等				收入分析 盈利模式、客户终身价值、收入、毛利等	

Ash Maurya,2015

图 8-16 精益创业画布

精益创业画布与商业模式画布相比,有相似之处,Ash Maurya 为了表达对商业模式画布的尊重,在表现形式上沿用了商业模式画布的形式。所以,乍一眼看上去,好像两个画布非常像。但是其中也有它们的不同和奥秘之处。

LSC 的最大特点是针对处于 0~1 阶段，在创业的早期，对希望找到突破口和切入点的企业显得更加的有效，而 BMC 的阶段则是相对再往后一些，企业从 1 往 10 过渡的阶段。

因此，在 LSC 上可以看到更多的精益创业的思想和影子。而这，也正是创业者们更迫切需要的方法和工具。

商业模式画布并不适合创业初期的团队使用，而精益创业画布更适合作为创业初期团队梳理思路的工具。

精益创业画布是早期创业的最佳工具，能够帮助创业者：找到市场的切入点，明确价值定位，发现核心竞争优势；同时，定义盈利模式，与客户接触的渠道；形成战略目标和行动计划。精益创业画布是早期创业者高效行动的指南针和作战图。精益创业画布在硅谷已经被众多创业公司所使用。

精益创业画布是研究产品商业模式非常实用的一项工具；是呈现在一张纸上的可视化、简明的商业计划书，体现出正在进行的，可付诸行动的商业计划。其由 9 个模块构成（表 8-1）。

表 8-1　　　　　　　　　　精益创业画布 9 个模块

1 问题	4 解决方案	3 独特卖点	7 竞争壁垒	2 用户细分
客户最需要解决的三个问题	产品最重要的三个功能	用一句简明扼要但引人注目的话阐述为什么你的产品与众不同、值得购买	无法被对手轻易复制或者买去的竞争优势	目标用户、客户
产品的商业目标	6 关键指标	一句话描述你的产品	5 渠道	
	应考虑哪些东西		如何找到客户如何推广	
8 成本分析			9 收入分析	
争取客户所需花费、销售花费、网站架设费用、人力资源费用等			盈利模式，收入毛利	

1. 问题：目标用户最迫切需要解决的 3 个问题是什么？用户有哪些痛点？可以做一次优先级的排列和组合进行长、短期的产品蓝图规划。

2. 用户细分：你的产品目标用户是谁？这些用户有哪些关键的特征？把这一类用户的画像进行详尽的描述和标记，找到他们，接近他们，更深入地去了解他们，挖掘他们更多的需求和价值。

3. 独特卖点：为什么用户要选择你的产品而不选竞品？能用清晰、深刻的方式阐明你的产品更加值得顾客选择吗？这里更加强调的是与同类产品的差异化发展，市面上不需要一模一样的两个产品去比较和竞争。

4. 解决方案：你帮助目标客户解决问题的正确方案？既然有问题就必须有对应的答案，每个竞争对手的答案都是不唯一的，但一定要有自己独特的见解和准确的定位。

5. 渠道：如何将产品或服务送到用户手中，如何与用户保持连接？互联网时代流量为王，不是只要产品好就能被用户发掘和畅销，一定要预先准备好分发、销售和推广渠道，保证产品上线就能直接进入后期运营工作。

6. 关键指标：哪些数据指标能让你了解产品的真实状况？转化率？访问量？转发量？

阅读量？抓住业务核心的关键指标，牢牢盯紧和优化增长。

7. 竞争壁垒：如何为自家产品构建护城河？不会被对手或竞品轻易复制的门槛在哪？很多投资人会在看项目的时候直接就问一句话"如果BAT抄你的产品了，你该怎么办？"很多时候IT技术的门槛并不是真的门槛。不然我国的互联网顶层服务也不会这么短短二十年就追上硅谷的那些传统大厂了。

8. 成本分析：做这个产品的直接成本和间接成本都有哪些？人力、劳动力、外包费用和管理费用等。

9. 收入分析：产品如何赚钱？收入能大于成本吗？怎样持续发展到哪个时间点才可能达到盈亏平衡？相信这也是每个投资人非常关心的侧重点。

使用精益创业画布的方式（图8-17至图8-19），以摩拜为例，进行产品分析。

1. 问题

摩拜解决的主要问题就是近距离的通行问题：打车贵，开车麻烦，走路又远，自己骑自行车的话，维护、管理又比较麻烦。

2. 用户细分

主要目标人群是学生和年轻的上班族，部分还会涉及骑行爱好者。重要的是不要忘了城市的管理部门，他们也是产品的项目关系人。

3. 独特卖点

想到共享单车，大家马上就能想到的独特之处就是没有车桩，即停即走。其次就是车多并且外形洋气，与其他共享单车相比，摩拜独一无二的外形和硬件设计，是它最大的亮点。

4. 解决方案

智能锁，能够无线接收开锁信号，并实时定位，并且不需要固定充电和还车，通过手机App控制。

5. 渠道

最直接的宣传渠道就是摩拜单车本身，鲜艳的橘黄色成为街道的一抹风景，形形色色的人骑行在道路上就是活广告，使得摩拜投放初期迅速产生影响力。同时，通过App的优惠活动、红包活动，摩拜吸引了更多的人加入"骑车挣钱"的行列中。

6. 关键指标

单车投放量、用户活跃数、单车成功开锁率、故障率等，都是帮助产品进行修正的关键指标，通过App上的保修功能，能准确定位需要修理的单车，在最短的时间内，减少故障单车数量。通过用户活跃情况和GPS定位，能够了解单车的供求情况，以便调度。

7. 竞争壁垒

摩拜单车首要的壁垒就是他的智能锁专利，这一点是目前做得最好的。同时，车的外形以及所有的材料也是优于其他厂家。此外，摩拜背后有红杉资本、腾讯的支持，在资金和流量上也拥有绝对的优势。

8. 成本分析

摩拜第一代，由于过分考虑了车辆质量，因此使用了成本较高的设计，导致车辆成本过高，从而影响了快速占领市场；二代进行改进以后，保证了质量的同时，也大大降低了成本,同时还将车辆调度转交给专业的外包公司,充分利用资源,更快速地完成调度。

9. 盈利分析

除了前面提到的月卡、季卡,摩拜的其他盈利模式分别是押金、预付充值款、骑行单次消费以及车身广告等。

摩拜单车-产品精益创业画布				
				2017.10.07
遇到的问题 1. 城区几公里短距离交通不便的问题 2. 城区交通拥堵 3. 公共自行车借还不方便且可用车辆较少 4. 私家自行车费用昂贵,且容易损坏、被偷 现存解决方案 1. 问题域:OFO、小鸣、小蓝等 2. 相关领域:滴滴出行、城市公交车	解决方案: 1. 找车:城堡定位找车、车辆预约、车辆鸣铃 2. 用车:App或小程序一键扫描用车、手输编号用车 3. 还车:一站式自由还车、暂缓推送停车点 4. 交易:自动扣款、便捷充值方式、预付月卡、红包 关键指标 1. 获取:用户注册量、App下载数量 2. 促活:日均用车的次数、日均使用时长、活动转发数量 3. 留存:月卡充值数量、余额充值数量、重复使用的用户数	独特卖点 1. 防爆胎、高识别度设计 2. 低门槛的押金,低廉的使用价值 3. 单车投放区域广 4. 找车、用车、换车便捷 5. 环保	门槛优势 1. 单车投放区域广:全球60座城市 2. 商业合作伙伴多:腾讯、招商银行、百度等 3. 融资顺利:前后融资10亿美元 渠道 1. 微信(九宫格、公众号、小程序、朋友圈) 2. 摩拜单车App、官网 3. 线下运营、投放车辆吸引用户、单车自带二维码 4. 与政府部门合作,大力宣传 5. 公益活动,明星代言	客户群体分类 1. 城区短距离出行的用户 2. 城区18~50岁上班族 3. 城区喜欢短距离骑行的用户
成本分析 1. 企业运转成本:包括人力、场地、水电费、家具、设备等 2. 产品研发成本:包括App、小程序、官网、微信公众号、后台、服务器、智能锁设备研发、车辆研发成本等 3. 产品运营成本:包括品牌推广、公关、线下推广、广告投放、线上推广(如:微信九宫格)、设备损耗维护等		收入分析 1. 押金:299/人 2. 车辆租用:半小时1元(Mobike Lee为半小时0.5元) 3. 广告出售 4. 设备研发专利 5. 商业融资:已融资10亿美元		

图 8-17 摩拜单车精益创业画布 1

精益画布范例-mobike				
问题	解决方案	独特卖点	门槛优势	客户细分
短途出行开车堵、走路远、打车贵 自己买自行车停放维护管理麻烦	随取随还的自行车 智能锁 手机App控制	省钱、省时、省心	专利 网络效应 投资人	一、二线城市的上班族
	关键指标 APP注册量 用户活跃度 单车开锁率 单车故障率	简短宣言 触手可得的公共自行车	渠道 社交媒体 市区投放车辆 福利活动等	天使用户 一线城市30岁以下上班族
替代方案/竞争对手				
成本分析 平台开发维护、人力成本、客户开发成本、车辆投放和维护等		收入分析 押金、预付、月卡季卡、广告		

图 8-18 摩拜单车精益创业画布 2

图 8-19 iCloud 精益创业画布

创业训练：商业模式设计

运用商业模式画布，设计本团队的商业模式。

第 9 章

互联网时代的商业模式匹配

9.1 "互联网+"商业模式

头脑风暴：你知道的互联网+商业模式

你都知道哪些商业模式？可以看看周围，存在哪些商业模式？

9.2 多边平台式商业模式

多边平台把两个或者更多有明显区别但又相互依赖的客户群体集合在一起。只有相关客户群体同时存在的时候，这样的平台才具有价值。多边平台通过促进各方客户群体之间的互动来创造价值。多边平台需要提升其价值，直到它达到可以吸引更多用户的程度，这种现象被称为"网络效应"。

多边平台式商业模式与免费式商业模式在互联网行业中运用非常广泛。

起点中文网将书商和读者集合在一起；大众点评网将商家与用户集合在一起；分众传媒也是如此，则将广告商、广告场所和受众群体三方集合在一起，属于三边平台模式。

多边平台被经济学家称为"多边市场"，是一个重要的商业模式，如 Visa 信用卡、Facebook 等。

多边平台把两个或多个有着明显区别但又相互依赖的客户群体集合在一起，它作为平台中介用于连接这些客户群体并创造价值。如 Visa 信用卡连接了商家和持卡人；计算机操作系统连接了硬件生产商、软件开发商和用户；报纸连接了读者和广告主。

多边平台必须有能力同时吸引和服务所有的客户群体，并以此来创造价值。

多边平台需要两个以上的客户群体来支撑，常常会面临着"先有鸡还是先有蛋"的问题。事实上，解决这个问题的方法就是针对某一个客户群体，为其提供低价甚至免费的服务，并依靠这个群体来吸引另一个与之相关联的客户群体。对多边平台来讲，选择哪个客户群体,以及以什么价格来吸引他们,是需要研究的重要课题。

对多边平台来讲,其最主要的成本是运营费用。

多边平台必须问自己几个关键问题:能否为平台各边用户吸引足够数量的客户?哪边的客户对价格更加敏感?能否通过补贴来吸引对价格较为敏感的一边用户?平台另一边是否可以产生足够的收入来支付这些补贴?

如何设计多边平台式商业模式?

第一:客户定位

平台服务的对象是谁?即我们需要将谁集合在平台上。

比如,智联招聘服务对象为"招聘方"和"求职者",商场运营商的服务对象是商家和消费者等。

对于平台商业模式来讲,不一定付费才是客户,平台的服务对象都是客户。

第二:构筑单边价值和多边价值对接

无论是网络平台还是线下实体平台,价值主张都是核心。平台的价值表现在于平台的群体能通过平台得到什么?

首先,需要建立某一单边全体的价值,以及让一边群体先到平台上来。

接下来,就是建立其他群体的价值对接,这是建立平台盈利模式的关键所在。

往往许多平台搭建者会开发一些产品来先期服务他们,采取免费是最有效的。比如,腾讯QQ和现在的微博、微信等平台,在吸引单边用户的时期基本都是免费式的,需要比较大的成本投入。

如果仅仅只有单边群体,显然盈利会非常困难,甚至没有收入的可能。这也是为何微博、微信坐拥几亿用户,而目前还没有真正开始进入盈利的原因。

第三:建立用户信任机制

平台的任一群体都必须具备一定的信任基础,以使得同其他群体相互吸引,可以采取身份认证、资质评定、用户评价等方式来建立信任机制。

比如,阿里巴巴的真实企业身份认证;世纪佳缘的身份证认证;淘宝网的钻石评级等。

第四:设定付费方和补贴方

付费方,即愿意为平台价值服务付费的群体;而补贴方,即平台为扩大某一群体进入而提供的费用补贴或者服务补贴。

比如,淘宝网的卖家即付费方,买家即被补贴方;商场的商家即付费方,而消费者即补贴方。

设定付费方和补贴方需要考虑以下几个方面,见表9-1。

表9-1　　设定付费方和补贴方需要考虑的几个方面

设定原则	补贴方	付费方
对价格的反应敏感程度	高	低
补贴成本	低	高
同一群体的个体间是否具有竞争大小	小	大
转换至其他成本的高低	低	高
收费的难易程度	高	低

第五:建立用户关系机制

好的用户关系,是维系和发展平台的根本,也就是我们经常谈到的如何粘住用户。

比较好的方法即面向用户开发,让用户参与。无论是参与软件开发、提供用户评论,还是用户参与设计、参与互动都是建立用户关系的维系机制。

比如,苹果的 App Store、百度百科等。

第六:平台如何盈利?

这里就平台式商业模式的盈利模式发掘点简单说明:

(1)寻找用户群体的核心价值,设置收费;非核心价值免费。

(2)收费不局限于某一方,可以是多方的。

创造的价值通常体现在以下三个方面,如图 9-1 所示。

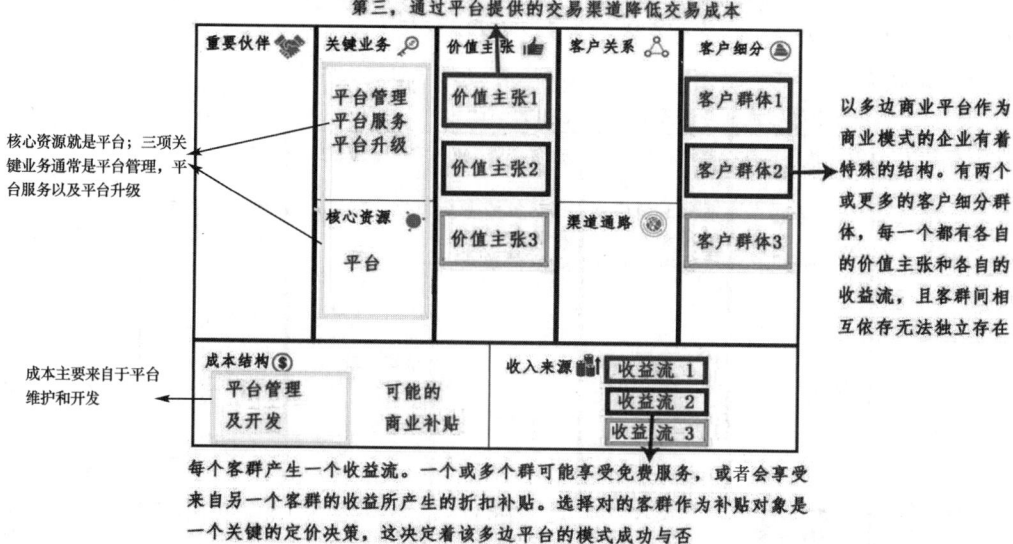

图 9-1 多边平台式商业模式

案例 1

Google 和百度

Google 和百度的商业模式即属于多边平台式商业模式。

Google 和百度的核心业务即搜索平台,将搜索用户、广告商通过关键词连接在一起,从广告商身上赚取利润,同时免费补贴给搜索用户。它们都属于三边平台模式:内容提供者+搜索用户+广告商,如图 9-2 所示。

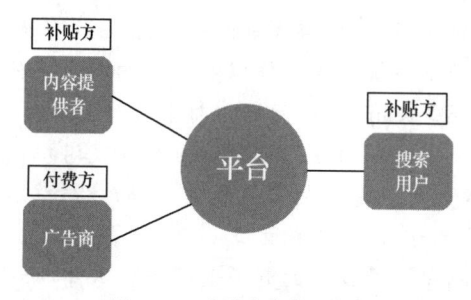

图 9-2 三边平台式商业模式

> **案例 2**　　　　　　　　　　　任天堂

Pokémon GO这款游戏曾火遍了全世界,国内却迟迟没有上线,大家有的购买国外账号,有的挂vpn,最终相关部门发文明令禁止此类游戏在国内发行。

任天堂也因为这款游戏股票大涨,这里主要介绍了任天堂这样一家原本做花牌的公司是怎样在游戏市场中开创了平台模式。平台模式在后续众多企业的运用中也有不仅限于双方而是三方甚至多方的,所以平台模式也称为多边平台模式。

在互联网时代,很多创业公司最喜欢做的项目就是做一个平台出来,然后通过平台让多边客户实现成交并通过这种方式来获取利益。这是一种线性思考的方式,如果这种方式失败了,只能说你的商业模式太过于肤浅了。再来看看任天堂的红白机是怎样玩转平台模式的,在平台模式中,它又具有哪些独到的特点呢?图9-3为任天堂红白机平台模式商业模式画布。

重要伙伴	关键业务	价值主张	客户关系	客户细分
协作企业	硬件共同研发 平台管理 软件准许开发	游戏机的普及 廉价游戏机 好玩的游戏		软件制造商 游戏爱好者
	核心资源		渠道通路	
成本结构		收入来源		
平台管理 服务成本		游戏软件版权收益 游戏卡生产加工收益		

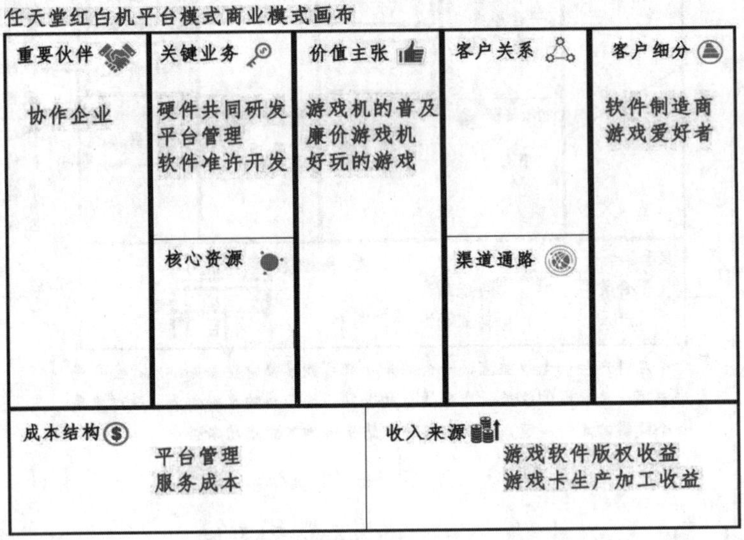

图9-3　任天堂红白机平台模式商业模式画布

在平台模式中涉及的多方指的是客户是多方面的,而平台实现收益的方式就是促进不同客户群体间交易达成过程中所获得的收益。任天堂的红白机客群一方面是游戏软件制造商,另一方面是游戏爱好者。游戏软件制造商为游戏爱好者创造的价值是需要通过任天堂的红白机这样一款游戏硬件设备来实现的。

价值主张:对于游戏制造商而言,游戏机的普及量越广,任天堂越有价值,而对于喜欢玩儿游戏的人来说,便宜的红白机游戏硬件以及好玩的游戏是他们所需要的。做过平台的朋友都会遇到"先有鸡还是先有蛋"的问题。对于任天堂而言就是先有好玩的游戏还是先有游戏用户的问题,任天堂采取的方式是先以自行开发游戏然后拉动用户增长再反向刺激游戏软件开发商加入。所以建议大家必须得先有产品,然后获取用户的同时再来进一步完善产品,这也是"产品迭代"的思维方式。

核心资源和关键业务:平台最核心的资源就是平台本身,而关键业务则是平台管理和服务。任天堂采取了游戏软件准许制度,获得准许的软件商才能参与软件开发。而对于红白机硬件部分则是采取了共同研发的方式,红白机这样上百万使用量的硬件规模本身就对其他想要竞争的企业产生了巨大的威胁,因为只要产量不够研发成功也是亏损。这样也促使了硬件性能的提升。

收入来源:游戏软件的版权收益和游戏卡的生产加工收益。因为任天堂强制要求所有游戏软件商的游戏软件都必须由任天堂进行加工生产。

不知道大家在看任天堂的平台模式时是否也看到了"刀片+刀架"模式呢?但任天堂的红白机与吉列的"刀片+刀架"模式又有所不同。最大的区别就在于任天堂不是通过专利的方式来垄断"刀片"这一个创造丰厚利润来源的部分。原本被独占的"刀片"被任天堂使用准许制度灵活地运用第三方来开发游戏,不过这个过程中是需要对第三方进行有效管控的。

所以任天堂的平台模式不单单是平台模式,还对"刀片+刀架"模式进行了改良运用。当然没有任何一种商业模式是无敌的,也没有任何一种商业模式是无用的。凡是高唱某某商业模式已死,某某商业模式已来的论调均是不可信的。

9.3 长尾式商业模式

长尾式商业模式的核心是多样少量。该模式关注于利基市场,并为其提供大量的产品,每种产品相对而言卖得都少。利基产品的销售总额可以与凭借少量畅销产品产生绝大多数销售额的传统模式相媲美。长尾式模式需要低库存成本和强大的平台,并使得利基产品更容易被兴趣买家获得。

长尾概念,由克里斯·安德森提出,这个概念指出,媒体行业中销售大量利基产品所产生的销售额,等于甚至超过了销售拳头产品所得的销售额。

所谓的"拳头产品"指的是销售量较大的少量产品。所谓的"利基产品"指的是销售量不大的众多产品,如图9-4所示。

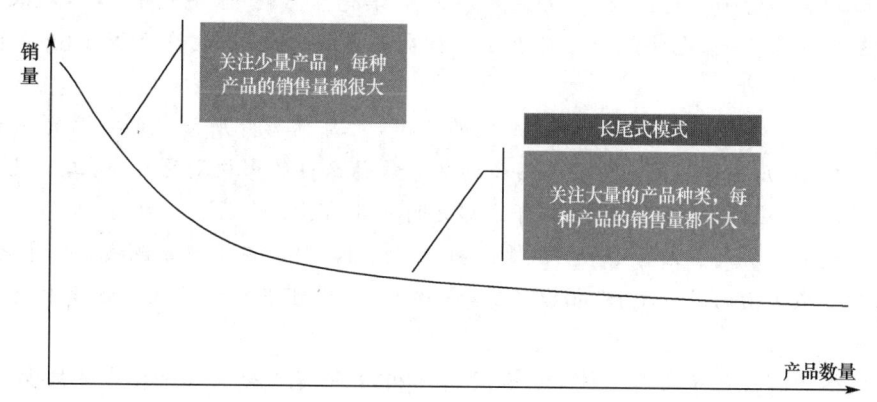

图9-4 长尾式商业模式

事实上,长尾理论不仅仅在媒体行业里有效,在很多其他行业里仍然是有效的。比如电影租赁行业,大量的利基影片所带来的累计收入却常常可以与大片匹敌。再比如,eBay在线拍卖就是依靠大量的交易量较小的非热卖商品而成功的。

案例 1　　　　　亚马逊/当当网：书籍尾巴的长度

图书出版市场规模的日益庞大自是不必多说，而读书对于人成长的意义更是被从小灌输。在教育普及的前提下，不同阶层、不同社会角色的人都会有自己的可读之书、感兴趣之书，因此，在图书资源充足的情况下，阅读的个性化是人在选择书籍时的鲜明特点。互联网打破地域局限，不需要考虑售卖书架展示空间的巨大限制，彻底改变了图书的售卖方式，可以充分满足个体的读书需求，也增加了整体的阅读总量，也就是书籍尾巴的长度增长明显。因此不管是亚马逊还是国内的当当网，最初都是运用书籍长尾的巨大价值来构建自己的电商王国。

在亚马逊网上书店成千上万的商品书中，一小部分畅销书占据总销量的一半，而另外绝大部分的书虽然个别销量小，但凭借种类的繁多可以积少成多而占据总销量的另一半。一名前亚马逊公司员工精辟地概述了公司的"长尾"本质：我们所卖的那些过去根本卖不动的书比我们所卖的那些过去可以卖得动的书多得多。长尾现象或者说长尾效应，警示我们"二八定律"在互联网世界里的光彩褪色。

同样的长尾也塑造了当当网。这条尾巴不但对于书籍有价值，也带来了其他商品销售的价值联动。按照某电商行业观察者"东哥解读电商"的观点，图书电商平台可以吸收优质的在线客户。图书用户通常都是高价值的用户，当当网占据了图书电商平台超过50%的在线市场份额，这意味着一半线上买书的用户都绕不过当当网。这种大比例用户的使用黏性让当当网在其他百货零售电商布局方面更加容易。

案例 2　　　　　网络自制剧：关键词尾巴的长度

Netflix 将影视剧分类为 76 897 种微风格。什么是微风格？顾名思义，即区别细微的风格。必须提到的一点是：纯粹定义微风格的话，其总量远超 76 897 种，只不过很多风格下还没有填入影视剧，也许是因为目前还不存在这样的影视剧，也许是 Netflix 还没有收集到这样的影视剧。

当 Netflix 对海量影片进行如此细致的分类，对每部影片所涉及的各种元素进行如此详细的标签、归档，Netflix 想要搞明白到底喜欢什么样的影视剧的时候，工作就变得容易太多了。Netflix 甚至可能比用户自己都更明白其为什么会喜欢一部影片。

所以我们才看到曾经靠 DVD 租赁业务起家的 Netflix 在转型做视频流媒体之后，靠着自己对于微风格的精准把握，拍出了像《纸牌屋》这样可以叫板传统影视剧制作巨头的成功作品。

微风格的属性就是长尾关键词。和关键词相比，长尾关键词单个搜索量极少，且搜索导入流量并不稳定。但由于越长的搜索关键词越精准，转化为网站产品客户的概率比网站目标关键词高很多。对大中型行业网站来说，长尾关键词流量总和不容忽视。

"长尾关键词"产生的基础是网站要具有涵盖所涉及行业的规模内容，没有足够的规模内容被搜索引擎收录索引，就无法形成长尾持续产生的机制，很难从搜索引擎获得持续、规模的长尾流量。

尾巴的长度首先取决于行业市场容量的大小。国内网络自制剧现在已经发力凶猛，但仍然处于粗放式的发展阶段，视频巨头们应该逐渐摒弃此前因国内大型视频网站版权成本太高退而求其次搞自制剧的心态，而真正认识到通过规模内容的生产和细分、个性化长尾关键词的挖掘，精确导入高流量用户的巨大价值，就如同Netflix创造的《纸牌屋》奇迹。当然，也许《纸牌屋》只是一例个案，但唯一不变的是关键词长尾的价值，谁真正搞明白了它的玩法，谁就可能成为下一个赢家……

9.4 免费式商业模式

免费式商业模式，是指至少有一个庞大的客户细分群体可以享受持续的免费产品或服务，并通过交叉补贴支撑企业运营以及实现盈利的商业模式。

免费式商业模式可以来自多种形式，通过该商业模式的其他部分或其他客户细分群体，给非付费客户细分群体提供财务支持。

免费的东西总是一家有吸引力的价值主张，零价格点所引发的需求会是其他任何价格所引发需求的许多倍。

免费式商业模式已经与日益增长的通过互联网提供的数字化产品及服务而同步盛行。

每种免费式商业模式都有不同的潜在经济特征，但是它们又都有一个共同的特点，即至少有一个客户细分群体能够持续地从免费产品或服务中受益。

新的模式使得免费提供服务成为可能。不付费的客户所得到的财务支持来自商业模式中的另一个客户群体。

能够免费获得一些东西永远是一种极具吸引力的价值主张。

任何一个营销专家或者经济学家都会肯定地说，对于价格为零的商品产生的需求要数倍于价格为1分钱或者其他定价的商品产生的需求。

近几年，免费的商品数量呈爆炸式增长，特别是在互联网上。那么问题来了，就一个体系而言，你如何做到免费提供一些东西，而仍然最终盈利呢？

一个不完全的答案就是，生产某些免费商品的成本已经大幅度下跌。

但是若要盈利，一家提供免费产品或服务的企业必须要从其他方面创造收益。

让免费产品和服务在商业模式中可行，有如下几种方式：

- 免费广告，基于多边平台的免费商品
- 免费增值模式，基础服务部分免费，对于增值服务部分收费，即免费的基本服务，可选的增值服务
- 钓鱼模式，以一个免费或者很便宜的初始价格吸引客户，并引诱客户使其进入重复购买状态

不管是哪种方式都使得免费在商业模式中变得可行，它们都有一个共同点：至少有一个客户群体会持续获得免费的商品。

免费广告：多边平台商业模式

广告是一种实现免费供给的、成熟的收益来源。

在商业模式范畴中,基于广告的免费是多边平台商业模式的一种特殊类型。

平台的一边是以吸引用户为目的而设计的内容、产品或服务,另一边则是产生收益的广告投放者。

有了好的产品或服务以及高流量,平台对广告商会变得更有吸引力,广告收费转而得以用于补贴免费产品及服务。

该模式主要成本来自平台的开发和维护,流量获取及维持的成本也可能提高。

该模式免费的产品或服务带来了平台的高流量,增加了对广告商的吸引力,从而使得整个循环成立。

免费增值商业模式

"免费增值"这个术语是由贾里德·卢金提出的,而后因风投资本家费雷德·威尔逊的博客文章流行起来。

它代表了一种商业模式,主要是基于网络将免费的基础服务与付费的增值服务相结合。

免费增值模式的特点是,大量的用户从免费的、无附加条件的服务中获益。

这其中的大多数人永远也不会变成付费用户,只有其中的一小部分,通常不到全部用户的10%,会为增值服务而付费,就是这一小部分付费用户补贴了免费用户。

这种模式之所以成为可能的原因在于向免费用户提供服务的边际成本(边际成本表示当产量增加1个单位时,总成本的增加量)很低。

在一个免费增值模式中,有两个关键的数字需要关注:免费用户的平均服务成本及免费用户向增值(付费)用户的转化率。

平台是免费增值模式最重要的资产,因为它使得免费的基础服务实现了低边际成本。

该模式的成本结构分为三部分:客观的固定成本、为免费用户提供的低边际成本以及(独立的)增值用户成本。

客户关系是自动的且低成本的,因为有大量的免费用户,但免费用户向增值用户的转化率是一个很重要的衡量指标。

免费增值模式的特点是大基数的免费服务用户由小基数的付费用户补贴;用户享有免费的基础服务,并在付费后获得额外的增值服务。

收入=(增值用户数量×增值服务的价格)×增长率×客户留存率

服务成本=(用户数量×免费用户服务成本)+(增值用户数量×增值服务价值)

用户数量:企业采取免费增值的商业模式可能吸引的用户数量。

增值 & 免费用户百分比:指全体用户中有多少是增值付费用户或免费用户。

客户流失率:指有多少用户离开。

增值服务的价格:指增值用户对增值服务的平均支出。

增值 & 免费用户服务成本:反映了企业向免费用户或增值用户提供免费服务或增值服务的平均成本。

固定成本:企业运营一个商业模式而发生的成本。

用户获取成本:企业获取新的用户花费的全部费用。

钓鱼模式——诱饵 & 陷阱

"诱饵 & 陷阱"指的是一种商业模式,其特点是起初以低廉的或者免费的价格提供有吸引力的商品,且该商品还将进一步地拉动用户对相关产品或服务的不断消费。

这一模式也被称作"招徕定价"或者"剃刀 & 刀片"模式。

"招徕定价"是指起初以补贴价格,甚至亏本的价格提供商品,意图通过后续消费获得利润。

"剃刀 & 刀片"模式是指以初始报价吸引客户,而通过后续销售盈利的方式。

简单举例,以极低的价格售卖打印机,后续通过打印耗材获得收益。

这一模式的关键在于所提供的或低价或免费的初始商品是否紧密连接后续消费品——通常是可替换的、迭代的、叠加的,企业却可以从中获取较高的收益。

控制这种"锁定关系"对该模式的成功至关重要。

这种模式的特点就是初始提供的产品与后续产品或服务之间的紧密连接或"锁定"。

消费者被当下低价或免费的初始产品或服务带来的"即时满足"所吸引。

初始的一次性购买创造了极小的收益或零收益,但为后续的高收益产品或服务的重复购买创造了可能。

低价或者免费的"诱饵"负责引诱消费者,并与(可替换的)后续产品或服务紧密连接。

关注后续产品或服务的交付。

"诱饵 & 陷阱"模式通常要求以一个强大的品牌做支撑。

重要的成本结构元素包括初始产品的补贴和生产后续产品或服务的成本。

【总结】 免费式商业模式(图 9-5、图 9-6)

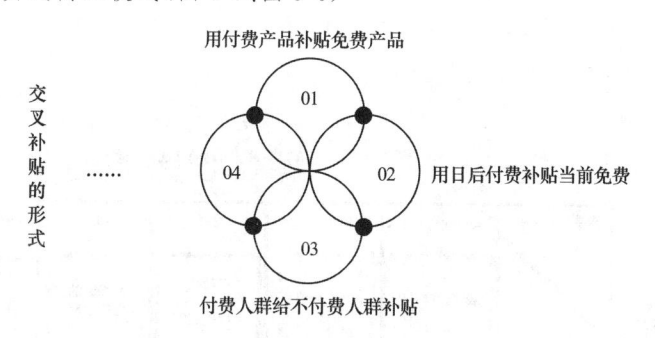

图 9-5 免费式商业模式

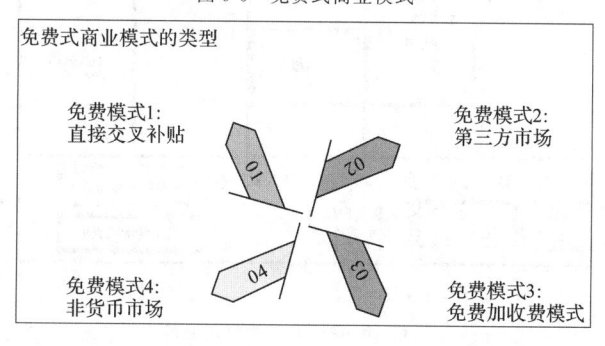

图 9-6 免费式商业模式类型

在免费式商业模式中,至少有一个关键的客户群体是可持续地享受免费服务的。新的模式使得免费提供服务成为可能。不付费的客户所得到的财务支持来自商业模式中另一个客户群体。免费式商业模式在运用过程中又分为多种形式,较为常见的为以下三种:免费广告多边平台商业模式、免费增值商业模式、"诱饵&陷阱"商业模式。

- 免费广告多边平台商业模式画布(图 9-7)

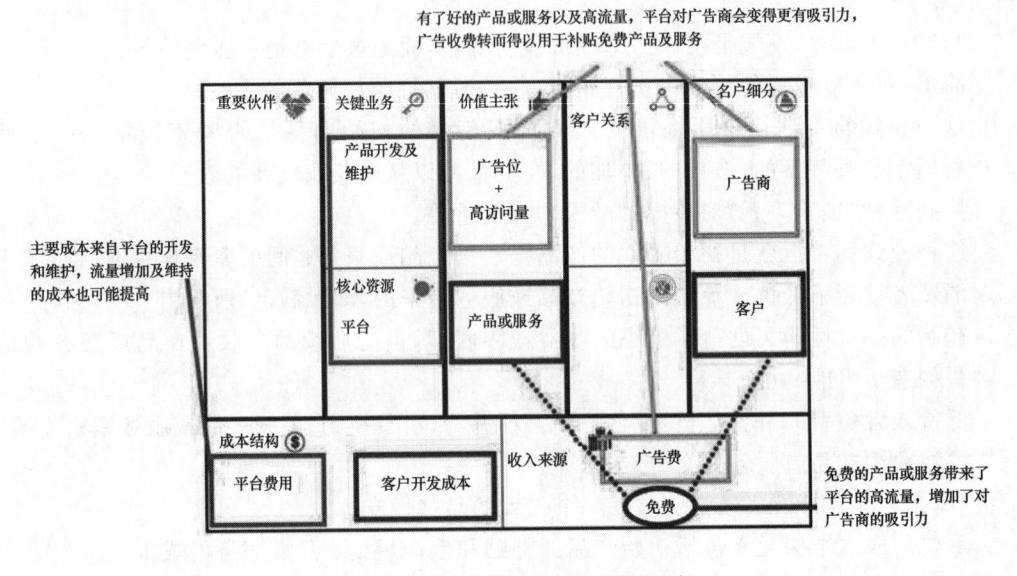

图 9-7 免费广告多边平台商业模式画布

- 免费增值商业模式画布(图 9-8)

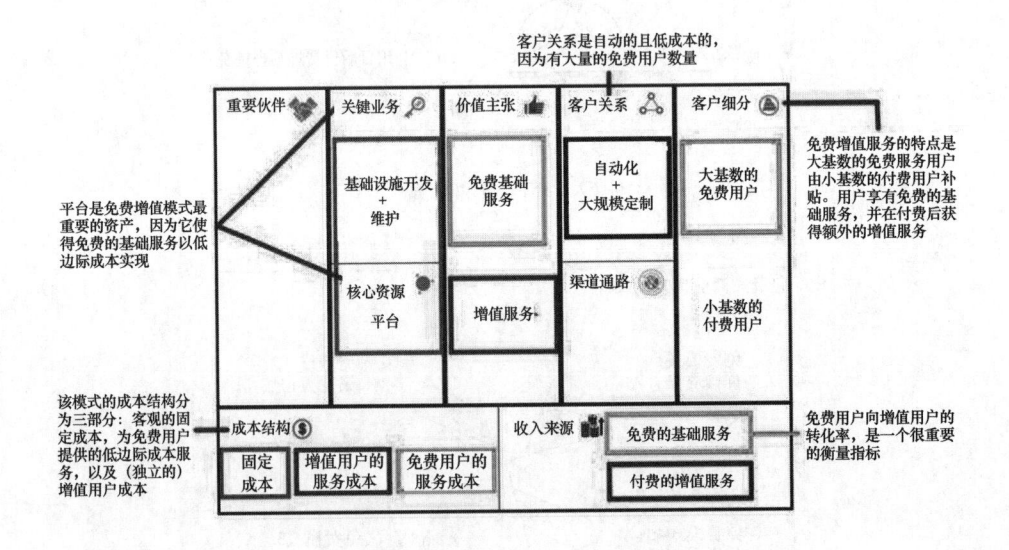

图 9-8 免费增值商业模式画布

- "诱饵＆陷阱"商业模式画布(图9-9)

图 9-9 "诱饵＆陷阱"商业模式画布

案例　　开源还是收费？——微软和 Red Hat Linux 商业模式对比

不同的公司有不同的商业模式和战略,有时这种差异甚至是很明显的,正如微软和 Red Hat Linux 两家公司在个人电脑操作系统(OS)软件上就采用了两种完全不同的经营模式一样。

微软是世界上最成功、利润最丰厚的公司之一,是由于它在个人电脑操作系统软件方面占统治的市场地位——最初是 DOS,然后是 Windows 95、Windows NT、Windows 98、Windows 2000 和 Windows XP。微软从它的操作系统产品中赚钱的经营模式是基于以下的经营逻辑:

- 运用高度熟练的程序员团队来开发专利的微软代码,使用户无法接触到源代码。
- 以相对有吸引力的价格吸引用户。

由于微软大部分的成本是固定的(开发软件代码前端部分发生的成本),出售软件的每个副本都会在生产、包装提供给用户的光盘(CD)可变成本之上产生大量的边际利润,而这部分可变成本仅仅相当于每个副本几美元的价格。

- 无偿向用户提供技术支持。

Red Hat Linux 是一家新成立的公司,销售同 Microsoft Windows 操作系统相对抗的 Linux 操作系统。该公司拥有一种完全不同的经营模式:

其主要依靠来自世界各地的程序员的共同努力,这些程序员对 Linux 很感兴趣,他们主动贡献出自己的时间和零碎的代码来改善和提高 Linux 系统的效率。源代码是公开的,对所有用户开放,允许他们自由改变代码,从而创造出用户化的 Linux 版本。全球数千个程序员团体在闲暇时开发 Linux,做他们想做的,因为他们喜欢,因为他们是狂热的信徒，他们相信所有的软件都应该是自由的；而且在某些情况下，他们是反微软的，希望成为打破他们所认为的微软垄断的一分子。

通过给用户提供包含了升级和测试特色的 Red Hat Linux 系统，为免费、可下载的 Linux 版本增加价值。Linux 的发明人莱纳斯·特瓦茨和超过 300 人的 Red Hat 工程师、软件开发团队收集由"开源"社区（由志愿者程序员组成）提交的强化版和新的应用程序。因此，Red Hat Linux 不同于微软，本质上有很适中的前期产品开发费用——所有的费用都源自评估新的提案，筛选哪些要整合，检测性能和兼容性，并决定哪些要包含在 Red Hat Linux 最新发布的版本里。

对那些喜欢订购 Red Hat Linux 版本的用户索要适当的费用；订购费用包括了 Red Hat 基于网络、有限天数的服务和支持。

雇用一个技术支持人员核心团队，由他们向用户提供技术支持并收取费用。因为 Linux 在安装以及在一些多服务器、多处理器应用程序上使用时有点麻烦，Linux 的用户常常在启动时需要技术支持。

通过技术支持服务、培训和咨询收取的费用超过了 Red Hat Linux 总收益的 50%，在这方面赚的钱和 Red Hat Linux 的销售额一样多，甚至更多。

微软的经营模式——出售专利代码软件并提供免费服务——是一个已经被证明的很赚钱的有效商业模式，每年能产生数十亿的利润。而另一方面，Red Hat Linux 主要出售由志愿者开发的开源软件，并严重依靠技术支持服务、培训和咨询取得收入的经营模式，仍存质疑。2000 年早期，该公司的年收益不足 1 亿美元，并且常有经营亏损的情况发生。

资料来源：12Reads.微软和 Red Hat Linux 商业模式对比.战略管理 2015-06-23.

9.5　开放式商业模式

开放式商业模式，可用于那些通过与外部伙伴系统性合作，来创造和捕捉价值的企业。这种模式可以是"由外到内"，将外部的创意引入公司内部；也可以是"由内到外"，将企业内部闲置的创意和资产提供给外部伙伴。

开放式商业模式的创新原则（表 9-2）。

表 9-2　　　　　　　　　开放式商业模式的创新原则

封闭的	开放式的
为我们工作的都是这个领域中最聪明的人	我们需要公司内部和公司外部的聪明人一同工作
若要从研发活动中获益，我们必须靠自己发现需求、开发并完成整个活动	来自外部的研发活动可能创造可观的价值；企业自主的研发活动也可以用于实现那样的价值
如果我们实践了产业中大多数最好的研发工作，我们就赢了	即使不是我们的原创，我们仍可从该研究成果中获益
如果我们创造了行业中大多数最好的理念，我们就赢了	如果我们最好地运用了来自内部和外部的理念，我们就赢了
我们需要管控我们的创新流程，使得竞争者无法因为我们创造的理念而获益	我们应该因他人使用我们的创新结果而获益，我们应该在有利可图的情况下购买他人的知识产权

"开放式创新"和"开放式商业模式"是由亨利·切萨布鲁夫提出的两个术语。这种"开放式"鼓励把公司内部的研究流程开放给外部伙伴,在一个知识分散的大环境下,企业组织可以通过对外部知识、智力资产和产品整合创造出更多的价值,并能更好地发挥自己的优势。

把闲置于企业内部的产品、技术、知识和智力资产,通过授权、合资或分拆的方式向外部伙伴开放并变现,即"由内到外"的创新模式。

把企业外部的创意、技术和智力资产引入自有的开发、商业化流程,即"由外到内"的创新模式。

例如,贝尔实验室和朗讯科技公司的商业模式。贝尔实验室的使命是为客户创造、生产和提供富有创新性的技术,这些技术使朗讯科技公司在通信系统、产品、元件和网络软件等方面处于全球领先地位。

案例 没想到!医药巨头葛兰素史克竟然是凭借专利纵横全球

自中国成功抗击新冠疫情以来,中国在国际社会的地位显著提升,这一点离不开国内疫苗企业的艰苦研发。众所周知,国内疫苗行业的主要上市公司有国药股份、科兴制药、康泰生物和智飞生物。

而在2020年,占据全球疫苗市场40%的葛兰素史克也在新冠疫苗上进行了相对稳妥的布局,即在疫苗佐剂的生产上布局,并且利用资金优势向其他公司进行投资。

葛兰素史克(GlaxoSmithKline,GSK)于2000年合并成立,10年后在全球扬名,当时,GSK宣布"将帮助全世界贫穷国家的更多人获得GSK药品"。实际上,这一宣言背后蕴藏的是GSK即将转变的商业模式,即通过增加药品的销量发展在全球的业务,以此建立一个更简单、强大、平衡的长期增长平台。

GSK的商业模式属于开放式商业模式。开放式商业模式指的不是单纯依靠自己企业,而是通过与外界合作去创造新的价值,达到获取高于现有收益的商业模式。

贾振勇在《商业模式的专利保护:原理与实践》一书中,将这种模式归纳为基于业务系统的创新商业模式,即企业选择哪些行为主体作为其内部或外部的利益相关者。实际上,GSK前任CEO安德鲁·威蒂(Andrew Witty)也公开表示过,GSK致力于从内部和与外部合作伙伴打交道的方式对公司进行现代化改造,从而使药物的发现和开发成为一个更加全球化和动态的过程,永不停息。

GSK为了实现商业模式完整的业务系统,发展全球业务,采取了以下措施:

第一,在全球范围内的专利申请分级。

GSK根据经济现状对不同地区的专利申请策略做出划分。对于不发达国家和低收入国家,GSK不申请专利,这样能让当地药企自由使用GSK在其国家公开的相同制药技术。对于中低收入国家,GSK申请专利,但是只收取少量许可费用。对于高收入国家、中高收入国家和G20国家,GSK的策略是进行全面的专利保护,也就是说全面进行专利申请布局,并按照正常价格收取专利许可费用。

第二,向贫穷国家低价供应GSK药品。

对于贫穷国家，GSK不仅不申请专利，而且向这些国家低价供应自己的药品。价格低到什么程度呢？不高于发达国家的25%。GSK还对其产品采用了分层定价方法，各国根据其人均国民总收入（GNI）支付价格。并且，GSK把在贫穷国家获得利润的25%用于投资培养当地的社区卫生工作者。

在前两个策略之下，首先，GSK可在当地创造市场空间，与当地药品企业进行有效竞争，因为贫穷国家的药品资源本身匮乏，GSK的低价供应可以直接进入市场，而在其他国家申请专利，可以保护GSK的药品技术，同时通过许可专利获取专利运营利润。其次，通过出资培养贫穷国家的社区卫生工作者，相当于GSK可在这些国家进行制药基础发展的参与，在未来必然产生巨大的获益。

第三，开放GSK知识产权访问。

第一个策略是关于专利申请，而第三个策略是针对已获得知识产权保护的制药技术。在知识产权开放这一环节，GSK采取三种方式：①将自己在癌症治疗方面的专利放入药品专利池（Medicines Patent Pool，简称MPP），世界上需要癌症专利技术的国家可以通过MPP或者许可授权。②GSK不仅不在贫穷国家申请专利，还允许这些国家的仿制药厂商免费使用自己的专利技术，这意味着，在阿富汗、卢旺达或柬埔寨这些贫穷国家，民众可以获得廉价的仿制药版本，并且不构成专利侵权。③GSK公开其已有药品的专利组合信息，使药品的专利技术更加透明化，如此一来，贫穷国家可以更加方便地仿制药品，其他国家也可以避免开发侵犯GSK专利权的药品，可谓一举两得。

在开放知识产权和专利许可这两个策略的支持下，GSK还可以通过与其他国家、其他药企建立合作伙伴关系，获得更多的创新药品。

理解了GSK改变商业模式要推行的三个策略之后，可以看出来GSK不仅在国际上获得良好声誉，满足社会的期望，而且以十分合理且有效的手段进入国际市场，建立更简单、强大、平衡的长期增长平台。

以上就是GSK开放式的商业模式，以开放的策略在全球布局自己的商业模式。可以看出，实现GSK商业模式的底层支撑就是GSK研发的大量药品专利，以及对这些专利的运营，可以说，GSK的商业模式主导着专利申请和运营的方式。

根据incoPat专利检索结果，GSK已公布的全球专利申请共4423件。GSK从合并成立当年就逐渐开始申请专利，在2010年，也就是开始改变商业模式的当年，GSK的年专利申请量达到顶峰（613件），也许是为了配合新商业模式的策略，从2013年开始，GSK的专利申请开始下降。

在GSK申请的专利技术中，按照国际专利分类（IPC），申请量约占61%的A61K31是含有机有效成分的医药配制品；而排名第二，即占申请总量17%的A61P35就是GSK捐献给MPP的抗肿瘤药专利。

从GSK技术在全球的分布可以看出，GSK 40%以上的专利申请国家为日本，其次是欧洲、美国、WIPO等高收入国家和中高收入国家。根据总体专利申请布局，基本符合GSK所公布的全球专利申请策略。

GSK能把世界上所有国家的制药企业和药品消费者纳入自己的商业模式业务系统

中,最关键的支撑不是其改变商业模式的决心和策略,而是GSK大量的药品技术研发和专利布局。没有这些技术和专利,谈不上知识产权开放,更谈不上全球专利申请分级和专利组合信息的公布,也就无法实现开放式的商业模式。

因此,商业模式的专利保护不仅存在于共享单车这类以专利技术为关键环节的商业模式,也存在于GSK这样利用全部专利申请和运营成就商业目标的模式。

资料来源:贾振勇.没想到!医药巨头葛兰素史克竟然是凭借专利纵横全球.搜狐网 2021-09-17.

- 由外而内的开放式商业模式画布(图9-10)

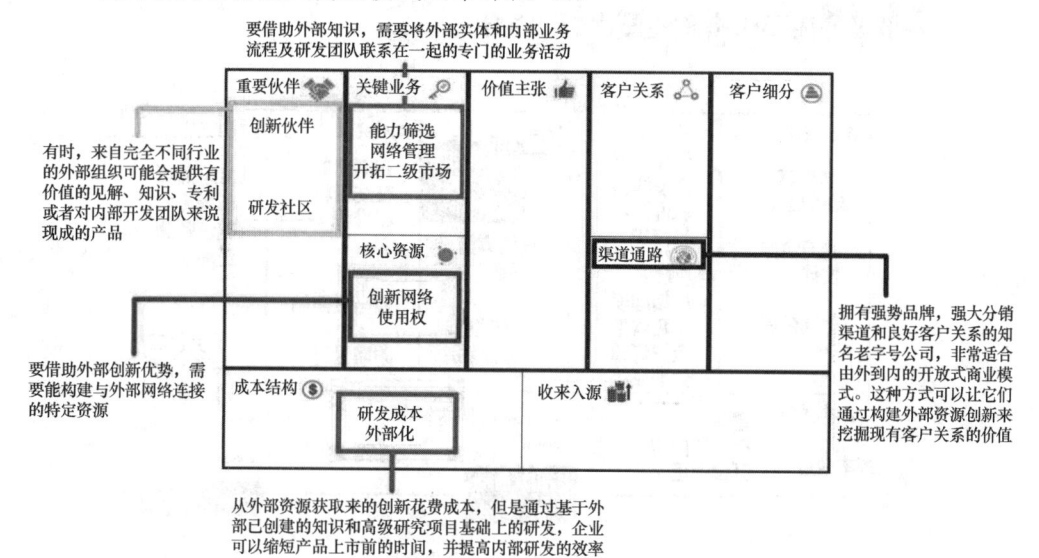

图9-10 由外而内的开放式商业模式画布

- 由内而外的开放式商业模式画布(图9-11)。

图9-11 由内而外的开放式商业模式画布

9.6 评估商业模式

定期评估商业模式是一项重要的管理工具,它可以评估出组织在行业内的健康程度,并适时地做出一些相应的调整。

商业模式评估是在个体构造块和整体模式的视角间交替进行的,如图 9-12 所示。

评估商业模式——全景图分析:亚马逊公司如图 9-12 所示。

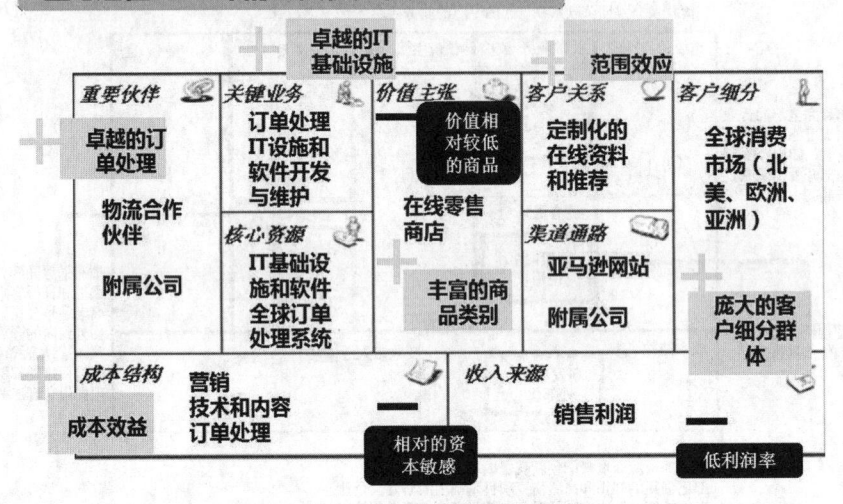

图 9-12 亚马逊公司商业模式全景图

评估商业模式——详尽地 SWOT 评估每一个构造块,如图 9-13 所示。

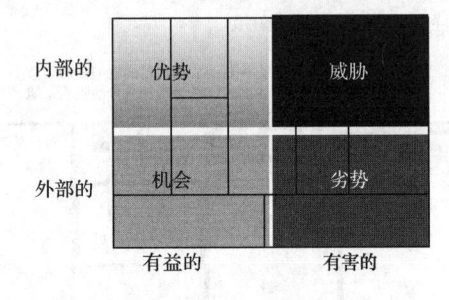

图 9-13 SWOT 矩阵

创业训练:商业模式选择

选择本团队的商业模式。

第3篇

Strategy 策略(S)

第 10 章

互联网时代的营销策略

10.1 新的主导：消费者中心时代来临

营销看上去千头万绪、纷繁复杂，各种理论也层出不穷，从 4P 到 4C，从 4R 到 4L，但归根结底无非就两个因素：一是营销环境；二是营销对象。

什么是营销环境？就是这个产品是在什么样的市场环境下销售。什么是营销对象？就是这个产品是卖给谁，他有哪些特征，他的消费观念是什么，他想要什么。

现代营销学之父菲利普·科特勒教授把营销的演进划分为三个阶段：第一个阶段是：营销 1.0 时代，即"以产品为中心的时代"，在这个时代营销被认为是一种纯粹的销售，一种关于说服的艺术；第二个阶段是营销 2.0 时代，即"以消费者为中心的时代"，企业追求与顾客建立紧密联系，不但需要继续提供产品使用功能，更要为消费者提供情感价值，企业需要让消费者意识到产品的内涵，理解消费者的预期，然后吸引他们购买产品；如今我们即将见证第三个阶段——营销 3.0 时代，即"价值观为中心的时代"，在这个新的时代中，营销者不再把顾客视为消费个体，而是把他们看作具有独立思想、心灵和精神的完整的人类个体。"交换"与"交易"被提升为"互动"与"共鸣"，营销的价值主张从"功能与情感的差异化"被深化至"精神与价值观的相应"。从中我们就很容易理解为什么社群营销这么火爆，因为社群营销的起点与基石是相同的价值取向，其顺应了"价值观为中心的时代"。

营销环境的嬗变：移动化、碎片化、场景化

如今的营销环境基本上可以用三个词来总结：移动化、碎片化、场景化。大家已经不再局限于每周、每月的固定时间里，在固定的购物场所进行消费。而是转变为随心所欲的全天候、多渠道的消费，消费者可以在任何时间、任何地点，通过任何方式购买他们所喜欢的商品。无论是智能手机销量的暴增还是人们花在智能手机上的时间越来越长，都足以证明整个营销环境的移动化。而碎片化的特征就更明显了,如今,人人都是自媒体,个个都是消息源,大家的注意力被分散在各个媒体,至此加剧了用户的三个碎片化趋势:消费地点的碎片化;消费时间的碎片化;消费需求的碎片化。

很多时候营销要想触动消费者,一定要有匹配的情景,因为人是受环境影响的。而新技术的发展,让随时捕获这种情景变得容易,比如可佩戴市场、移动互联网和任意的广告屏幕以及终端的无缝链接。因此,营销如何"场景化"以及如何通过"谈论的内容+场景"的匹配,成为所有企业都需要面对的问题。产品要能够制造出让消费者关注的内容话题,并通过不同的媒介制造出短时间内的话题场景,才能引爆品牌。

消费对象的蜕变:个性化、社交化、娱乐化

研究完环境,我们再来看看消费对象又有哪些变化呢?总的来说:同样有三个关键词可以很好地概括 4 亿多的 80 后、90 后消费对象:个性化、社交化、娱乐化。

80 后、90 后作为一个正在不断崛起的消费群体,他们的消费观念、消费权力、消费意识、消费话语正在深刻影响着整个商业环境。普遍认为 80 后、90 后的心理特点就是追求自我张扬又与众不同的个性。他们重视产品消费体验中是否能给自己带来心灵、情感上的最大满足,并获得差异化、个性化、多样化的体验。于是,参与感成为小米手机大获全胜的成功秘诀。

80 后、90 后这一群体接受了市场经济、全球化、互联网进程的洗礼,他们的人生观、价值观和世界观以及由此衍生出的消费观,呈现出与其父辈迥然不同的特征。腾讯 QQ 发布的《中国 90 后青年调查报告 2021》显示,90 后是孤独与集体孤独的一代,他们有强烈的社交需求,孤独的他们习惯沉溺于虚拟社交圈,由此可以理解为什么各种社交媒体工具火热流行。

根据艾瑞咨询调查数据表明,娱乐的价值就是教会他们"怎样玩"以及通过何种载体让他们觉得"好玩"。宣称"我每天可以吃得有限,穿得有限,花得有限,但是开心必须无限"的 90 后热爱娱乐,这种娱乐可以是对娱乐八卦的热爱、对生活压力的宣泄、对社会现象的吐槽、对自己生活的搞怪,天大的事儿也可以被他们解读得极具娱乐精神。

90 后新生代消费群体个性鲜明、追求时尚、消费独立,热衷于各种形式的文化娱乐,在文化娱乐方面的支出占比较高,并成为娱乐产业的重要目标用户。

从游戏电玩城、真人 CS、私人影院等新线下娱乐场所的参与率来看,接近 50% 的 90 后新生代体验过相关的线下新娱乐项目,并且近 50% 的 90 后参与线下娱乐的频次是在每周至少一次。

45% 左右的 90 后半年内在线下娱乐投入超过 100 元,线下娱乐以其独特的互动体验和社交场景获得 90 后的青睐,虽然线下娱乐消费偏高,但用户仍然愿意为了获得优质体验而付费。

90 后活跃于互联网,渴求更多的交流和互动,而线下娱乐场所有别于线上虚拟社交,基于现实场景内组织活动,增强朋友、同事间的互动,更能满足社交需求,90 后在选择线下娱乐场所时,会考虑更多社交因素。

营销策略：大数据营销、内容营销、社群营销、场景化营销

分析完营销环境和营销对象，问题来了，面对"移动化、碎片化、场景化"的营销环境和"个性化、社交化、娱乐化"的营销对象，对于企业来说可如何是好，又该怎样应对？首先我们要清楚什么是互联网营销。美国互联网营销专家查克·布莱默（Chuck Brymer）认为互联网营销的本质就是用最小的投入，准确链接目标顾客，用完美的创意，实现强大的口碑以影响目标群体。

面对"移动化、碎片化"的营销环境和"个性化、社交化"的营销对象，同时还必须满足"最小的投入，最精准的链接，最完美的创意"。哪种营销方式可以完美胜任呢？非大数据营销与内容营销不可。大数据营销解决最小投入、最精准链接问题，而内容营销则以完美的创意实现朋友圈疯狂转发。

那么，面对"碎片化、场景化"的营销环境与"社交化、娱乐化"的营销对象，又该如何迎战呢？内容营销与场景化营销轻松拿下。场景化营销则针对碎片化和社交化的困局，以景触情，以情动人。比如斯巴鲁的健身会所广告"为你的坚持买单！"就考虑到了与健身人群的场景匹配性。最后还有一个难题就是，面对碎片化的营销环境和社交诉求旺盛的营销对象，可如何是好呢？兵来将挡，水来土掩，社群营销联手内容营销轻松应战。社群营销摆平社交化的消费需求，内容营销则利用各种段子攻破碎片化的场景。

总之，碎片化的渠道、碎片化的时间、移动化的行为、个性化的价值观、娱乐化的诉求决定了"互联网+"企业背景下的营销向着场景化、数据化、内容化、社群化的趋势发展。至此，"互联网+"企业的营销模式4大落地系统也一目了然，未来企业在营销方面的发力点就是大数据营销、高品质内容、场景化匹配、社群化传播。

10.2 内容营销

内容营销，指的是通过图片、文字、动画等介质将有关企业的相关内容传达给客户的信息，以便促进销售。通过合理的内容创建、发布及传播，向用户传递有价值的信息，从而实现网络营销的目的。它们所依附的载体，可以是企业的LOGO（VI）、画册、网站、广告，甚至是T恤、纸杯、手提袋等。不同的载体，传递的介质各有不同，但是内容的核心必须是一致的。

对于大多数新兴国货品牌而言，其最大的一个特点之一就是诞生时间短、品牌势能相对低。

尤其是小品牌一开始没有能力进入天猫，更没有资金拓展线下渠道，如果要在新消费浪潮中赢得入场券，抛开所谓的企业实力和规模等条件，"内容营销"则是极为公平的一个切入点，它可以小博大，带来很高的瞬时流量。

纵观近两年迅速崛起的新消费品牌：三顿半、蕉内、茶颜悦色、PMPM、花西子等，它们的共同点无非是：积极拥抱数字化，与消费者全方位沟通互动；擅长做好内容营销，再巧用社交媒体和KOL，针对细分的消费者人群做定向的沟通；懂得如何结合自身品牌特点、文化环境和消费者需求三点，协同讲好一个故事。

因此，这些品牌尽管并没有巨额的广告投入，却依然有收割流量、打造品牌的野心和底气，归根结底就在于他们有着创造内容、激活内容和变现内容的能力。

那么，对于初创品牌来说，在冷启动阶段，用什么样的洞察、策略和创意，创造有品牌特色的内容营销能打动消费者呢？

一 讲好故事成就商业之美

我们要明确的一点是，今天复杂的媒介环境下，品牌要实现更有针对性的沟通，需要的不再是单方输出的产品曝光，而是品牌整体形象的展现。从用户拉新、用户增长到用户沉淀，品牌需要更优质、更立体的内容来抢夺用户的注意力。

企业可通过几个维度来找到一个属于自己的品牌内核和落脚点。

1. 打造创始人 IP

每一个品牌的基因和其创始人密不可分，而打造创始人 IP，是低成本地为企业获得免费流量的传播手段。尤其是品牌在起步阶段，创始人作为品牌源起的第一人，他的 IP 能量通常是大于品牌能量的。

这时通过创始人把品牌打造起来，从创始人的初心、品牌到产品的底层价值观、商业模式的探索、品牌背后文化和消费者的共情去共同推出具有情感化的故事，是让初创品牌最快拿到入场券的捷径。

以醉鹅娘为例。

在葡萄酒这个品类，醉鹅娘创始人依靠专业背景和 KOL 属性建立起了用户信任感，在网络平台独立地输出自己的意见和观点，借此来吸引粉丝。

在创业之初，醉鹅娘以分享红酒知识体系的自媒体出道，用王胜寒的话说就是"希望通过降低大家理解红酒的门槛，能够让更多的人去感受到红酒的美好"。

作为内容型自媒体，醉鹅娘凭借着天生的自媒体嗅觉，用"说人话"的方式，将买酒、品酒、酒文化等内容传播给消费者，凭借渠道红利，醉鹅娘从土豆、优酷到公众号、抖音，逐渐完成粉丝积累。

随后，醉鹅娘葡萄酒生意从社群电商切入，推出按月订购的葡萄酒产品"企鹅团 200"和"企鹅团 2 000"。会员每月需缴纳 200 元或 2 000 元、半年起订，每月将收到一瓶价位相等的"福袋"葡萄酒，并附有讲解音频。

所以你可以看到醉鹅娘的基本盘很稳，它的粉丝也都很忠诚，这也是为什么醉鹅娘在抖音发一条信息点赞一般都破万。

可以说，醉鹅娘是从消费者中走出来的，在商业变现的路上，离消费者很近。品牌在面对消费者既要经典又要新鲜的心态，选择了打造 IP 的形式持续输出、不断尝试，也与其各自的粉丝、会员、用户产生了信任感。

2. 挖掘文化密码

在混沌大学 App 里，其中有一节课让大家记忆尤深，里面引用了哈佛商学院教授道格拉斯·霍尔特在其书《文化战略》的一句话：

消费者对体现他们理想的品牌趋之若鹜，因为这些品牌帮助他们表达个人愿望。这些消费品品牌中最成功的，就会晋身为偶像品牌，跻身文化偶像的行列，成为社会上一些崇尚独特价值的消费者的一致表达。

道格拉斯教授进一步解释说，文化是要创新的，每一次文化创新的时候，新品牌就能从旧品牌中夺取机会。他把这个过程称为"文化创新战略"，并给出了三大要素，如图10-1所示。

图 10-1　品牌文化创新模型

（来源：混沌大学）

新理念：指的是对于那些已经被广泛认可且被认为是理所当然的，并被社会的一部分自然地当作"真理"的这些重要文化观念的（新）态度。

品牌承诺：可以理解为一个具有教育意义的故事，它透露出品牌的意识形态。

文化密码：最外层的文化密码，是符合品牌承诺的最适合的内容和表述。

回归到中国市场现状，围绕文化创新，从2018年"国潮""国风"的兴起可以看出，要赢得中国消费者，讲好一个"中国故事"至关重要。

以花西子为例，如果让你去形容花西子，你会想到什么？东方彩妆、以花养妆、国风、雕花……

在花西子对外的公开介绍中，我们可以看到花西子将自己定位为东方彩妆，根植于中国传统文化，在品牌的各维度搭建了全新的"东方彩妆"体系。

例如，花西子的品牌名称、包装设计、产品工艺等，都传承了东方文化。品牌名称，与花、与西湖和西施有关；品牌LOGO，取形江南园林的小轩窗；品牌主色，灵感源自略施粉黛+粉墙黛瓦；产品工艺，复刻中国传统工艺与彩妆品牌融合；还设计出品牌专属字体——"花西子体"。

2021年初，花西子还正式提出了"扬东方之美，铸百年国妆"的品牌愿景，致力于传承和弘扬东方文化和美学,希望成为一个能够跨越百年的国民彩妆品牌。

可以说,花西子从新理念到品牌承诺到文化密码一气呵成,漂亮地完成了一次品牌塑造,且自品牌诞生的第一天起,就一直在用"品牌精神"撬动用户深层共情,通过与消费者的情感互动来输出品牌价值主张。

管中窥豹,用高度和消费者共鸣的品牌理念与消费者"三观共情",这是创业公司最大的品牌资产,也将是未来的常态。

3. 讲好产品故事

名创优品内部有一个基本的产品认知,即产品是1,其余全部是0。

特别是实体零售店、门店装修、服务、运营、营销、资本等,这些只能算是0,只有产品才是1。如果没有一个符合预期或者超预期的产品,那营销就是无源之水、无本之木。

这就是名创优品所强调的大产品观。

但是一个品牌的产品再好,用户也是需要被引导的。商业的本质其实就是用什么样的"故事"(产品)去抢占消费者心中的"注意力"(购买)。

名创优品当时采取的策略是:

(1)以专访供应商为抓手讲好故事

专门安排内容组同事到工厂走访,挖掘供应商背后的产品生产流程、工艺打磨等,并每周撰写至少两篇关于产品和采访供应商的文章,发布到财经大号上,向消费者传递名创优品为什么可以做到优质低价,用背后顶级的品牌供应商实力来说话。

同时,在高峰论坛、新品发布会等多个场合亮相,并创办了《名创优品报》在供应商大会上派发,以创始人的角度,反复把名创优品供应商背后的故事进行宣讲。

(2)讲好产品故事

消费者在消费和使用产品的过程中,是在跟品牌持续发生接触的。所以,产品本身就是企业最天然的一个广告流量池。

但随着消费主权的转移,消费者对待广告,显得越来越不耐烦,他们不想听品牌对自己的陈述和自嗨,所以与其无脑吹嘘产品,不如结合产品给用户讲一段好故事。

这也是编者一直很推崇的内容营销方式:产品有故事,营销把它唱成一首歌。

总结为一句话就是:"没有灵魂的产品,是很难突围的。"

以名创优品冰泉为例。

当抛开"品质、设计、创意"这些商业因素后,还有什么可以促使消费者为一瓶水买单呢?

名创优品的答案是:情怀是其一。

为此,名创优品以其全球联合创始人之一——三宅顺也为主角,从设计师的角度,拍摄了一部《名创优品冰泉》短片。

在这部短片里,没有对产品直白的赞美,更多的是通过镜头呈现出名创优品在打磨这瓶水时的精雕细琢,并用镜头还原给消费者一个可触及、可感知的生态场景。

就是这样一个故事:短,但具有想象空间。此时,消费者在购买名创优品冰泉时,已不仅仅是因为其使用价值,更多的是该产品带来的精神或心理上的满足感,这些都是由品牌个性来体现的。

二　共创内容成就品牌忠诚度

通过很长一段时间对中国品牌的观察可以发现，品牌绞尽脑汁拼创意和脑洞，一环扣一环，从玩法到作用到意义全部安排妥当。媒体、KOL也好，消费者也罢，都是品牌营销布局上的一颗螺钉。

这种完全以品牌需求为出发点的单线思维，很容易变成品牌的自嗨局。

而现在，越来越多品牌意识到站在大众视角做营销的必要性，也开始和海量的KOL、用户共创千人千面的优质内容，来补充自有内容生产能力的不足。

接下来，结合案例一起来分析、研究。

1. 先看与KOL共创内容

品牌和KOL双方的合作应该看成一场互赢的品牌联动，而不单单是品牌砸钱买广告那么简单。品牌想做出效果，那么就要在内容上多下点功夫。

要记住的一点是：推广不是丢给KOL就完了，品牌需要和KOL一起来共创内容。

还是以花西子为例，花西子和知名直播网红×××的合作，经历了"直播带货—广告代言—产品共创"的演变，这是一个升维的过程。

2020年，花西子携手知名直播网红×××，将苗银艺术融入彩妆，共创"苗族印象"系列套盒。截至2020年11月24日，花西子在知名直播网红×××直播间近90天的销量中排名Top5，均为人气爆款产品。

其中，花西子散粉为知名直播网红×××常推产品，外形不同的苗族印象版和常规版散粉，分列销量排行榜前两名。

可以说，花西子借助淘宝直播和知名直播网红×××本人的流量红利实现了品牌大爆发，在一定程度上，花西子最早的一批消费者其实大多来自知名直播网红×××的私域流量。

知名直播网红×××之于品牌的意义，并不局限于带货本身，更重要的是一种"内容共创、产品共创、价值共创"的长期赋能。

和知名直播网红×××的合作，是花西子品牌破圈的第一步；在打造出爆款的同时，花西子还与头部达人、消费者进行研发共创，通过产品力沉淀品牌心智。

所以，未来的品牌和KOL合作模式，应该是与KOL建立立体化、深度化的合作模式，将品质与颜值转化为品牌印记，这样才利于提高品牌的知名度，建立消费者对品牌的忠诚度。

2. 再看和用户共创内容

构建消费者关系的过程中，用户是品牌发展最重要的伙伴之一，而让用户传播品牌故事，创造有情有义、有血有肉的品牌故事，更能赢得用户对品牌由内而外的信赖。

以乐纯为例。

乐纯在研发阶段就直接跟消费者接触，在它的社会化平台上面、在筹备期，也就是乐纯产品都还没有的时候，先通过告诉消费者品牌想要做的事情，吸引了3 000个粉丝。

乐纯就开始MVP（最小化可行性产品），连续三个月做了3 000盒实验产品，每天做一百盒，做完之后，立即邀请一部分粉丝们过来吃，吃了之后马上根据他们的反馈数据改进第二天的那一百盒。

而现今当乐纯在研发新产品时,乐纯同样遵循这样的思路,并且做得更大更好玩,要让核心用户参与MVP产品研发。

要让用户在接触到乐纯的时候,可以全透明地看到乐纯的整个生产流程:酸奶是如何一步一步被制作出来的。在乐纯三里屯的概念店里,品牌相当于把大的乳品企业几千平方米的流水线压缩到了三十平方米的空间里,全透明地展示给每个顾客。

筹备期即开放运营的每个环节都让用户参与:研发、生产、设计、招募、供应链。而这些"乐纯贡献者"在参与、玩和第一批体验的过程中,其实是起到了乐纯冷启动时推波助澜的作用。

在乐纯卖到20万盒酸奶的时候,乐纯把酸奶包装壳的背面做成了一个人人可以投稿的杂志。大概一共有两千多人参与投稿,然后乐纯从中选出来25篇投稿,呈现到品牌的微信公众号里,让大家投票,这些内容成为乐纯新一期的包装,推动着乐纯产品的持续更新。

这种方式最大的亮点在于:在内容衍生方面,基于"乐纯搭台+用户讲述"的共创模式,激活了用户源源不断的创作活力。

这个案例反映到营销层面则是,品牌和消费者共创内容的过程,就像是一个窗口,将用户思维推向新的高度,向营销渗透,通过全方位与用户共舞,在同一个舞台建设同一个品牌。

三 新媒体东风撬动品牌传播

以前只有大品牌才玩得起大投放、大媒体铺排,但互联网推土机很明显的一个趋势是:推掉传统媒体,越来越多的传播工具进化出来。

企业也从过去过度依赖外部"内容资源"进化到高度依赖企业自身的"内容资产",进入自传播时代,新品牌在社交媒体上就可以完成出色的品牌沟通。从崛起的新国货品牌的具体实践可以看到:在传播上,除了KOL种草,它们更加注重官方新媒体内容营销。

公众号、抖音、小红书、短视频……无论是喜茶、三顿半,还是蕉内、茶颜悦色等,它们的"互联网"品牌特性都十分明显,消费者与它们每天都在用的快消、生活方式品牌在社交平台上进行交互,所以,不要说流量红利逝去了,关键要看品牌会不会玩。

像喜茶的公众号,每次更新都有惊喜感,从产品上新到活动设计,从图案风格到文案写作,都在诠释"灵感"与"禅意",始终围绕品牌文化做内容……

再看蕉内公众号发布的每一篇文章,口吻或自黑自嘲,或酷感满满,或特立独行,但是都离不开蕉内本身的品牌"聚焦于内"的处事态度,如图10-2所示。正如品牌自己所说的,"不卑不亢,不紧不慢,不即不离——有态度,做自己"。

所以,品牌在新媒体运营上不要吝于持续深耕,每一次触达都是对用户的及时唤醒与连接,这是直接面对消费者,进入存量时代,圈层逐渐稳定的必然趋势。

综上,我们可以看到,对于营销本身而言,内容绝对占据着品牌建设的主导地位。

图 10-2 蕉内品牌

尤其是对新品牌而言，内容营销是一种没有天花板的流量入口，它让消费者注意力的颗粒度变得非常小，承担着极其重要的引流价值。

而品牌只要有能力向消费者输出优质内容，就有机会打破流量封锁。

案例 1　　　　　　　　　三顿半

自从瑞幸咖啡创造上市神话，资本市场加速了对咖啡市场的投资步伐。

农夫山泉不仅推出咖啡饮品，还和物美合作卖起了现磨咖啡。中石化更是跨界出击，在旗下加油站便利店做起了咖啡生意。

一边是蓄势待发的资本市场，一边是认知有限的国内用户，咖啡市场可谓暗流涌动。

然而，令人大跌眼镜的是，在诸神混战的咖啡市场，最后杀出重围的竟然是一个既无资本背景又无专业知识的外行人——吴骏。

从籍籍无名到网红必备，三顿半是怎么从星巴克（需求面积：150～350平方米）与雀巢的左右夹击中幸存下来的？它又怎么做到不投广告却能强势出圈？

价值定位：忙碌生活中的调味品

三顿半能够在巨头环视下突围而出，快速形成品牌影响力，离不开精确的赛道切入——精品速溶咖啡。

我们从用户细分、需求挖掘、价值主张三个方面来洞悉三顿半的价值定位。

- 用户细分

在外资咖啡馆大量进驻的热潮下，吴骏看到了现磨咖啡这种产品形式潜藏的问题——以星巴克为代表的咖啡馆无法满足国内年轻一代消费群体更加日常和高频的咖啡消费需求。

于是，吴骏着手创办了一个面向有想法、对生活质量有追求的90后年轻人的咖啡品牌——三顿半。

他以年轻人的需求和个性为原点，通过产品开发和传播设计，表达和呈现精品咖啡的更多可能性。

- **需求挖掘**

快节奏的生活和碎片化的时间让年轻人对咖啡的便捷性和功能性提出了更高的要求。而外卖咖啡等待时间过长，无法满足即时需求，传统速溶咖啡又口味平淡，咖啡市场急需产品创新。

除了对产品本身的物质需求，年轻一代还希望满足更高层次的精神需求，即表达自我个性和构建理想生活。

三顿半的创作团队敏锐地洞察到了年轻人需求的痛点和爽点，尝试为他们构建品质、情感与价格都亲民的"理想生活方式"。

- **价值主张**

在充分感知用户需求之后，吴骏一方面通过技术创新打造口感接近现磨咖啡的便携产品，另一方面通过扩展精品咖啡的消费场景，传达一种轻松休闲的生活理念。

在2018年3月的上海国际咖啡展上，三顿半推出了第一代明星产品——冷萃即溶咖啡，3秒极速溶解并保留冷萃咖啡的口味，用迷你杯包装向用户表达还原诉求，价格瞄准每杯5~10元的市场空缺地带，满足用户日常的高频消费需求。

为了扩大消费市场，三顿半针对不同消费人群的需求，又陆续推出了燕麦拿铁、不含咖啡因的乌龙茶系列等产品。

除此之外，三顿半通过更多线下渠道向用户传达品牌理念。与传统生活方式不同，三顿半更强调人和咖啡的日常联系。

正如日本消费观察家三浦展在《第四消费时代》一书中所说，消费正在从物质转向精神。吴骏希望精品咖啡成为一种日常生活方式，变得更触手可及。

价值定位是品牌成功的关键。它要在目标用户需求痛点、竞争对手的弱点或盲点，以及公司自身优势之间找到平衡点，既要解决用户的痛点，又要击中对手软肋，更要发挥自身优势，最后实现三重效果：让用户无法拒绝，让对手难以模仿，让自己可以落地。

价值创造：核心场景中的多维体验

三顿半瞄准的消费场景就是喝咖啡，但它的核心关键词在于"随时随地""日常生活"。

为了突破用户对传统咖啡在品质和价格上的固有偏见，塑造新兴品类的形象认知，吴骏从功能体验、情感体验、经济体验等维度对产品做了调整升级。

- **功能体验：化解痛点**

三顿半首先解决用户对品质和便携的痛点问题。他们将目光投向冷冻干燥技术，当时这种技术在国内尚无先例，谁也不愿意冒险做第一个吃螃蟹的人。

怀着做出好产品的决心，吴骏费尽心思总算找到一家愿意共创的制造商，并为后者提供无息贷款帮助其购买萃取设备。

2018年，三顿半自主研发的无损风味萃炼系统成功投产，推出了第一代冷萃速溶咖啡，3秒溶解于冰水和冰牛奶。

相比传统速溶咖啡，三顿半的冷萃速溶咖啡有着干净口感、低酸微苦的冷萃特质，无论香气、甜感、新鲜度都要更好。

三顿半首次将医药行业的冻干技术迁移到食品行业，通过冷冻干燥保存了咖啡原有的风味物质，咖啡液升华后所形成的疏松结构更加亲水，从而实现产品创新，为用户带来全新的功能体验。

- **情感体验：用户参与**

三顿半推出产品时，并没有提供各式搭配，而是利用年轻人爱分享、爱动手的特点，将主动权交给用户，赋予了产品更多的可能性。

在三顿半的主力营销阵地小红书上，三顿半喝法排在关联词条的首位，点开后可以看到上千条网友们自发创作的笔记，介绍了冷萃、奶萃、综合萃等各种花式搭配。

三顿半挖掘咖啡在日常生活中的饮用场景，展现了咖啡与生活关联的乐趣，构建出与品牌相关的生活方式，将精致生活和精品咖啡紧密连接起来，提升品牌与用户的交互参与感。

- **经济体验：高性价比**

三顿半选择从速溶市场切入，瞄准每杯 5~10 元的市场空缺，在品质上与传统速溶咖啡做出区分，在价格上保持亲民优势。

从 2018—2021 年的三年里，随着新工厂的建立与产能的扩大，三顿半的总成本不断降低。

2021 年天猫 5·17 吃货节期间，叠加品类券和店铺满减活动后，三顿半数字基础系列与精品系列产品的单价，分别降到了每颗 4.33 元和 7.04 元。

从 1.0 版到 5.0 版，三顿半产品的每次升级都保持了"加量不加价"的原则，让市场不再神话精品咖啡，也洗练了精品咖啡的"优越感"。

用户开始明白：对于咖啡，精品是态度，不是价格；市场是大众，不是稀有。追求性价比是人的天性，只有将性价比做到极致，才能真正成为用户持续拥护的咖啡品牌。

三顿半致力于用户咖啡消费场景的日常化，从功能、情感和经济三个方面为用户带来全新体验：通过供应链技术迁移实现品质与便携的突破，解决目标用户的痛点；鼓励用户自由发挥创意，让产品融入日常生活场景，让用户获得高度参与感，增强用户的品牌情感联系；创造产品超高的性价比，营造用户难以抵挡的消费势能。

价值传递：用户互动中的品牌传播

三顿半通过持续的技术创新，使产品具备了成为爆款的基础。那么，如何才能快速地让好产品"飞入寻常百姓家"呢？我们运用 AISAS 模型来解析三顿半的品牌传播策略。

A—引起注意（Attention）：新品启动，大 V 站台

针对大众用户，三顿半和两个微博博主合作，透过 vlog 镜头讲述三顿半的咖啡空罐"返航"故事，瞬间引起了用户的注意。

这些 KOL 背后的粉丝群体普遍为年轻人，具备一定的审美素养，对生活有独特的追求，像三顿半这种审美在线、亲和可爱、保留些许距离感的品牌，很容易吸引追求个性的年轻人。

除了 KOL，三顿半还和 KOC 保持紧密合作。早在 2018 年三顿半初次推出以数字命名的小罐咖啡时，就从微博、小红书等内容平台的美食生活区活跃用户中，挑选了具有典型特征的 KOC,将他们培养成品牌的种子用户,并授予他们"星际领航员"的称号。

在这些种子用户中,既有身在东京的书籍装帧师、旅居巴黎的自由插画师,也有世界咖啡杯测大赛的中国冠军,他们或是素人,或是大 V,或是专业咖啡师,或是业余爱好者。

"这群 KOC 分布在内容平台的各个角落,在各自的圈层中积攒了影响力,他们记录并分享与三顿半的点滴日常。三顿半正是借助他们的影响力将品牌辐射到不同的圈层,从而助推新产品的冷启动上市。"

进入互联网新零售赛道,三顿半也需要得到咖啡同行的认可。为此,三顿半连续两年带着新产品走进咖啡界"奥运会"——上海国际咖啡展。

2018 年 3 月底,三顿半带着冷萃超即溶咖啡 1 号、2 号和 3 号参展。"3 秒完全溶解+冷萃风味保留"的核心亮点,吸引了约 2 000 位专业人士试喝,他们的认可让三顿半对自己稚嫩的新品有了信心。

与此同时,天猫小二独到的眼光,也为这个咖啡新星打开了一扇窗——展会结束 5 个月后,三顿半正式入驻天猫旗舰店,并成为阿里新国货计划的扶持对象。

2019 年 4 月,三顿半再次参加上海国际咖啡展。这一次,它把初代的 1 号、2 号、3 号冷萃超即溶产品和次代的 4 号、5 号、6 号超级还原产品进行组合,形成了用数字 1~6 号表达 10% 烘焙差异度的超级咖啡系列,还加上了 Demo 版的单一产地新品 0 号咖啡。

在展会 3 天时间里,三顿半冲泡了 3 000 杯咖啡进行新品公测,吸引了众多咖啡爱好者和专业人士,他们提出了不少建议,给三顿半带来了很多灵感和启发。

I—激发兴趣(Interest):品牌合作,相互成就

2020 年双 11 前夕,两个诞生于长沙的新消费品牌——三顿半和茶颜悦色,跨界合作,不仅开出了首家实体联名店,还推出了"咖啡+茶"的限量礼盒,以及联名款饮品"三毛坨"和"Mary·颜"。

随后,茶颜悦色在自己的公众号上发布推文《一个不歇气的学习故事》,三顿半紧跟着也在自己的公众号发布推文《一个迷幻又真实的故事》。

有意思的是,双方的推文都没有大笔墨宣扬产品,而是分别用不同的风格"吐槽"了双方团队合作的趣事。茶颜悦色一贯地啰唆俏皮接地气,三顿半则简约干练中带点冷幽默,两则故事生动讲述了这场长沙本土王牌联动的妙趣。

最后,推文才隆重介绍了新产品——限量发售的联名礼盒和联名款饮品,以及落地长沙的联名店。

借助品牌联动来激发用户兴趣,并不是三顿半的新鲜打法。早在 2018 年,三顿半就带着定制款冷萃超即溶咖啡走进宝马 M 系嘉年华,在现场打造咖啡吧台,为车主和粉丝现场冲调。

2019 年 3 月,三顿半实体 Demo 店落地长沙国际金融中心附近,并邀请易建联个人品牌 US17 联名入驻。

2019 年 9 月,时值天猫店铺周年庆,三顿半与文创 IP WHIKO 谜之生物合作,推出联名礼盒。

2020 年 11 月,三顿半联名潮玩手办 Farmer BOB,推出限量装。还有,历经数次迭代的 0 号咖啡,都是跟不同知名咖啡师联手的特别推荐款。

S—开始搜索(Search)：塑造品牌，人格为先

用户注意到品牌，并对品牌产生兴趣之后，就会开始主动搜索品牌。那么，三顿半在产品推广上覆盖了哪些渠道？在这些宣传界面的建设上，又有哪些巧思呢？

作为互联网新零售品牌，三顿半在品牌推广上主打内容营销，选择的渠道普遍具有强内容或社交属性。

从最初的下厨房，到后来的微博、微信公众号、小红书等内容平台，三顿半的宣发通道不断壮大。在社交媒体上，三顿半成功地用文字和摄影塑造出了独特的品牌人格——浪漫而克制，严肃而清新。

在三顿半的官方微博，涉及打折促销的内容营销并不多，商业化味道比较淡，更像是一个生活美学的分享者。既有对身边小感动的记录，也有对人生境遇的感慨，诗意的文字搭配写实的摄影风格，在字句间追求与用户灵魂上的交流。

此外，对于用户利用三顿半产品进行的二次创造，三顿半会持续留意，一旦有好的发现，会点赞转载。

为了进一步拉近跟粉丝的距离，激发更多的互动，三顿半打造了很多可以让用户发挥创意的微博话题。

比如，"On the Way"记录了用户带着三顿半打卡世界美景的故事，"Cats and Dogs"记录了萌宠和咖啡罐同框互动的画面，"罐子和画"则留下了心灵手巧的粉丝围绕咖啡罐大开脑洞的艺术创作。

A—采取行动(Action)：转化复购，空罐返航

通过自主搜索，用户对品牌有了感知，下一步该转化为购买行动了。

三顿半主要的销售平台是天猫旗舰店和天猫超市，还有基于有赞打造的微店。在淘系电商"新国货计划"支持下，三顿半得到了快速发展。

从2018年8月正式入驻天猫旗舰店，三顿半已参与了3次"双11"和"双12"，3次"超级年货节"，2次"6·18大促"，1次店铺周年庆，以及多次限定优惠日活动，通过产品组合型促销让利用户，并坚持在每次大促中推出新品。

2019年"双11"，在速溶咖啡细分赛道中，三顿半仅次于老大哥雀巢，拿下销量第二的名次；到了2020年，则一举超越雀巢，成为新晋龙头。

除了购买产品外，用户还积极参与三顿半的咖啡空罐回收行动"返航计划"。这个一年两次的品牌粉丝互动项目，经过多轮迭代，已经从Demo版（微光计划）的2个回收点，进化到如今的第四季、国内52座城市的168个回收点。

除了回收空罐、提倡环保外，"返航计划"还有其他使命。它摒弃快递回收的方式，设立线下回收点，鼓励用户多出门走走。

而且，所设立的回收点多是咖啡馆等创意空间，用户在返航的同时，也能走进城市中的大街小巷，探索咖啡艺术文化的美好。

S—分享信息(Share)：社交货币，用户共创

不同于传统速溶咖啡的条状或袋状包装，三顿半采用极具特色的小罐子，让产品看起来更有品质感,更能吸引用户的注意和认可。

围绕高颜值的包装,三顿半创造了一系列话题营销,使自己的小罐子变成了年轻人的社交货币,从而进一步推动三顿半品牌在社交媒体破圈。

在小红书平台上,有关三顿半品牌和产品的2 000多篇笔记中,90%都是用户主动创作的。

与以星巴克为代表的连锁咖啡馆不同,三顿半倡导的生活方式需要用户自己动手来创造。用户自行组合小罐子、台面、杯子、杂志、宠物、手办、电子设备等各种元素,构建出属于自己的品质生活场景。

如果说只在线上进行传播和销售,并不利于互联网新零售品牌在用户中树立品牌认知,那么,三顿半的"返航计划"无疑弥补了其中的缺失:借助线下广泛的回收点,三顿半加深了线上用户对品牌和产品的认知与理解。

移动互联网时代,AISAS传播模型具有普遍的解释力。其中,搜索和分享尤显重要。企业不能一味地向用户单向灌输,而应该设法让用户心甘情愿地主动搜索和分享有关品牌的正面的、多元的信息,从而带动更多用户跟从模仿,形成粉丝效应。

资料来源:澎湃网.不打广告的三顿半,是如何超越雀巢的?.2021-10-18.

案例 2　从茶颜悦色到独立产品的思考:用培养偶像的思路来做产品

一、茶颜悦色现象

茶颜悦色是长沙本地的一款奶茶品牌。

其火爆到什么程度呢?几乎已经是当地的地标,来长沙必到茶颜悦色打卡。

茶颜悦色在长沙本地大概有300家门店,密集程度很高。但即使如此高的密集程度,每家店的人流量也依旧很大,每次排队都要1~2小时才能取茶。

甚至不少人为了喝一杯茶颜悦色专门赶去长沙。

而且不管是在大众点评还是微博,茶颜悦色的评价和话题数都是极高的。

二、茶颜悦色的特点

那么,茶颜悦色到底有什么魔力呢?

总结来看,主要有以下几点:

1. 细分市场:稀缺性+自豪感

因为茶颜悦色是深耕长沙市场的,所以造成了一定程度上的稀缺性,甚至在一定程度上让长沙本地人有了一些自豪感,成了当地的地标。

正是稀缺性,吸引了外地的朋友专门来长沙喝一杯。

2. 有特色:品质+文化+颜值

茶颜悦色坚持真材实料,把产品设计为"鲜茶+奶+奶油+坚果碎",并且创造了"一挑、二搅、三喝"的新鲜喝法。

这是其品质。

同时茶颜悦色主打中国风,在品牌名、产品名、包装、海报以及店面设计上,无一不体现了中国风的元素。

这让习惯了喝喜茶、CoCo的消费者有了耳目一新的感觉。

"幽兰拿铁""声声乌龙""蔓越阑珊""人间烟火""素颜锡兰""抹茶菩提""桂花弄",读者朋友们可以体会一下。

这是其文化。

基于上述中国风元素,茶颜悦色产品包装的颜值也是很高的。

这是其颜值。

当前的社会,为了颜值而选择一款产品的人不在少数。

3. 和用户沟通

茶颜悦色在和用户沟通上其实下了不少功夫。

从创立开始便提出的"永久求偿权":只要觉得口味有异,可以任何时间走进任一家门店要求免费重做。

它们通过这个办法来维护口碑,从而形成良性互动。

在产品命名方面,茶颜悦色还尝试过集思广益,给出一些选项,让顾客帮忙出谋划策。有个名字就是这样征集过来,叫"筝等纸鸢"。

此外,茶颜悦色公众号、微博都维护得比较走心。评论好的、坏的,后台都会放出来,标准是"真实就好"。

公众号每月还会定期发布《食安自查报告》,若发现奶昔机顶部积了奶渍、物料桶存了碎料……门店考核都会被扣分。

通过这些沟通可以拉近和用户的距离,让用户感受到做产品的真诚,并且能让用户产生被重视感和参与感。从而让用户自发地去宣传和维护其产品。

4. 接受自己的不完美

还有很重要的一点就是茶颜悦色能够接受自己的不完美。

不管是"永久求偿权",还是公众号的《食安自查报告》,都体现了其能直面自己的不完美,甚至在问到为什么不走出长沙,其也能坦然说到是能力不够。

其实有的时候不完美并不都是坏处,从不完美一步一步改进,从而走向完美,这个过程用户参与其中,更能增加用户的黏性。

大家发现了吗?

茶颜悦色的发展过程,和一个偶像的成长过程是类似的。

首先,偶像要选择自己的领域,也就是细分市场,比如说唱歌,要选择是流行、民谣、摇滚还是说唱等。

其次,还要有自己的特色,比如声音好听、高音好、填词好或是旋律好。

再次,就是和粉丝进行互动,并且和粉丝一起成长,这样发展而来的亲妈粉,会自觉地对偶像进行宣传和维护。

三、独立产品如何生存?

对于独立产品而言,其实是夹缝中求生存。

互联网发展到现在的阶段,大部分资源都集中在头部大厂中,作为独立产品很难去硬碰硬。

一个更为悲伤的事实是,我们能想到的大部分想法,往往都已经被实现过,而那些没有被实现的想法,大概率是有"坑"的。

那在已有成熟产品下如何生存?

从茶颜悦色这里借鉴的方法就是:用培养偶像的思路来做独立产品。

1. 细分市场

首先可以选择细分市场进行耕耘,效果往往会更好。

基本上大头市场都被大厂所把持,比如社交、电商、搜索、本地生活等,留给独立产品的位置实在是不多了。

但所幸中国市场人口众多,长尾效应很大。

同时独立产品可用的资源也不多,用有限的资源去深耕一个细分市场,带来的收益也足够支撑产品发展下去了。

其实就像茶颜悦色面对喜茶、CoCo时,深耕长沙市场一样。

2. 有特色

在细分市场的基础上,还要有自己的特色。

在互联网目前的阶段,要找到一条完全没有竞争的路基本上是不可能的,细分市场也是一样的。

所以我们要有自己的特色,这个特色可以不大,但是要足够吸引人。

比如把某一项功能做到极致,或者把颜值做到极致,或者把速度做到极致。

当下的时代其实是很包容的,只要有某一项长处,长到极致,就会吸引到用户。

3. 和用户沟通

茶颜悦色能红极一时最重要的一点,就是形成了一个和用户沟通的良好互动。

基于现在的一些平台,和用户沟通其实是比较方便的事情。

比如酷安,里面的开发者和用户能热火朝天的讨论。

和用户的沟通可以让用户有参与感,感受到产品的真诚,从而让用户自发的宣传产品并维护口碑。

4. 不要害怕不完美

最后是不要害怕不完美,敢于承认自己的不完美,让用户和产品一起成长,更能增加用户的黏性,不知不觉中用户就成了"亲妈粉"。

当然,这件事的前提是建立在和用户的良好沟通上。

四、独立产品的护城河

我们总说一款产品要有自己的护城河,其实如果能做好上面的几点:深耕细分市场,有自己的特色并且把特色做到极致,同时再积累一批愿意陪你一起成长的用户,护城河自然就形成了。

资料来源:张翼.从茶颜悦色到独立产品的思考:用培养偶像的思路来做产品.人人都是产品经理.2020-10-18.

10.3　口碑营销

口碑营销又称病毒营销,主要是通过可以"感染"目标受众的营销事件将营销信息广泛传播出去,营销事件的影响力往往直接决定最终的营销效果。

一、什么是"口碑"

《麦肯锡季刊》对于"口碑"的分类如下所示,很能给我们一些启发。

1. 经验性口碑:经验性口碑是最常见、最有力的形式,在任何给定的产品类别中通常都占到口碑活动的50%～80%。它来源于消费者对某种产品或服务的直接经验,这在很大程度上是经验偏离消费者的预期时所产生的。

这个方面效果最好的例子,如三只松鼠、小米,无不是经验性口碑方式的专家。此外,王欣老师还讲到一个名叫"市长之家"的酒店,在客人离店的时候,服务员会送给客户一瓶矿泉水,这大大超出了客户以往的经验预期。

2. 继发性口碑:营销活动也会引发口碑传播。最常见的就是我们所称的继发性口碑——消费者直接感受传统营销活动传递给他们的信息,或所宣传的品牌时形成的口碑。这些消息对消费者的影响通常比广告的直接影响更大,因为引发正面口碑传播的营销活动的覆盖范围更大,影响力相对来说会更强。

这就是我们所说的要持续做线上和线下活动的真谛。

3. 有意识口碑:不如前两种口碑形式,另一种常见的口碑就是有意识口碑。例如,营销商可以利用名人代言来为产品的发布、上市营造正面的气氛。对有意识口碑进行投资的企业是少数的,部分原因在于其效果难以衡量。许多营销商不能确信,他们能否成功地开展有意识口碑的推广活动。

有意识口碑常用的方法是吸引大V来宣传,但大V的力量会越来越弱,价格贵、沟通难,而行业内、垂直型的意见领袖未来力量会壮大。

二、口碑营销的"铁三角"(图10-3)

一讲到"口碑营销",很多人都会想到小米的"口碑营销的铁三角"模型。

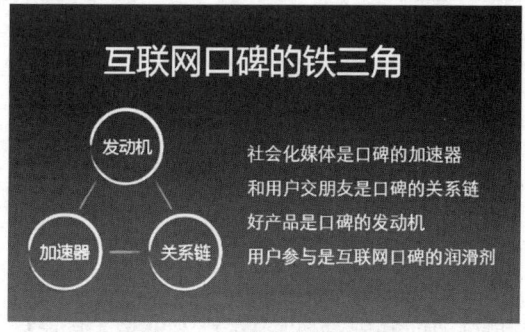

互联网口碑的铁三角

发动机　加速器　关系链

社会化媒体是口碑的加速器
和用户交朋友是口碑的关系链
好产品是口碑的发动机
用户参与是互联网口碑的润滑剂

图10-3　口碑营销的铁三角

1. 好产品,一定是爆款,是能够让用户尖叫的产品,在小米手机最早推出之前,它的系统 MIUI 就已经成为发烧友争相传诵的产品,这为小米手机在业内的口碑立下了汗马功劳。而且小米的口碑也是花了至少一年多的积累期,想要马上形成口碑的企业要注意一下了,妄念终归是妄念。

2. 社交媒体,小米做社会化营销有四个通道:论坛、微博、微信和 QQ 空间。这四个通道,微博和 QQ 空间都有很强的媒体属性,很适合做口碑传播。而且现在微信很火,最新版本的微信加强了微信群的功能,口口相传的能力又提高了一些。小米最早做的是论坛,更多是用它来沉淀老用户,当通过论坛沉淀下几十万核心的用户后,才开始通过微博、QQ 空间等方式扩散产品的口碑。所以论坛在小米的发展中起了至关重要的作用。

需要强调的是,线下活动现在也已经成了一个很重要的社交媒体,小米每年在全国各地举办的活动不下几百场,而线下活动的口碑效应也是极其重要的。

3. 和用户交朋友是口碑传播的关系链,消费者与品牌、产品的关系已逐步发生了颠覆性的变化,品牌和产品不再是高高在上,也不需要"给用户下跪",而是平等的关系。很多年轻人已经从以前去追逐一个偶像,追逐一个品牌,变成有能力去参与和创造一个品牌,这个变化在 90 后崛起的时期尤为明显。

三 口碑营销的传播机制

从图 10-4 可以看出口碑传播的几个重要环节:

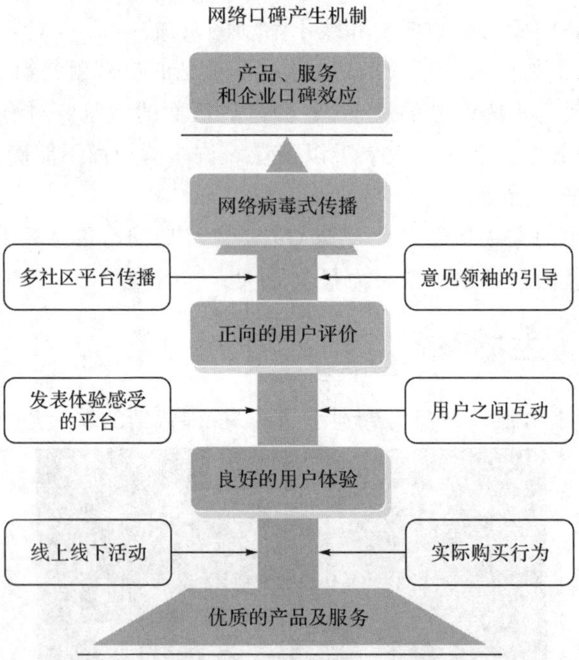

网络口碑产生机制

产品、服务和企业口碑效应

网络病毒式传播

多社区平台传播 ← → 意见领袖的引导

正向的用户评价

发表体验感受的平台 ← → 用户之间互动

良好的用户体验

线上线下活动 ← → 实际购买行为

优质的产品及服务

图 10-4 口碑营销的传播机制

优质的产品和服务是口碑的基础,如果实在找不出来就只能做营销活动了。

使用户对优质产品及服务产生良好体验的方式是通过线上、线下活动。制造正向的用户评价除了良好的用户体验外,最重要的是需要有发表体验感受的平台以及用户之间的互动。

网络病毒是传播的关键,除了上面说过的基础以外,还需要多社区平台传播和意见领袖的引导。

四 口碑营销—5T 原则

安迪塞诺威兹的《做口碑》一书中通过五个 T 开头的英文字母,给出了非常清晰的口碑营销分析框架和步骤(图 10-5)。

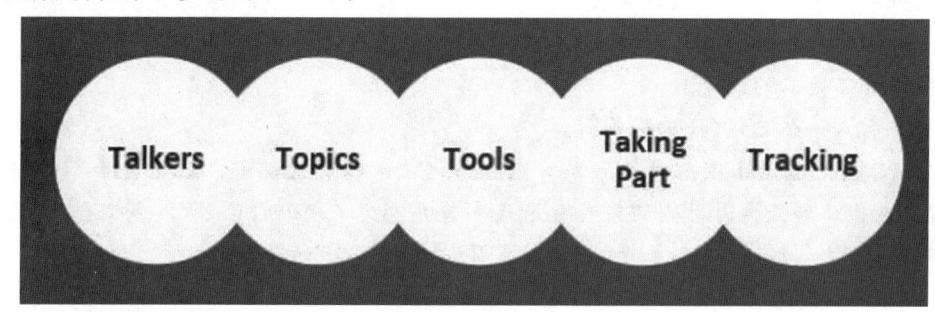

图 10-5　5T 原则

1. 谈论者(Talkers):是口碑营销的起点

首先需要考虑的是谁会主动谈论你?是产品的粉丝、用户、媒体、员工、供应商、经销商。这一环节涉及的是人的问题即角色设置。目前的口碑营销往往都是以产品使用者的角色来发起,以产品试用为代表。其实如果将产品放在一个稍微宏观的营销环境中,还有很多角色可以成为口碑营销的起点。企业的员工和经销商的口碑建立同样不容忽视。

2. 话题(Topics):给人们一个谈论的理由

话题主要是产品、价格、外观、活动、代言人等。其实口碑营销就是一个炒作和寻找话题的过程,要发现一点合乎情理又出人意料的噱头,让人们尤其是潜在的用户来谈论。对于话题的发现,营销教科书中已经有很多提示,类似 4P、4C、7S 都可以拿做分析和发现的工具。方法大家可通过书本学到,但效果却是要看"编剧"的能力、"讲故事"的水平。

3. 工具(Tools):如何帮助信息更快的传播

包括网站广告、病毒邮件、博客、bbs 等。网络营销给人感觉最具技术含量的环节也是在这一部分,这不仅需要对不同渠道的传播特点有全面的掌握,同时广告投放的经验对工具的选择和效果的评估也起到了很大的影响。此外,信息的监测也是一个重要的环节,从最早的网站访问来路分析,到如今兴起的舆情监测,口碑营销的价值越来越需要一些定量数据的支撑。

4. 参与(TakingPart):书中的参与是指"参与到人们关心的话题讨论"

也即鼓动企业主动参与到热点话题的讨论。其实网络中从来不缺话题,关键在于如何寻找和产品价值、企业理念相契合的接触点,也就是接触点传播。

5. 跟踪(Tracking):如何发现评论,寻找客户的声音?

这是一个事后监测的环节,目前很多公司和软件都开始提供这方面的服务。相信借助于这些工具,很容易发现一些反馈和意见。但更为关键的是,知道人们已经在谈论你或者他们马上准备谈论你,你会怎么办?参与他们的话题讨论?还是试图引导讨论?抑或置之不理?

案例　　　　　喜茶 5T

(1) Talkers 谈论者

喜茶的用户画像是:16~25 岁的年轻人占比超过 5 成;女生占 6 成。

(2) Topic 话题

在一些社交平台上有很多女生与喜茶的合照,为什么她们要合照晒图呢?当打卡喜茶成了时尚,成为一种增强人设的朋友圈仪式时,并不是茶好看,而是人好看,上传与喜茶的合照增加了她们的谈资。

这里引入一个名词"社交货币"。

"社交货币"源自社交媒体中经济学(Social Economy)的概念,"社交货币"的观点认为:我们在微信和微博上讨论的东西就是代表着并定义了我们自己,所以我们会比较倾向于分享那些可以使我们的形象看起来"高富帅"或"白富美"的内容。

(3) Tools 工具

今天,人们可以通过微博去@雷军投诉小米的服务不到位。

空前自由的表达,空前容易集结的集体,给企业带来了一个巨大的挑战。同时,点评网站、微博、朋友圈、抖音、小红书等社交工具也使口碑传播变为可能,喜茶就是通过运营微博、微信、自媒体去影响和引导消费者,因为从"个人"视角发出来的评价更主观、更可信,人设也更真实。

(4) Taking Part 参与

企业的参与总结为两个角色:

第一就是聊天人,比如在喜茶的微博,很多评论下面都有喜茶官方的小编在跟读者进行调侃式的互动,使谈话变得生动有趣,这是一个品牌的人设。

第二就是解决者,比如倾听并解决问题,让用户高兴,消费者的内心得到了巨大的满足,这样就激活了潜在的支持者,同时改变了批评者。一个批评你的人一旦改变了对你的看法,会比其他人更加忠诚。

(5) Tracking 跟踪

作为一个企业,要一直知道用户在说什么。今天的消费者已经很难预测了,但是你能追踪他们的想法。如果微博上有人说"果肉是不是太少了?"那你就增加果肉;如果大众点评上有人说"没有恋爱的感觉",那你就发力制造能带来惊喜感和爆发感的口感。

跟踪主要是看差评,从中了解顾客喜好,不断修改配方。

5T 共同作用使得 Others(他人评价/口碑)崛起。Others 的崛起是一个持续不断的过程,随着技术革命的推动,曾经的一些用户评价低介入度的产品,变得介入度越来越高,用户变得越来越强。

资料来源:解剖喜茶门店营销大法.搜狐财智名家.2019-05-05.

五　产生口碑营销的几个经典方法

1. 免费样本

人人都喜欢免费的东西,样本是一个好方法,可以让客户在购买之前试用该产品。当客户喜欢你提供的东西,尤其是消费类的,像食物、健康和美容产品,以及其他消费类产品,他们会毫不犹豫地告诉他们的家人和朋友。

2. 伙伴关系

形成战略联盟是建立小企业最好的方法之一。比如,你有一个计算机培训企业,你可和计算机修理公司形成联盟,寻找已经进入你想进入的市场的合伙人。如果你能和已经在你目标市场中服务的公司合作,客户自然会信任这些可信的推荐资源。

3. 超越想象

让人们以好的方式谈论你,永不失败的方法是超出想象。如果你的客户期望在7天内接到自己的订单,那么,给客户一个升级的惊喜——三天内送到。当客户的网上订单超过一定数目时,送他一个免费的礼物。要多和你的团队进行头脑风暴,想出一些创意,这些创意会给你的客户提供惊叹的素材。

4. 寻求证言

把喜欢你的客户变成一支不用付费的销售团队。成功交付产品或者服务以后,邀请客户提供一份证言。最好的证言是视频形式的,这样就可以在公司网站、社交媒体上,甚至广告中进行分享。要确保公司为客户提供了一个方法:可在公司的商业网站上获取客户的证言;并确保得到客户的文字许可;允许公司在不同的渠道使用这些证言。

5. 分享客户故事

人们不想听到的是企业信息,他们更想了解公司如何解决自身的问题。了解客户的问题和结果,然后分享他们的故事。比如,减肥公司经常展示那些已经有好结果的客户之前和之后的照片。你可使用同样的方式,来展示你的服务如何为他人的生命中带来不同,展示客户用前和用后的照片,或者展示产品如何提供了看得见的结果。

10.4　社群营销

如今,绝大多数企业面临的营销局面是流量红利飘然远去,获取客户成本居高不下,转化率日渐走低,同质化竞争日趋严重。面对此景,如何突围?分享一个小故事:有一次,任正非和人民大学的黄卫伟教授探讨华为如何应对可能出现的颠覆性创新?黄卫伟教授认为当产业出现颠覆性创新的时候,真正构成威胁的还不是技术,而是你在新的客户群里没有基础,难以维护普遍客户关系。

从营销1.0到营销4.0

现代营销学之父菲利普·科特勒教授把营销的演化划分为四个阶段:

营销1.0时代,"以产品为驱动",营销就是纯粹的销售,营销沦为一种说服的艺术。

营销2.0时代,"以消费者为驱动",企业不但要注重产品功能,还要为消费者提供情感价值,让消费者了解产品背后的故事,为消费者提供独一无二的功能与情感的价值组合。

营销3.0时代,"以价值观为驱动",消费者变成了有独立之思想、心灵和精神的完整的人类个体。企业的盈利能力同社会责任感及其所宣扬的价值观息息相关,"交换"与"交易"被转化为"互动"与"共鸣",营销的价值主张从功能与情感的差异化呈现升级为精神与价值观的相应。

营销4.0时代,"以自我实现为驱动",在物质过剩的时代,马斯洛需求模型中生理、安全、归属、尊重的四层需求相对容易被满足,于是自我实现成为客户的必然诉求,营销4.0时代正是为解决这一问题而来。

如今,人人都在谈"消费升级",其实"消费升级"不只是产品功能升级,而是关于用户生活方式和价值观的升级,人们都需要找到自己的圈层和价值观。随着移动互联网以及社交工具、社交媒体的涌现,用户所需要的产品和服务触手可及,也更容易与自己有相同需求的人进行交流,于是用户社群顺势而生。

当营销从1.0发展到4.0阶段,科特勒认为新时代的营销需要非常重视企业和消费者的关系,这意味着营销传播不能再跟以往一样单纯对消费者进行信息灌输,而是应该更关注消费者的内心世界,通过内容创新、传播方式创新,与消费者建立情感联系,使品牌成为消费者表达自我、展示自我的载体。

营销困境的破局之道:社群营销

互联网营销专家 Chuck Bryme 在《点亮社群》中指出,互联网营销的本质就是用最小的投入准确链接目标顾客,用完美的创意实现强大的口碑以影响目标顾客。那么,问题来了,如何准确地链接目标顾客?怎样去实现强大的口碑?现在最大的问题是企业连目标顾客在哪都不知道,更不要说链接目标顾客;即便找到了目标顾客,怎么才能打造强大的口碑?口碑通常而言都是超越用户预期,让用户感到物超所值。再进一步细想,仅靠产品、服务能不能超越用户预期?现有的产品、服务与友商相比有多大差距?用户能否清晰区分出来?最终发现,基于产品功能层面的较量很难分出胜负,必须为用户创造产品之外的其他价值,比如社交,用户能不能通过产品结识一群志趣相同的朋友?比如自我实现,能不能通过产品让用户成为心目中期待的自己?

谈到营销,太多人有不可原谅的误解,认为营销就是销售,就是卖产品。很多企业看准了"社群"巨大的潜力,试图通过社群吸引新用户,完成销售转化。对此,中国人民大学的包政老师语重心长地提出忠告,"营销的本质不仅仅是为了实现交易或者实现商品的价值,而是要奠定持续交易的基础,持续深化供应者与需求者一体化的关系"。那么持续交易的基础是什么?通过什么方式深化供应者与需求者的一体化关系?最终除了构建用户社群,别无选择。正如微信之父张小龙所言,"让用户带来用户、让口碑赢得口碑是唯一有效且可持续的营销方式"。

新商业逻辑:从经营产品到经营社群

商务部在《深度解读新零售》报告中指出,传统零售商与消费者是对立博弈的交易关系,而新零售活动中的商业关系是以信任为基础的供需一体化的社群关系。

什么是社群?社群的作用是什么?传统营销与社群营销有什么不同?社群就是一群

志趣相同、气味相投的人聚合在一起，基于共同的目标而一路同行。社群的作用就是通过线上、线下的高频互动把那些本来跟企业没有任何关系的用户转化成弱关系用户，把本来是弱关系的用户转化成强关系、强链接的超级用户。

传统营销属于流量思维，它的逻辑是通过广告传播让 10 000 人看到，其中 1 000 人关注，最终 10 位人购买。社群营销却正好跟传统营销相反，通过超值的产品和服务体验赢得用户口碑，用户除了复购外，可能带 10 位朋友来购买，这 10 位朋友又可能影响 100 位目标用户，100 位目标用户最终影响 10 000 位潜在用户，而这里由于是朋友推荐，所以转化率很高。

社群营销看中的不是一次性交易，而是持续复购。社群提供的不是一件产品而是一站式系统解决方案。原来在企业眼里客户是用来赚钱的，所以很多企业与客户是一次性的交易关系，后来企业发现只有跟客户交朋友，才可能有复购和口碑裂变的现象。原来认为一个客户就是一个客户，后来发现在人以群分的时代，一个客户背后完全有可能是一群客户。原来认为客户就是客户，后来发现客户完全可能转化为粉丝，转化为员工，转化为股东投资人、合伙人。因此，企业必须要重新思考与用户到底是什么关系，是对立博弈的一次性交易关系还是共建共享的一体化社群关系？

社群为什么会存在

社群与生物学上的"群落"概念最大的不同点就是社群更加强调内部的社会关系，我们先来看看一个社群为什么会存在？

1. 以共同利益为中心的强交互形态

社群不同于集群是因其并不是单纯元素的积累，而所有元素之间都发生高频的交互关系。成员之间的交互是依靠共同利益来维系的，这里所说的共同利益经常会以共同兴趣的方式表现出来。通过共同利益标签的连接，即使是非常小众的兴趣爱好也能找到社会认同感，有了社群内成员的认可，随之而来的日常交流也就自然而然，这也就是我们所说的强交互。

大部分的社群是通过兴趣来建立的，比如各种运动、各种乐器的爱好者社群，但也有通过共同经历、共同隐私、职业诉求等建立起的社群，比如很偶然的一次活动、甚至一次意外的事件等都可能是促使社群成长的原因，所以究其根本是在于共同利益。

2. 节省信息获取成本

经济学中有个一般性假设就是所有人都被定义为"理性人"，在这个信息爆炸的时代，我们的信息筛选成本十分高昂。凯文·凯利的《必然》中也有提到，我们的信息过滤器的精准度也会越来越高，而社群是基于兴趣爱好和共同利益所产生的，便成了一个半定制型的信息过滤器，我们从社群中获取有效信息的效率将非常高。比如一位资深豆瓣用户的电影评分，往往也是其他豆瓣用户的偏好所在，这大大节省了信息过滤的成本。

3. 弱中心化的表达渠道

我们现在所说的社群是一个弱中心化、较为扁平的组织，个人话语权与其他组织中相比大大提高，也正是如此，每个人都能成为信息渠道，每个人的观点也都能获得相应的反馈及重视，个人权利在社群圈子中得到充分体现。另外，一个社群的日常状态就是在共同规则下自由交流，高频的内部互动也是弱中心化的体现。

社群营销模式:IP+社群+场景+电商

随着90后成为消费主力,在消费升级的背景下,企业发展的方向就是人民对美好生活的向往。什么是美好的生活?当人们对产品服务不再满足于物质层面的功能诉求,更看重产品承载的价值主张、生活态度、人格标签等精神方面的品牌文化时,产品就成为表达自我、彰显自我的道具和载体。当消费者认为品牌所宣扬的体验价值、形象价值与自己所秉持的人生观、价值观相契合,就容易产生精神共鸣,进而渴望与一群相同认知的人同频共振。这也就是为什么在传统电商哀鸿遍野的时候,社交电商可以长驱直入,一骑绝尘。也是拼多多、什么值得买等社交电商备受资本市场追捧的原因。

假如你要开一家酒店,你准备选择什么类型的酒店?民宿还是商务快捷,精品酒店还是主题酒店?有这么一家酒店用了短短不到两年的时间,迅速崛起,一跃成为行业新锐——亚朵酒店。

亚朵酒店创始人接受记者采访时透露:目前严选酒店和吴酒店的单间收入比普通亚朵房间高出10%。网易严选的主题房,携程价在1 000元左右,即使是普通大床房价格区间也高达400~600元。吴酒店和严选酒店的最大特色在于将商品售卖移入酒店房间,提高了客房住宿之外的收入。目前网易严选房间每天的单间非客房收入,比之前翻了一倍。该创始人认为酒店行业正在从经营房间向经营人群转化,对人群的经营将日益呈现社群化特征。

据悉,亚朵酒店除了严选酒店、吴酒店之外,还联合虎扑、QQ超级会员、同道大叔、日食记、果壳网、差评、穷游、花加、网易漫画等国内知名IP,共同启动了亚朵快闪店。截至目前,亚朵开业酒店数达到162家,覆盖全国113个城市,签约酒店数超过400家,会员超过1 000万人。很多城市的亚朵酒店基本上一经发布在社群内就完成众筹,例如亚朵酒店西安大雁塔店仅2天的时间就完成1 000万的收益权众筹。

据亚朵酒店创始人透露,在2018年,亚朵酒店与更多的优秀IP一起,打造契合更多细分人群、内容更加丰富、服务更加优质的新住宿空间,开业酒店数将达到300家。

移动互联时代传播的核心就是找到精准场景,在恰当的时机影响那些在社群中的KOL用户,通过这些超级用户引发社群效应,撬动更多用户的朋友圈。无论你有什么样的模式和目标,都必须靠一群人齐心协力完成。

因此,社群营销模式可以表达为"IP+社群+场景+电商"。首先确定目标人群,根据目标人群确定产品的使用场景,根据场景链接IP圈层,最后由IP联合超级用户共同组建社群,影响更多潜在目标用户。其商业逻辑是IP用来抢占认知高地,解决流量问题;场景用来强化体验,挖掘用户延伸需求;社群用来催化强关系,解决信任问题;电商形成商业闭环,完成商业变现。社群营销的核心是企业与用户一体化的关系,关键是通过社群赋能个体,实现自我,最终用户与社群相互赋能,形成良性循环。

前不久,阿里巴巴指出,"任何企业在未来,如果不跟客户建立一个持续的互动关系,它就没有办法去理解客户,也就没有办法得到客户的实时反馈,没有办法挖掘潜在需求。"

尽管移动互联网的发展让天各一方的人们感受到"天涯若比邻"的便捷,但其实人们更向往的是"海内存知己"的共鸣,而只有在社群里才能遇见"相逢何必曾相识"的同类。移动互联网极大地降低了人们的沟通成本,但只有在社群里才能基于群体共识降低信任成本,信任是商业交易的前提。因此,社群是每个品牌与用户沟通最短的路径,成本最低,效率最高,尤其社群强关系的确立为企业赢得了无限的商业机会和想象空间。

如何去做社群营销

自从前几年小米通过粉丝运营搞得风生水起后,大家都知道社群对我们企业产品推广、销售有着非常重要的意义。可是,应该如何去做社群营销?

1. 核心价值定位

对于企业而言,首先要清楚所建立的社群有什么核心价值?核心价值是一个社群生存发展的基础,也是一个社群的目标导向及定位。比如一个卖钢琴的团队,可能自然而然地想建立一个钢琴爱好者的社群,但这不是核心优势!世界上做钢琴社群的人那么多,就像在柒众媒上搜索含有"钢琴"关键词的微信号那么多一样,为什么别人需要关注该团队?是这里有优秀的老师授课,还是有性价比高的钢琴销售?这才是企业做社群前应该思考的问题。所以,几乎所有运营成功的企业社群都是基于自身产品,小米的社群永远是围绕着小米的手机玩法,"罗辑思维"等人的社群永远都是围绕着罗振宇的动态做延展,不管产品是实物还是知识,都需要与自身的核心竞争力密切相关。

2. 有效引导

有多少企业是抱着做专业社群的美好愿望,但最终,这些建立的群要不就是一言不发沦落为我们所说的"死群",要么就是纯粹在聊天灌水,成了大家闲聊八卦的聊天室,这些都是群内缺乏引导的表现。另外,前文中之所以说社群是一个弱中心化的组织,是因为一个优秀的社群根本不可能做到完全去中心化,不然只会沦为闲聊灌水群,变得异常混乱。社群有效的引导方式如图10-6所示。

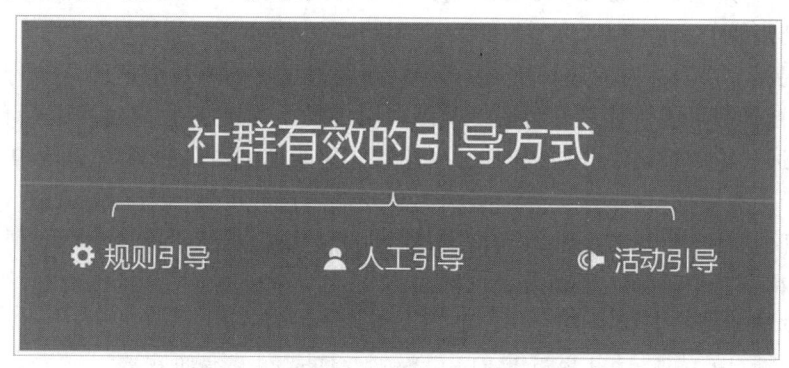

图 10-6 社群有效的引导方式

- **规则引导**

既然是群体,那必然是需要相应的规则来规范才能长久生存下去,不然只会一盘散沙,徒有其表。社群的稳定发展与其规则机制密不可分,社群的形态需要稳定,不应因其他新成员的加入而破坏之前的规则,即社群的出入口应做筛选,社群内部的行为规范应做统一。这类统一规则并非需要文字内容进行规范,而更多体现的是一种文化共识。另外,除了规则外,群内运作机制在日常事务管理中也十分重要。如何让社群成员保持活跃,一定的激励机制、角色分工都让群成员在处理事务中有所依从,保证社群的规范化运作。在良好的规则及运作机制下,管理员的工作也就更加省力,社群成员也更加信服。

- **人工引导**

除了群规,最有效且必要的就是管理员的人工引导。在一个社群中,不良言论的影响力远远大于对产品的夸奖,危机公关和言论引导在社群组织中十分重要。如果把一个社群发展的过程看作为列车前进的过程,那么管理员就是列车司机,不断地修整、调节列车的前进方向,确保列车驶向正确的目的地。

人工引导并不仅仅是管理员的引导,事实上,每个活跃的社群群体都拥有领袖式的成员,此类成员通常是早期核心成员,拥有较大的表达欲望,且相对其他成员拥有较大话语权。此类领袖式成员对于社群的拉动和引导作用是十分巨大的,企业运营社群时应该联合拉拢这类领袖成员进行示范引导,让社群不偏离最初的定位及主题轨道。同时,所谓"人以群分",领袖成员的特征很大程度上决定了一个社群未来加入的成员的特征,社群成员对领袖的信任也反映了其对产品和品牌的信任。

- **活动引导**

一个社群的活跃度需要许多活动运营进行刺激,这在产品类社群中体现尤为明显。活动不仅是一个宣传拉新、增强成员黏性、激活活跃度的有效手段,还是一个引导社群主题的有效方式。在活动的预热和进行期间,群内的讨论话题和日常交流大多会以活动内容为中心发散。

活动的参与情况也体现了社群内部黏性的强弱,同时可以不断引导品牌产品话题,我们从小米的社群运营中就可以看出,小米从手机的调研、开发、宣传等各个环节上都举办了大量的线上、线下活动,在活动强势引导社群内部话题的同时,还极大增强了社群内部粉丝间的交流,所谓的参与感形成了米粉的自发传播。

3. 控制规模

控制规模主要看社群的成长阶段,一个社群是有一定的成长周期的,若不控制社群规模的话,该社群很可能永远只是为新手及小白用户服务,同时在信息过滤上拥有不小的难度,可能永远讨论的都是一些初级问题,当然这并不能说是错误的策略,甚至在产品售后、咨询中是十分必要的,但是这会导致资深用户及老用户的沉默。当有价值的VIP用户沉默或者离开时,社群价值就无法得到提高;同样,若是小白及新手用户不断涌现,没有有效引导的话,社群将沦陷为一个聊天灌水群。

邓巴定律

邓巴定律(图10-7)早已告诉我们,人类智力将允许人类拥有稳定的社交网络人数是148人,约150人,所以邓巴定律也称为150定律。这对运营社群有很大启示,若是社群在五十人以下的规模,群内部交互是非常深度的,即使是没有活动刺激,成员通过兴趣话题连接也能自发互动,此时的社群是半熟人的社交模式;若社群超过五十人左右的规模,就需要强有力的规则引导及活动刺激,否则社群的凝聚力将会大大消退,没有熟悉的感觉,彼此沟通频率将降低,此时的社群是半陌生人的分享模式。

控制规模是企业社群发展规划的必须阶段,最常用于沉淀核心用户、内测用户等重点

邓巴定律

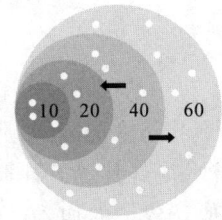

图 10-7 邓巴定律

对象,是社群精细化运作、提炼社群价值的一条必经之路。相对于普通成员而言,产品的核心用户群体,能为品牌带来更多价值。

案例　为什么罗振宇的"得到 App"能做成最成功的知识类社群?

知识类社群做得最成功的,还是罗振宇,从《罗辑思维》到"得到 App"。

看准趋势:学习是痛点、刚需、高频

未来学习是保持竞争力的最佳方式,但很多人没有时间或者不知道怎么学习,因此才有了焦虑一说,罗振宇愿意做一个读书人,与大家分享,就是看准了这是一个机会,也是很多人的痛点、刚需和高频,这是一个互联网产品能否成为全民应用的基础和关键。

死磕精神,不是一般人能做到的!

最早,《罗辑思维》每天早上 6 点左右推送一段罗振宇本人的 60 秒语音,每周更新一期差不多一小时的视频节目(现在是每天在得到 App 上分享 10 分钟免费语音节目),需要策划、选题、录制、剪辑……每一期据说要花费很多时间和精力。就算 60 秒语音,也要录很多遍。还得要准备每天的素材,要看大量的书,否则哪能分享什么有价值的东西。

不是一天,两天,而是几年如一日。

这就是死磕自己,值得尊重,更加值得学习。

提供解决方法:碎片化、标准化、流程化

时间是碎片化的,产品要标准化,运营要流程化。只有如此,才能做大。

从一小时视频到十分钟语音,就是要顺应碎片化的知识获取,与互联网趋势相吻合。

从别人的平台(优酷)到打造自己的平台(得到 App),就是要标准化产品和服务,并把这些知识服务流程化和体系化。

社群运营精髓:亚文化、价值观、转化和裂变

移动互联网时代,社群非常火,但真正做起来的、有价值和能够盈利的社群很少很少。

《罗辑思维》既是知识型社群,也是兴趣型社群。

为什么罗振宇的"得到 App"能做成最成功的知识型社群?

第一,亚文化、价值观

由基于某个产品或者事业的理想,把大家聚集在一起,大家为了某个确信的目标而努力,最后完成目标,这样才叫社群。

也是一种价值观的体现,有时候"道不同不相为谋"正是这个道理的体现。

第二,罗振宇本人这个超级 IP

权威塑造,也可以是超级 IP 塑造,一个是品牌的超级 IP,另外一个是个人的超级 IP。通过人格化、赋能、话题和内容能力来打造超级 IP,营造营销的势能,最后才能通过流量、流量沉淀、运营,实现更大的增量和销售的转化。

第三,场景化

如焦虑、欲望、迷茫、无助……好产品是场景下的产品,没有绝对的刚需,只有场景下的刚需。要选择从最容易突破的场景入手,解决转化问题。

从场景切入就是一个非常好的方式,在某个场景下,消费者不会把价格和品牌等作为首要标准,而是把某种氛围、价值、荣誉、认同作为标准。这时候,只要体验不错,就会产生转化。

第四,内容和运营

这就需要长期的积累和坚持。如素材、图片、文字资料,需要长期的锻炼,做东西才有效率和效果。坚持持续的原创输出和有价值的内容,并形成亚文化群和粉丝基础,这才是驱动力。

持续、坚持再坚持,运营是一门苦差事,需要团队的配合。

第五,转化和裂变

通过前期的探索:粉丝、种子用户、超级用户的获取以及内容的输出和运营,社群已经有了基础的流量和活跃度,但需要快速的复制和裂变。

辩证地看问题:碎片化和深度学习

深度思考还是相对于更加专业的学习,但对一般性知识获取碎片化也是可以的。毕竟专业和专业人士还是少数,更多的是需要一些信息和看问题的角度,已经更新的知识的获取和解读,碎片化的学习也是需要的。深度思考建立专业的体系,需要自己专门的训练和实践。

学习还是需要的,不管是碎片化还是深度思考,总之要有自己判断,不可人云亦云。

《罗辑思维》和得到 App 的成功,确实是洞察到了这个时代的焦虑和痛点,就是当你不知道该学习什么,从哪里开始的时候,你可以听一下,如果你要想通过课程来解决工作和生活难题,那你只会觉得上当了受骗了。

大部分人并不需要通过听语音来解决实际的难题,而是需要带来新的知识和认知的角度,多维度接触信息。现在很多人其实没有大量的时间来阅读,也没有这个习惯,更不知道从哪里开始,一上来就需要干货的人,就是偷懒,不想学习的人可以利用碎片化时间听语音。

当然,碎片化学习首先需要有自己的知识体系,否则,学太多,也毫无意义,因为不能融会贯通,新知识也不能填补到旧的知识系统里。

罗振宇就是一个帮你读书的人,他讲的也不都是自己的观点,也不一定都会,他已经讲了很多次了,他只是提供一种看问题的角度和一些碎片化的知识,用户要有自己的判断力。

资料来源:为什么罗振宇的"得到 App"能做成最成功的知识类社群?.搜狐网.2018-12-24.

10.5 大数据营销

"大数据"俨然成为近年来信息技术领域最流行的词语之一。随着全球信息总量呈现爆炸式增长、移动互联网的广泛使用、不断变化的消费者特征,以及大数据技术的日益发展,大数据营销依托多平台的数据采集及大数据技术的分析和预测能力,使企业的营销更加精准,为企业带来了更高的投资回报率。无论是线上还是线下,大数据营销的核心都是基于对用户的了解,将营销内容在合适的时间、合适的地点,通过合适的载体传递给合适的人。

　　大数据重构了精准营销模式。在大数据时代,企业有更多的机会去了解用户,甚至比用户还要了解其真正的需求。之前,企业获取营销数据的途径一般是 CRM(客户管理系统)中的顾客信息、市场促销、广告活动以及企业官网中的某些数据。通常,这些信息只能满足企业正常营销管理的部分需求,企业不能洞察数据规律。而其他类型的用户数据,如社交媒体数据、邮件数据、地理位置等,是以图片、视频等形式存在的,在实际营销中难以运用。大数据技术具有更强大的分析功能,能够采集和分析更多的用户数据,洞察这些数据之间的关联或规律。

　　沃尔玛、麦当劳等企业都安装了收集运营数据的装置,用于跟踪客户互动、店内客流和预订情况。运营人员可以将菜单变化、餐厅设计和用户意见等数据与交易记录结合起来,然后利用大数据工具展开分析,从而在销售哪些产品、如何摆放产品及何时调整售价等方面给出指导意见,最终为用户提供最佳的优惠策略和个性化的沟通方式。

　　简单地讲,大数据营销这种模式就是通过互联网采集大量的行为数据,帮助企业找出目标用户,以此为基础对广告投放的内容、时间、形式等进行预判与调配,完成广告精准投放的营销过程。它的营销特点如下:

1. 个性化

　　网络营销的营销理念已从"媒体导向"向"受众导向"转变。以往的营销活动主要以媒体为导向,选择知名度高、浏览量大的媒体进行广告投放,用户被动接收信息。如今,企业以用户为导向进行网络营销,应用大数据技术的数据采集、分析可以做到当不同用户关注同一媒体的相同界面时,广告内容有所不同,从而让广告有的放矢,实现精准化的推荐和个性化营销。

2. 时效性

　　大数据营销具有很强的时效性。在网络时代,用户的消费行为和购买方式极易在短时间内发生变化。大数据营销可通过技术手段充分了解用户的需求,并让他在决定购买的第一时间及时接收到产品广告。

3. 关联性

　　所谓关联性,是指大数据营销能够实现让用户看到的上一条广告与下一条广告有深度互动。这是因为在采集大数据的过程中可快速得知目标用户关注的内容,以及知晓用户所在位置和消费特征等,这些有效信息可使投放的广告产生关联性。如通过观察用户购物车中的产品,分析出用户的基本消费习惯;通过了解哪些产品频繁地被用户同时购买,发现用户的产品消费规律,从而针对此用户制订出相关产品营销策略。

4. 多平台数据采集

　　大数据营销的数据来源是多样化的,多平台的数据采集能将用户画像刻画得更加全面和准确。这些平台包括互联网、移动互联网、智能电视以及户外智能终端等。

案例　　大数据营销改变出版行业

　　随着时代的发展、技术的进步,传统的图书营销方法,不管是围绕图书本身的营销活动,还是围绕渠道进行的营销活动,不足之处也不断凸显出来,严重影响了图书的整体销售,不利于出版社做大、做强,不利于图书的品牌化发展。随着信息技术、互联网技术的发展与成熟,读者的需求越来越细化。图书营销的观念要转变,即从面向大众的营销转为读者的个性化需求。确定了推荐书籍、推荐时间、推荐方式,就可以据此在恰当的时间、使用匹配的方式,推荐读者喜欢的书籍。与读者密切沟通,注重读者的阅读便利性,同时还要考虑降低图书成本、减少地域差异、增强时效性等。

出版业要按照读者的个性化需求,依托读者的"用户画像",针对读者的阅读偏好,推出读者喜爱的图书,在精准定位的基础上进行精准营销。图书的精准营销就是通过可量化的精确的市场定位技术,对读者市场进行准确细分,然后借助先进的网络信息技术、数据库技术、现代物流技术等,与读者进行持续的个性化沟通,从而使图书营销更加精准,保证营销的准确性和有效性。"精准营销"意味着不是铺天盖地的宣传,而是进入特定的信息渠道。出版社可以锁定目标读者群体,培养读者的黏性与忠诚度,逐步建立出版社和图书的品牌。

例如,当当网的图书销售就采用精准营销的方法。当当网市场高级总监郭鹤曾经说过:"假如你现在买了一本《怎样做一个好爸爸》,那么当当网半年以后就会向你推荐婴幼儿用品,两年之后再向你推荐儿童玩具……精准营销甚至可以追踪10年。"读者在当当网的网络搜索、信息浏览、图书购买、在线评价等活动信息的轨迹,可以被完整地记录下来。当当网可以运用大数据分析方法,对读者的信息进行精确分析,为目标读者的个性化服务建立机动、灵活的服务体系,更好地为读者服务;同时,还可以根据对大数据深度挖掘处理的结果,指导出版社的图书选题策划。更进一步,如果当当网等网络销售商的大数据信息与出版社的图书、读者等数据信息深度融合,能够做到信息共享的话,为读者建立的个性化服务体系将更加合理、完善。这样不仅能够增强读者的黏性,还可以提高读者的忠诚度和出版业的美誉度,整个出版业的蛋糕将会越做越大,各方均受益匪浅。

读者定位精确性高

基于大数据挖掘技术的图书精准营销,通过"点对点"的方式,细分读者市场,将图书直接送到读者手中,还可以及时追踪读者的反馈信息,形成"搜索—购买—阅读—反馈"等完整的链条。这种图书精准营销模式本质上是细分目标市场、和目标读者沟通与互动的过程。精准营销是一个逐步精准的过程,需要根据顾客需求的变化进行调整。

图书精准营销可以对目标读者进行定量分析,打破了图书营销过程中只是注重定性分析的传统。通过大数据挖掘技术,分析、整理读者的相关信息,能够明确获得出版社相关图书产品的客户量,甚至能够精确到某一本书的读者数量。也就是说,图书精准营销就是在合适的时间、适当的地点,将最精确的图书销售给最适合的读者。大数据挖掘技术给出版业提供了强有力的技术支撑,能够帮助出版业找到什么样的读者是最合适的读者。图书精准营销的读者定位更加精确,是出版业营销成功的优势与关键所在。

平台价值日益凸显

基于大数据挖掘技术的图书精准营销,其优势主要体现在两个平台系统:精准营销的大数据平台系统和精准营销的实践平台系统。平台通过对自身用户的精准营销,可以改善服务质量,提升用户黏性,同时提高业务收入。

精准营销的大数据平台系统通过一定的程序，对海量的读者信息数据进行挖掘、分析，得出读者的阅读需求和购书习惯。大数据挖掘技术可以保证个人信息的精确，如根据读者在网络上浏览图书的信息数据，可以得知读者的年龄、性别、爱好以及所在的区域，并能够推断出读者与众不同的个人需求。精准营销非常重视与目标客户进行有效的双向、互动沟通，而这一做法有利于建立稳定的忠诚客户群，大大提高客户的满意度和忠诚度。

精准营销的实践平台系统根据大数据挖掘的信息，将读者信息进行分类整理，提出基于读者阅读需求与阅读习惯的个性化营销措施，并且将相关信息反馈给出版社，出版社再以此为依据策划选题、出版图书等。可见，基于大数据挖掘技术的精准营销，不仅使图书营销更加有针对性，而且减少了出版社的人力成本，降低了出版业的营销成本。

数据支撑力度较强

图书精准营销的基础和前提是大数据的挖掘技术。精准营销过程中，势必要了解读者、与读者进行深入沟通。一是积累数据信息。只要能够收集到足够多的读者数据信息，就可对读者的行为与特征进行深入分析，给读者推送所需要的精确的个性化信息。二是锁定目标客户。图书出版最关注的问题在于哪些读者才是最有价值的读者？哪些潜在人群才能转化为实际的图书购买者？大数据的挖掘与分析技术可以有效解决这样的问题。从用户在购书网站浏览的信息、发布的图书评论、在社会化媒体上发布的各类互动信息等入手，综合分析，就可以帮助出版社筛选出重点的目标读者群体。三是预测出版热点。通过数据分析、挖掘，在图书出版之前预判潜在读者的阅读特征和其对即将出版图书的期待感，依据读者的兴趣和爱好来出版图书，效果会更好。

构建以读者为中心的出版流程

图书的选题策划、内容撰写、编辑出版等最终目的是把图书送到读者手中，供读者进行阅读，增加读者的知识量，丰富读者的精神世界。出版业的精准营销以读者为中心，依据大数据的强大功能，细分读者群体、推送个性化的图书信息，真正实现实时营销和精准营销。

京东书城在图书营销过程中采用精准营销的方式，取得了不错的效果。具体来讲，其实施过程可以细化为前后两个不同的阶段，即大数据收集与处理阶段和大数据应用阶段。大数据收集与处理阶段可以分为4个具体的步骤，即数据采集、数据清理、数据存储及管理和数据分析。京东书城的读者用户量每年都在增长，大量读者产生了海量数据信息。海量的无序信息需要转化为有序的可用信息，就必须要经过数据采集。当然，数据采集需要一定的采集标准，只需要采集有用的数据，舍弃无效的数据。对于采集到的数据，京东书城使用并行数据库的方式，将读者的详细信息进行分类整理、存储与管理。对于以不同渠道收集的数据，京东书城采用不同的方法进行数据分析，分析出读者的年龄、性别、职业、地域、教育程度等不同特征，为大数据的应用做好前期准备。

京东书城大数据应用阶段可以分为3个具体的步骤：一是应用大数据技术为读者画像；二是与读者形成互动的关系网；三是以读者为中心实施精准营销。因此，京东书城对自己的读者有了更进一步的了解，为建立以读者为中心的精准营销模式打下了坚实的基础。

打造知识付费新模式

知识改变命运,知识创造财富,"为知识付费"渐渐深入人心。罗振宇造就了《罗辑思维》,也打造了知识付费模式。从《罗辑思维》延伸出来的"得到App",继续培养读者的付费习惯,积累了忠诚的读者群体,成功打造了知识付费新模式。

"得到App"知识付费模式的建立,具备两个有利的条件:一是《罗辑思维》已经培养了忠实粉丝的知识付费习惯,为"得到App"的知识付费模式打下了坚实的基础;二是"得到App"具有专业优质的独特内容,读者愿意为知识付费。就"得到App"的专栏订阅来说,罗振宇以592 069次的订阅数高居榜首。忠实粉丝的支持和专业优质的独特内容使"得到App"成功地打造了知识付费的新模式。

"得到App"的读者都是为知识付费的忠实粉丝,因此,"得到App"能够针对自身独特的目标读者群体量身打造营销策略,实现精准营销。例如,"得到App"的目标读者群体是25~35岁的年轻人,这个年龄段的年轻人渴望获得知识。"得到App"迎合了年轻人的精神需求,以"年轻""知识""成长"为标签,打造知识服务型新媒体,以此来吸引年轻人的注意力,陪伴年轻人共同成长。"得到App"成了年轻人的聚集地,依靠忠诚粉丝的强大购买力,实现盈利的目的。

构建移动端App图书精准营销

App营销即应用程序营销,是指通过定制手机软件、SNS即时社区等平台上运行的应用程序来开展的营销活动的总称。在智能手机流行的当下,各种各样的App应运而生,出版单位的App也不少。运用移动端App进行图书精准营销是可行的,具有一定的优势。在营销方式上,出版单位将图书内容根植于应用制作,读者主动下载App,在使用的过程中实现了营销目标。在营销内容上,App中包括文字、图片、声音、视频等诸多元素,读者能够全方位、立体化地感受图书的品牌与创新性。在营销效果上,App营销是通过读者自行下载、主动阅读,更容易达到阅读的效果。

构建移动端App图书精准营销,应该以读者为主导、多维互动;要跟踪读者的消费和阅读行为,深入挖掘读者的阅读需求、阅读兴趣和关注的热点,以此构建出版业的移动端App图书精准营销策略。出版业的移动端App图书精准营销可以与传统广告营销、事件营销、店面促销、视频营销等营销方式进行整合,发挥协同效应,扩大精准营销效果。随着手机定位系统、身份识别技术、虚拟现实与增强现实技术、人工智能技术等新技术的不断涌现与成熟,移动端App图书精准营销可以与新技术有效融合,让读者体验前所未有的阅读模式,使读者在使用App的过程中形成一定的黏性,从而完成移动端App图书精准营销的目标。

资料来源:大数据背景下出版业精准营销研究——以图书为例.搜狐网.2017-09-28.

第 11 章

互联网时代的品牌策略

11.1 创业故事

案例 "互联网零食品牌第一股"——三只松鼠,有何品牌之道?

2019年7月12日,中国第一个做坚果的互联网品牌"三只松鼠"正式登陆A股市场,在深交所创业板挂牌上市,三只松鼠最新报价21.14元/股,涨幅达到44.04%,市值达到84.8亿元。尽管看起来一时风光无限,但很多人不知道,三只松鼠的IPO之路,也是一波三折。

2017年3月第一次申请,同年10月,三只松鼠主动提出中止审查;

2017年10月底第二次申请,同年12月证监会以"尚有相关事项需要进一步核查"为由取消对三只松鼠上市申报审核;

2018年6月25日,证监会网站显示三只松鼠正进入IPO排队阶段;

2019年5月16日,接受上会审核;

2019年5月17日,成功过会。

没有一个品牌能一路顺风,且不看过去的坎坷和今天的风光,这一路支撑三只松鼠风雨无阻走下去的,是什么?

支撑一:在红海中发现蓝海

坚果,其实也是一个舶来词,民间一般被称为"炒货""干货",逢年过节的花生、瓜子,就是最典型的国民坚果。而随着中国消费需求的升级,坚果品类步入了繁荣期,已经从年节产品,变成了日常休闲食品。有需求就有市场,但整个坚果市场,除了瓜子领域的洽洽,几乎没有领军品牌,普遍散乱差,市场红海是不争的事实。但红海尚浅,下面隐藏着一大片蓝海,三只松鼠采用直营电商的方式,第一个聚焦到坚果品类,垂直细分,轻松刺破红海,找到一片蓝海。

在市场已有巨头品牌的情况下,去做垂直细分市场,是后来者挑战策略;而在普遍小品牌的市场,带头去做第一,既符合大众消费趋势,也能实现第一心理占位,容易被消费者牢牢记住。

支撑二:萌文化打造品牌形象

如果你问三只松鼠是什么,在吃货嘴里是卖坚果的,但更多人脑海里浮现的一定是那三只萌萌的小松鼠。

在店家千千万、品牌万万千的电商平台上,如何让自己的品牌与其他品牌区分开来,带来强有力的辨识度?三只松鼠给我们做了很好的示范。

- 形象定位

三只松鼠把自己定位为一家真实的、有温度的企业,公司全体员工扮演的都是一只"萌萌哒"的小松鼠,必须以松鼠的口吻来与顾客交流,并称对方为"主人"。

正是这种别具一格与顾客互动的方式和定位,让它迅速打开了市场局面,从而在零食特产类中脱颖而出,成了品类中的第一。

- 形象包装

三只松鼠把品牌形象塑造成三只可爱的小松鼠,让人一眼就记住,一眼就识得,很容易让人产生联想——松鼠吃坚果,天经地义;或者松鼠都爱吃的坚果。通过品牌形象和名称就赋予了丰富的品牌内涵和品牌故事。在文案方面,卖萌扮可爱的文风,总能收割满满的少女心。

形象定位决定了品牌是什么,而形象包装决定了品牌看起来怎么样。好的定位,一定需要高度契合的形象去演绎、提炼关键点进行梳理表达,才能形成高效的品牌识别系统,三只松鼠将"萌"贯穿于定位与形象中,很好地实现了品牌"神与形"的统一。

- IP传播

三只松鼠在自身形象受到广泛追捧后,便顺势将其打造成IP,推出各种周边产品,包含公仔、口罩、抱枕等各种带有三只松鼠形象的产品。将三只松鼠的形象运用在每一个细节,成为一个系统的产业链。

形象IP化让它具备了传播价值,它出现的频次高了,印象也就更深了,当人们想要买坚果的时候,自然就想到了三只松鼠。品牌需要不断地拉来用户,讨好用户,而IP要做的是不断地制造内容、散发魅力,变成被客户追捧的对象,实现地位和供需逆转。

支撑三:体验让品牌有温度

如今,"互联网时代下,没有品牌忠诚度!"这句话流传颇广,尤其是互联网品牌,一切以体验来说话,这里的体验,不仅仅是产品体验,还包括售前、售后服务、品牌特性、品牌性格等。

三只松鼠的核心价值观是"把顾客当成真正的主人",也就是让顾客在这里得到主人的体验,听上去有点俗套,但做起来却并非那么简单。从客服的"主人"称谓到产品包装,从剥壳器到湿纸巾,从贴心的物流体验到每年3 000多万人次的售后沟通,三只松鼠说到做到、执行到位,并建立了一套无微不至的用户服务理念和体系。这套体系给用户最直观的感觉就是体验很舒畅。

"体验为王"的互联网时代之下,产品不是独立的,需还原到环节上、还原到场景中,卖独一无二的体验,懂你要的,更懂你没说的,通过美好的体验产生好感或是其他感受,进而产生购买或是传播。

"七年磨一剑",三只松鼠终于实现IPO,在它萌萌的外表背后,是全网高达千万级别的曝光。无论是品牌定位、品牌形象、品牌传播,它都有自己清晰、鲜明的认知,上市之后它的下一步会在哪里,且让我们拭目以待。

互联网品牌IP化与人格化

品牌营销就是与用户谈恋爱。三只松鼠是电商潮起时第一代淘品牌,其创始人章燎原通过独特的品牌IP化、人格化运营,在坚果这一"蚂蚁市场"打造出国人熟知的互联网零食品牌。

坚果＝三只松鼠?

一说起坚果,人们就会想到三只松鼠。达成这一反射弧的背后,是章燎原搭建起的"触点营销"体系。

章燎原认为,在消费者与产品之间存在着许多接触点,它们存在于消费者下单前的踌躇中,在付款完毕后的兴奋中,在等待货品的期待中……消费者在接触点中,不断积累对产品的好感度,便是触点营销。

三只松鼠的创始团队经常进行头脑风暴,他们在用户接触、收取货物等细节上进行想象和模拟。"一个营销高手应该善于把自己设想成消费者。"

具体而论,三只松鼠至少在8个环节上进行了触点营销设计。

第一环节,起一个"奇怪"的名字。

人们一想到爱吃坚果的动物,那就是松鼠。给"松鼠"前面加上"三只"的量词前缀,使整个品牌增添了趣味性和互动性。

章燎原为三只松鼠赋予了生命,每只松鼠都设定了不同的血型、星座、个性、兴趣爱好等特征,力图让每个年轻人都能在它们身上找到自己的影子。

章燎原认为奇怪的名字更容易形成品牌生产力,"三只松鼠"这个名字为后期的广告投放节约了1/3的成本。

第二环节,占领用户心智。

三只松鼠是最早在淘宝网上投放广告的坚果品牌,初期每个月投入一两百万元,用于直通车、搜索广告位、聚划算。由于广告支出巨大,三只松鼠几乎没有利润,这对于一个新生品牌而言,是非常冒险的。

章燎原认为,消费者的购买行为是滞后的,大多数消费者并非点进了广告就会立刻产生购买行为,而是在脑海中不断形成印象,增加点击量才能带动购买量。"在我看来,当你还不能够称之为品牌的时候,你的第一步就一定是要卖货。"基于此,章燎原坚持广告投放,占领用户心智。

第三环节,让客服变成"松鼠"。

三只松鼠要求每一位客服都要以一只松鼠宠物的身份与用户对话,视用户为主人,甚至可以"撒娇卖萌聊心事"。这是三只松鼠杀出重围,树立独特品牌形象的关键一招。

章燎原特意编写了手册《做一只主人喜欢的小松鼠——小松鼠客服壹拾贰式》:

第一式:你只有变成一只可爱的小松鼠,才会让主人开心。

第二式:主人们很多时候并不知道什么样的产品是最好的,而我们就是产品专家。

第三式:主人们并非想要廉价的产品,占到便宜比得到廉价更有诱惑力。

第四式:对自己产品自信,才是给主人自信,才能促进销售。

第五式:小松鼠与主人在交流中,每句话都应尽可能表达统一的品牌属性,增强主人对松鼠家的认知。

第六式:让主人记住你以及下次找到你,是主人购物最大的安全保障。

第七式:让主人购买更多的产品不是你的极力推销,而是在频繁的沟通中引导需求。

第八式:坦率地面对主人,说出产品的某些缺陷,是体现真诚和促进销售最好的方法。

第九式:变成一只可爱会"卖萌"的松鼠,因为在主人产生不满和不快时,"卖萌"可能会获得主人的谅解。

第十式:让主人给你推荐更多的主人,最好的办法是做一只让他忘不掉的松鼠。

第十一式:帮助主人解决问题的过程比结果更能打动主人。

第十二式:不要放弃每一笔生意,做一只执着聪颖的客服松鼠。

12式服务准则明看是1个标准,实则并没有标准。章燎原认为,非标准是建立在标准之上的,"主人"只是松鼠客服的一种萌文化,但真正的精神在于用心与消费者交流。

第四环节,打造一套互联网视觉营销体系。

章燎原认为包装必须满足两个特质:其一要有很强的视觉冲击力;其二能将品牌突出。

三只松鼠的包装鼠小箱,是狗粮包装与奶粉包装的结合。纸质印刷的材料,采取四面封口可站立的结构,加上包装袋上松鼠小贱戴着眼镜,酷酷的又有些恶搞乔布斯的大头形象,简单又不失风趣。为了减少运输途中的损坏,每一袋坚果都用铝制和纸质包装袋双层包裹。

同时,随包裹附赠开果神器"鼠小器"、湿纸巾、密封夹、萌版卡套等小玩意。这些做法不但在视觉营销层面脱离于传统零食品牌,也让用户在接收快递的过程中获得惊喜,从而对松鼠家产生好感。

第五环节,口碑营销。

三只松鼠擅长诱惑用户进行主动分享。比如在微博发起一个"最主人"自拍PK赛话题活动,与松鼠家的产品合照,票选最有意思的主人,送出松鼠零食。

第六环节,让用户成为质检员。

三只松鼠成立"松鼠神农堂",不定时地把同行业各类产品提供给受邀用户盲选试吃,通过反馈、改良、再试吃,直至自家产品评价超过其他品牌。

"松鼠神农堂"拥有产品上新的决定权,用户真正成了松鼠家的主人。

第七环节,实时跟踪用户评价。

三只松鼠评价管理团队每天会分类4万条主人评价,整理出"苦""慢""差"等关键词,进行逐条分析,归总后反馈至各部门,并要求相应部门在2日内追溯到该名主人,道歉并解决问题。

章燎原主导建设了云品控中心。简单来说,它只是挂在墙上的几张电子报表,抓取并展现了所有平台信息,但其背后有类似物流 WMS(仓库管理系统)、OMS(订单管理系统)、供应链生产、云质量、用户体验、主人评价、数据分析等近 20 个系统支撑。从生产物流、评价、效率、客满等端口,让业务产生数据,继而利用数据打通整个生态平台。

第八环节,品牌形象娱乐化。

章燎原判断电商 2.0 的发展方向是娱乐化,需要立体化地给用户带来更好的娱乐。因此,三只松鼠成立独立动漫公司运营品牌形象,并推出 3D 动漫,上映首日便取得当日收视率第 1 名的好成绩。

体系化的品牌 IP 打造,无缝衔接的触点营销,使得三只松鼠获得了爆发式的增长。2014—2016 年分别实现营业收入 9.24 亿元、20.43 亿元、44.23 亿元,营收年增长率均超过 100%。2016 年,成立仅 4 年的三只松鼠开启了自身的 IPO 征程。

资料来源:"互联网零食品牌第一股"——三只松鼠,有何品牌之道?. 搜狐网. 2019-07-19.

11.2 "互联网+"品牌

1. 品牌到底是什么?

想要建设好的品牌,就要了解品牌到底是什么。那么品牌究竟是什么呢?美国著名的营销学者、被誉为"现代营销学之父"的菲利普·科特勒(Philip Kotler)将品牌的定义表述为:"品牌是一种名称、术语、标记、符号或设计,或是它们的组合运用,其目的是借以辨认某个销售者或某群销售者的产品或服务,并使之同竞争对手的产品或服务区别开来。"而现代品牌理论认为,品牌是一个以消费者为中心的概念,没有消费者,就没有品牌。

"品牌"(Brand)一词来源于古挪威文字 brandr,意思是"打上烙印",它非常形象地表达了品牌的含义——"如何在消费者心中留下烙印?",而这种印记,就是消费者的感受。因此我们可以认为,品牌就是消费者所经历的、体验的总和。简而言之,品牌就是人们私下里对你的评价。而这个评价映射到品牌的拥有者身上,就是给拥有者带来溢价、产生增值的一种无形的资产,增值的源泉来自消费者心中形成的对品牌载体本身的印象和感受。

2. 品牌相关定义间的区别(图 11-1)

说到品牌,那就要说到与品牌相关的一系列名词:产品、商标、名牌、文化、营销。这 5 个名词是与品牌密不可分的,但它们单独都不可能构成品牌,互相之间是有一定区别的。

3. 品牌的发展与价值

品牌的发展是从推销到营销再到品牌,这是一个衍生的过程。品牌的价值则体现在产品的功能性和情感性,产品的功能性指产品的属性,比如洗涤、洗发用品,消费者更关注产品的使用功效,所以这类品牌大都选择了功能性品牌核心价值;如霸王洗发水"药去屑"、汰渍"领干净、袖无渍"等。那么产品的情感性是指与用户产生情感共鸣,如宝马"驾驶乐趣"、欧米茄手表"代表成就与完美"、人头马 XO"人头马一开,好事自然来"、劳力士诠释"尊贵、成就、优雅"的品牌内涵等。

那么,品牌核心价值究竟选择那种模式为最佳呢?

产品是工厂制造出来的,用以满足消费者的功能需求;品牌是根植消费者的头脑中的,是消费者愿意付出购买的情感依托

商标是在工商局注册的,是法律概念;品牌是在消费者心中"注册"的,品牌只有转化为商标,才能受到保护

做营销的目的是提升销量,做品牌的目的主要是让销售可持续增长

品牌是一种文化现象,品牌的内涵来源于文化

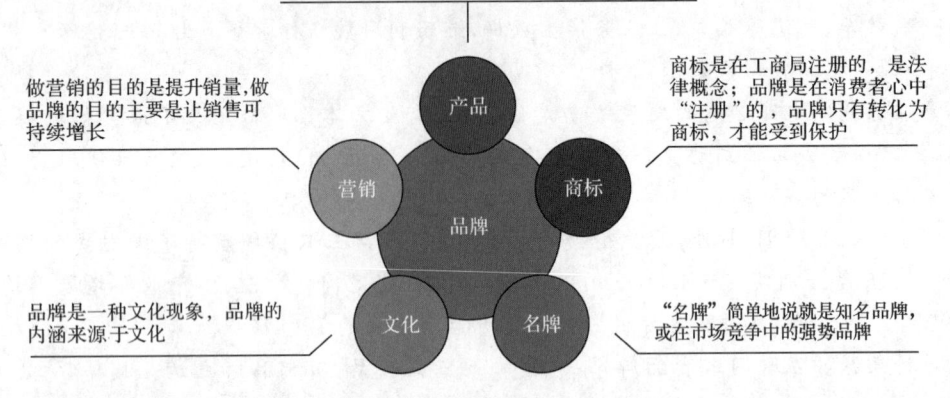

"名牌"简单地说就是知名品牌,或在市场竞争中的强势品牌

图 11-1　品牌相关定义间的区别

这主要以品牌核心价值能否对目标消费群体产生最大感染力,并同竞争品牌形成差异为原则。

4. 品牌建设的误区

很多人并不知道品牌建设的误区在哪里,以至于在实施过程中走了很多弯路。

有很多企业家认为品牌就是起个好听的名字,找知名的明星来拍拍广告,但这只是一种营销策略,不足以构建品牌。还有些企业家虽有品牌意识但缺乏长远的战略性目光,若不能围绕品牌核心价值进行科学的品牌战略规划,便极有可能出现"各领风骚没几年"的现象。

最后一点,许多企业对销售的重视远远超过了对品牌的重视,但一时火爆的销售局面并不意味着品牌的增值。销售额只是企业生存状况的一个表现指数,品牌价值才是企业的生命力所在。所以品牌存在的误区在于:品牌不是一味地做销量,也不是盲目地打广告,也无须有强大的资金,更不需要长时间的培育,同时也不是销售。真正的品牌其实就是要与消费者感到共鸣,时刻掌握消费者的心理,并一直跟踪下去。品牌五大误区如图 11-2 所示。

误区一:认为做品牌就是做销量,只要销量上来了,品牌自然会得到提升。

误区二:认为做品牌就是做广告,广告可以打出知名度,但打不出美誉度。

误区三:认为做品牌是大企业的事,小企业当务之急是积累资本,把销售搞上去,不需要品牌。

误区四:认为创建品牌需要强大的资金,需要大量的广告投入。

误区五:品牌必须经过长时间培养才可以形成。

图 11-2　品牌五大误区

5. 社会的变化造就了人的需求变化

既然找到了建设品牌的关键,那我们就要究其根本。在互联网时代,最错综复杂的就是人,那么,怎么才能吸引这个时代人的注意力呢?我们就要追溯一下这个时代的人需要什么。

以前民众对品牌的意识很浅薄,往往都是品牌选择人。但到了 21 世纪,处在独生子女和互联网的年代,他们接受的教育以及思想观念不同以往,他们有强烈的品牌意识,品牌处于被选阶段。那么,怎样才能使品牌被更多的人选择呢?这就要了解用户的需求,掌握用户的动向、爱好等。

每个时代都有属于每个时代的品牌,品牌的发展越来越人性化,从实用主义时期到显示主义时期,再到如今的感性主义时期,品牌的每一次跨越,都是与我们更近了也更加亲密了。然而不同的时代造就了不同的人,不同时代的人创造了属于那个时代的大品牌。品牌本身如果不能随着时代的更迭而演进,终究会被新的时代所抛弃。所以,在互联网时代我们要建设属于这个伟大时代的代表品牌,如图 11-3 所示。

	属于时代的品牌
实用主义时期	红旗轿车、凤凰自行车、回力鞋、海鸥表
显示主义时期	联想、海尔、波导、格力
感性主义时期	小米、饿了么、奇葩说

图 11-3 不同时代有不同的代表品牌

互联网时代品牌的重要性

品牌越来越重要,因为社会的变化造就了人的需求变化。当代人经历了由物质匮乏到物质充足、信息闭塞到信息自由的过渡,更多的产品选择、更多的信息获取,使得商业的竞争脱离了产品本身的竞争,转变成了产品、信息、体验、品质等综合的竞争。

而这个综合体就是品牌!

(1)品牌解决了什么问题?

品牌解决了与消费者沟通的问题,从品牌的信息、体验、品质等方面(图 11-4)让用户获得了品牌的认知、品牌的价值、良好的口碑,从而与用户沟通产生共鸣,让更多的消费者心甘情愿地去选择。

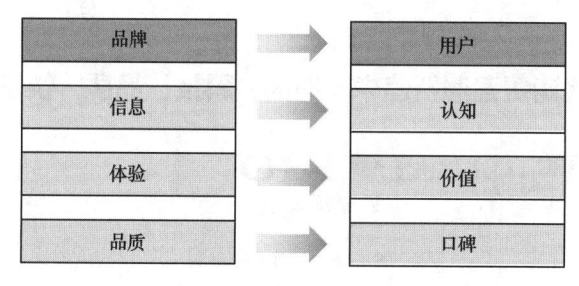

品牌	→	用户
信息	→	认知
体验	→	价值
品质	→	口碑

图 11-4 品牌与用户的关系

(2)品牌的作用是什么？(图11-5)

品牌主要的作用是要联系人的一个需求,再从需求中可以联想到它。比如,你要吃饭,那么吃饭就是你的需求;吃什么;就是一种品类的选择。如吃火锅,那么在20世纪品牌意识不强的时候可能就没有下文了;而在互联网品牌横行的年代,当我们要想吃火锅的时候,你的脑海里就有了选择——是去海底捞呢,还是去巴奴呢？而品牌的作用就是在用户产生需求的时候能够想到特定商品,增加购买机会！

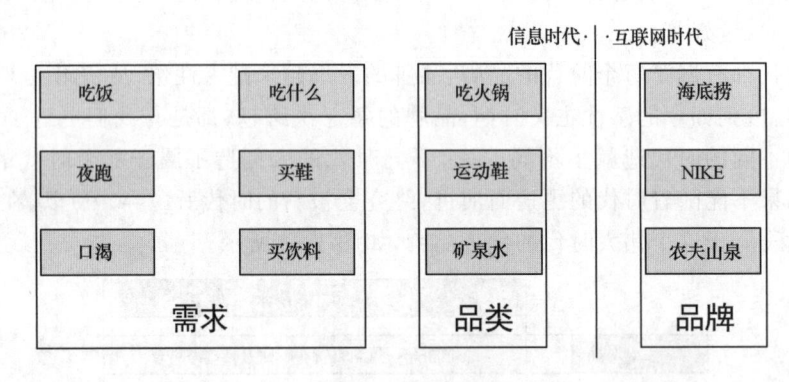

信息时代·· 互联网时代

需求		品类	品牌
吃饭	吃什么	吃火锅	海底捞
夜跑	买鞋	运动鞋	NIKE
口渴	买饮料	矿泉水	农夫山泉

图11-5　品牌的作用

(3)互联网时代消费者需要什么样的品牌？

在互联网时代,好的品牌与消费者是紧密相关的,能够抓住消费者的需求和他们的特点。比如互联网时代的90后人群,他们是品牌购买的核心力量。他们的特点是爱玩、很宅、做事图方便,淘宝、饿了么、支付宝就抓住了这一特点,并取得显著成功。除了上述特点,90后还是一个追求时尚、追求科技、追求品质、追求快乐的年轻群体,于是就有了小米、锐澳鸡尾酒等品牌的成功案例(图11-6)。所以抓住这个时代的中坚力量,了解他们的特点及需求,是品牌成功的一大步。

当代消费者消费习惯：简单、方便、快捷、实惠。

淘宝网　饿了么　支付宝 ALIPAY

当代消费者消费追求：时尚、科技、品质、快乐。

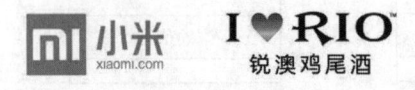

小米 XIAOMI.COM　　I ♥ RIO 锐澳鸡尾酒

图11-6　品牌成功案例

品牌不是LOGO、广告语、企业文化、产品包装……而是它们的综合体。品牌不是空洞的,是可以解决问题的,尤其在当下这个时代。

11.3　互联网与品牌

1. 互联网创造了新的品牌机遇

互联网通过了时代的更迭、环境的变化、人的变化、需求的变化（图 11-7），为品牌创造了新的机遇。在这个时代，人人都是公平平等的，每个人也都有发言权，对品牌的好坏与选择是自由的，过时的品牌终究会被这个时代的消费者抛弃，并产生新的品牌。所以这个时代才是品牌建设的最佳时代。

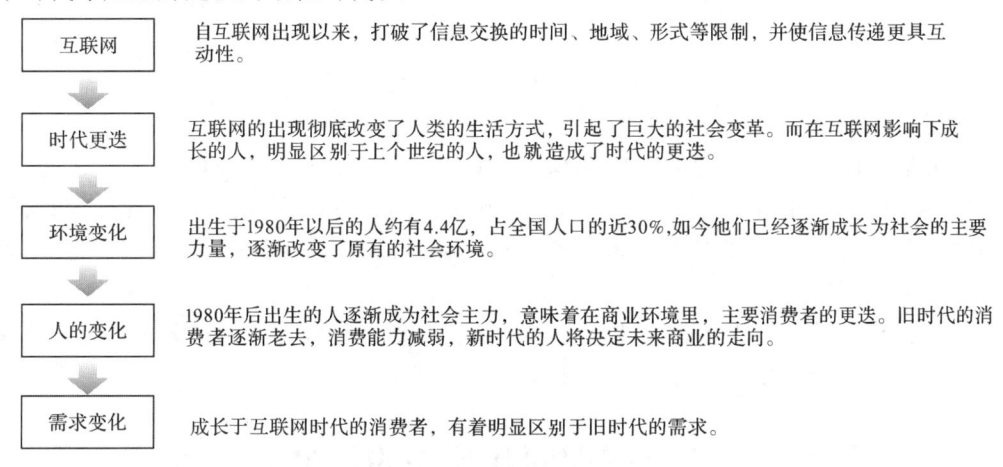

互联网	自互联网出现以来，打破了信息交换的时间、地域、形式等限制，并使信息传递更具互动性。
↓	
时代更迭	互联网的出现彻底改变了人类的生活方式，引起了巨大的社会变革。而在互联网影响下成长的人，明显区别于上个世纪的人，也就造成了时代的更迭。
↓	
环境变化	出生于1980年以后的人约有4.4亿，占全国人口的近30%，如今他们已经逐渐成长为社会的主要力量，逐渐改变了原有的社会环境。
↓	
人的变化	1980年后出生的人逐渐成为社会主力，意味着在商业环境里，主要消费者的更迭。旧时代的消费者逐渐老去，消费能力减弱，新时代的人将决定未来商业的走向。
↓	
需求变化	成长于互联网时代的消费者，有着明显区别于旧时代的需求。

图 11-7　互联网为品牌创造新的机遇

2. 互联网创造了消费者与品牌更直接的联系

传统的品牌是通过代理商、经销商以及门店才能到消费者的手中，而互联网时代则是通过互联网这一媒介直接到消费者手中，变得更加快捷方便，如图 11-8 所示。传统媒体与移动互联网之间的差异化，相信不用过多的说明，已经被完全了解了。

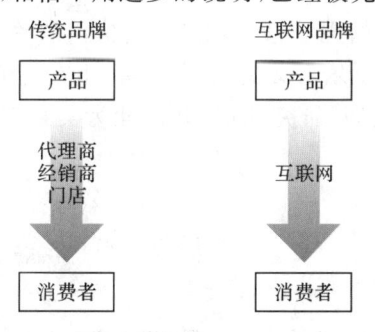

```
  传统品牌           互联网品牌
   产品                产品
    ↓                   ↓
  代理商
  经销商             互联网
   门店
    ↓                   ↓
  消费者              消费者
```

图 11-8　传统品牌与互联网品牌的区别

在传统媒体中，信息传播速度慢，传播范围小；而在互联网中，信息传播不但速度快，而且它的传播范围更是大大增加了。互联网的出现改变了信息传播的方式，使信息传播范围更大，效率更高，成本更低，尤其是移动互联网的出现，使得人与信息之间的互动变得极为紧密，如图 11-9 所示。

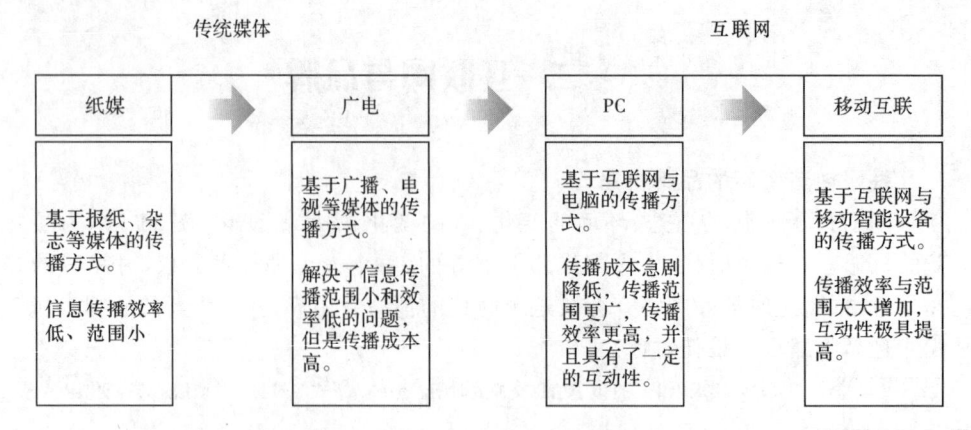

```
传统媒体                                    互联网

┌─────────┐  ┌─────────┐  ┌─────────┐  ┌─────────┐
│  纸媒   │→ │  广电   │→ │   PC    │→ │ 移动互联 │
├─────────┤  ├─────────┤  ├─────────┤  ├─────────┤
│基于报纸、│  │基于广播、│  │基于互联网│  │基于互联网│
│杂志等媒  │  │电视等媒体│  │与电脑的传│  │与移动智能│
│体的传播  │  │的传播方  │  │播方式。  │  │设备的传播│
│方式。    │  │式。      │  │传播成本急│  │方式。    │
│信息传播  │  │解决了信息│  │剧降低，传│  │传播效率与│
│效率低、  │  │传播范围小│  │播范围更  │  │范围大大增│
│范围小    │  │和效率低的│  │广，传播效│  │加，互动性│
│          │  │问题，但是│  │率更高，并│  │极具提高。│
│          │  │传播成本  │  │且具有了一│  │          │
│          │  │高。      │  │定的互动  │  │          │
│          │  │          │  │性。      │  │          │
└─────────┘  └─────────┘  └─────────┘  └─────────┘
```

图 11-9　传统媒体与互联网的区别

3. 互联网创造了这些品牌神话

在互联网时代创造奇迹的品牌不少。比如，阿里巴巴年交易规模破 3 万亿元，用 8 000 名员工在 13 年内完成了沃尔玛用 230 万人、约 11 000 家分店、耗时 54 年的神话！再比如饿了么，五年时间业务覆盖 300 多个城市，用户量超过 5 000 万，加盟餐厅近 50 万家，日交易额过亿元。

互联网创造了新的品牌机遇，并使品牌传播更高效、便捷，且已经缔造了一大批品牌神话！事实证明，互联网时代品牌更为重要！

11.4　互联网时代品牌的建设与传播

上面已经阐明了互联网时代的品牌及消费者的需求，那么如何去实施呢？如何在互联网时代去建设品牌呢？有以下几点建议：

1. 了解互联网时代的人

互联网时代的人是怎样的呢？怎么才能吸引他们的关注并选择你？这是至关重要的。互联网时代的人多数是玩乐主义、享受主义者，生在电脑前，长在网络中……针对这些特征(图 11-10)，要了解他们、研究他们，并以此为契机迎合他们的需求，满足他们的需求。

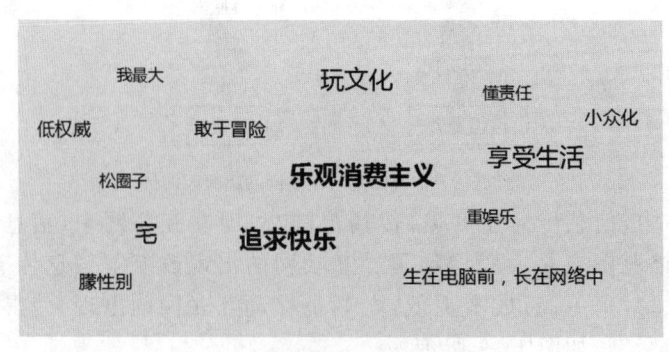

```
        我最大        玩文化          懂责任
  低权威      敢于冒险                    小众化
                   乐观消费主义      享受生活
        松圈子
             宅    追求快乐     重娱乐
          朦性别              生在电脑前，长在网络中
```

图 11-10　互联网时代人的特征

2. 找到你的用户——定位

了解互联网时代的人的特性后，要在这一群人中找到属于自己的客户定位，从产品角度出发，针对特定群体，找到并找准，从产品的年龄、需求偏好等一一对照后，发现目标用户，并建立持久战场。

3. 让你的品牌与你的用户发生关系（图11-11）

了解你的用户

细致地剖析与挖掘，了解你的用户，甚至变得和他们一样！找到你的用户之后，需要将这个群体的特征、追求、习惯等进行更为细致的剖析与挖掘，从而找到他们的喜好！如图11-11所示。

了解你的用户 → 产品创新 → 形象设计 → 发布信息 → 与用户互动 → 收集用户回馈

图 11-11　用户行为剖析与挖掘

产品创新

根据用户需求，调整产品从而满足用户需求。品牌的功能性价值主要体现在产品上，如果不能满足用户需求，你的品牌必然不会成功。

互联网时代用户的习惯是简单、方便、快捷、实惠，你的产品就应该满足这些习惯，并通过对目标用户的分析继续优化你的产品。

形象设计

据心理学家分析，人们的信息85%是从视觉中获得的，而用户留给你的时间只有3.8秒。

形象设计作为艺术的一种商业化形式，继承了艺术所具有的感染力。好的形象设计能够快速使得用户对品牌产生兴趣，甚至爱上品牌，进而在3.8秒内与用户建立第一次关系。

发布信息

发布融入客户语境、用创意创作让用户喜欢的内容！内容营销是有态度的网络营销核心观点之一，有态度的网络营销包括精准营销、全网营销、内容营销、态度营销等四种网络营销理念。

与用户互动

品牌应该时刻保持与用户互动，让品牌保持新鲜度。社会化营销媒体（微博、微信等）与互动工具（H5等）的出现让品牌与用户的互动变得更容易、更频繁。在这个时代，如果你不能保持与用户的互动，极有可能被用户迅速遗忘，而好的互动可以直接带动销量。

收集用户回馈

用户反馈是品牌调整的主要依据，把它做好，品牌就有了自己的用户数据库！

反复反思：

- 你的主要用户是不是一开始定位的用户？
- 你的用户对你的产品满意吗？
- 你的用户喜欢你的品牌吗？
- 你的用户还会使用你的产品吗？
- 你的用户给你提了哪些建议？

4. 品牌如此复杂，我们有更清晰的理论

在建设品牌的时候我们要时刻保持清晰的理论，建设品牌的过程就是让你的产品更好卖的过程。要与你的用户产生情感共鸣，然后激发消费者的购买需求；同时让消费者对你的产品一见钟情，增加消费者注意力，创造更多购买机会以及促成购买行为。这也是我们常说的品牌"五力"：品牌力、产品力、形象力、注意力、营销力，如图11-12所示。

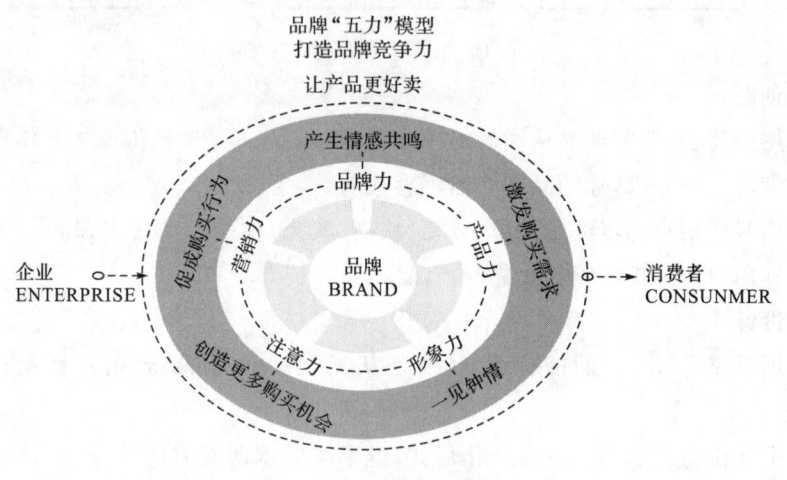

图 11-12　品牌"五力"模型

做好互联网时代的传播

如何做好互联网时代的传播？有什么建议？

- 确定传播主题：用户为什么选择你？如图11-13所示。

图 11-13　互联网时代的传播流程

- 选择发布平台：也就是消费者所关注的媒介平台有哪些？
- 了解用户语境：他们的流行语是什么？
- 找到传播热点：他们所关注的最热门的话题。
- 构思传播创意：好的创意会使人记忆深刻，也就是之前所说的在消费者心中留下烙印。

- 制作及发布传播内容：就是根据上述做法制定符合的内容。
- 互动：这点很重要，你的用户喜欢你的产品吗？结果可从互动中了解，用户是你进步的最大动力！
- 尊重：当然最重要的一点都是要尊重你的消费者！

无论是品牌建设还是品牌传播，最重要的一点就是"尊重你的消费者"！当你做到这一点的时候，你的品牌就已经成功了。

第 12 章

互联网时代的资源策略

12.1 认知你的三大资源

什么是资源？人所拥有的知识、能力、人脉、时间、健康、金钱、生活方式、社会地位等都是资源。举个简单的例子，我们想跟团旅游，一定会首先确定目的地，然后只要有时间、金钱和健康的身体，我们似乎就可以出发了，这里的时间、金钱、健康就是资源。要想跟团旅行，似乎只有当时间、金钱、健康等所有资源都具备以后才能行动。而创业过程中资源永远是不足的。

成功的创业者会认识到：自己所能控制的资源才是真正的资源；不要盲目追寻你没有的，而要专注于你所拥有的；你就是自己首要的机会来源；创业就是重新利用你闲置的资源创造新的价值。事实上，我们完全可以来一场说走就走的旅行。我们不需要等待，向外求资源，因为你已经拥有了最大的资源——你自己。我们不需要等待所有资源条件的满足，从我们手中的资源出发，想一想我们能做点什么有意义的事情吧。

有一句话叫"一鸟在手，胜过万鸟在林"，如何理解呢？

其实，说的就是自己所拥有的才是重要的。

林子里有很多鸟，但可能不属于自己。这个世界，你会发现有很多很多资源，如果你拥有了，会觉得特别棒。但很可惜，就是没有。

其实换个视角，你会发现，资源总是缺乏的。

所以，过多的关注林中鸟，可能会让你举步维艰。

而需要思考的是：这些鸟是否能为我所用，或者是否有一天能够属于我？

这就需要从你的手中的那只鸟开始做起了。

讲个故事：有一次，美国富豪休斯开车和另一位富豪福斯在去机场的路上，听福斯谈起一桩 2 300 万美元的生意。休斯立即不顾一切，停了车，跳下车就跑向路旁一间药房。

一会儿，他回来了。福斯困惑不解地问他干什么去了。

"打电话，"他说，"我把我在环球航空公司（他自己拥有的公司）的那张票退了。"

他一边说一边把车掉过头，开回去谈那笔生意。

福斯笑着说："我们正谈 2 300 万美元的生意，而你却为了节省 150 美元的机票，差点没让我们被车撞死。"

休斯回答："2 300 万美元的生意能否成功 还是个未知，但节省 150 美元却是实实在在的现款。"

"一鸟在手胜过万鸟在林"，这正是休斯主张的经营方式。这是一种稳当、实在的制胜之道。既然 2 300 万美元也是由 153 333 个 150 美元组成的，那么，就没有理由因 2 300 万美元可能到手而放弃、浪费 150 美元。

人们往往崇尚"小钱不出大钱不入"，以此为商品经济的至理名言。其实，注重效益，不该花的钱一个也不花，正是在竞争中积小胜为大胜的道理，也是稳扎稳打、降低成本亦即增加收入的道理。

你是否认同这一观点？

许多人都喜欢把关注的焦点放在自己身上没有的东西，他们常说"如果我有……就好了""你看人家的孩子……"等。

如果你真正关注"手中鸟"，了解你身上到底有哪些资源，你会以创业的视角去分析这些资源所能创造的价值和可能性。从自身已经拥有了的资源出发，随着不断地实践，不断地总结、反思、积累，你的资源会越来越多。用中国式的表述可称为"肥猪在栏，不如肥肉在盘"。

"手中鸟"代表了什么样的资源观？

在我看来，只有自己所能控制的资源才是真正的资源，不要盲目追寻你没有的，而要专心于你所拥有的。创业就是重新利用你的闲置资源创造新的价值，并在行动中拓展自己的资源。

那我们到底有什么资源呢？也许你没有存款，也没有房产，但你一定有以下三类资源：

• 我是谁：主要包括自身拥有的欲望（对某些事物强烈的内在动机，欲望最初可能来源于"兴趣"，持久的欲望会成为"热爱"）、能力和特质。

• 我知道什么：包括教育背景、经验和专业知识等。

• 我认识谁：指社会人际网络，包括与工作相关的人脉关系，以及因为血缘、兴趣和地缘等产生的私人关系。

如果我们足够仔细地观察，就可以发现周围有许多等待激活的资源。

只要把这些资源激活，我们就可以获得难以想象的好处，解决各种难题，抓住本不存在的好机会。

事实上，贝恩咨询公司的研究也发现，不计其数的公司得以实现复兴，重新定义自己的核心业务，均源于它们对原先弃而不用的隐性资产的发掘。

在科学领域，大量新创造出来的知识财富被永久地束之高阁，成了沉睡的资源。

第一位非裔女性百万富翁沃克夫人，曾开创了一份非常成功的化妆品事业，不过，当时的黑人尚未获得正当的法律权利。

后来,沃克夫人去世了,少了精明有力的领导者,这家企业便无力维持下去。产品下架后的几十年里,这个品牌渐渐陷入了沉睡。

直到2016年,化妆品零售商丝芙兰才把这个品牌唤醒,在更新换代之后把它重新摆上了货架。

丝芙兰在原始产品的基础上,创建了"沃克夫人美容产品"的新产品线,目标客户同样是被忽略的黑人。

就这样,丝芙兰打开了一个全新的市场,新的消费者接踵而至。

要找到自己的睡美人,首先,可以问自己几个问题:

①你的周围有哪些个人资源(技能、知识、关系等)和组织机构资源(产品、惯例、设备等)被搁置多年? 能否找到局外人帮你分析自己所处的局面?

②列出沉睡资源在哪些方面可能帮你实现目标?

③写出一项可以立即采取的唤醒沉睡资源的行动。

人人都有自己可以利用的资源,创业要从你所拥有的资源出发,关注自己能做什么,而不是应该做什么,更不是现在流行什么就去做什么。当我们需要盘点自己的资源时可以这样问自己:我是谁? 我知道什么? 我认得谁? 基于当下的情境,对"你所拥有的资源"的一种系统反思,得到深刻的自我认知。这样反思的目的是"促进新想法的产生",从"我能做什么",反思到"我有什么",之后对"我还能做什么"的深刻思考。

当然,三大资源对不同的人或同一个人在不同情景下的相对重要性可能不同。三大资源并非静态,而是相互关联,动态演化的。

"我是谁"是你无与伦比的优势的来源,基于"我是谁"去行动可以拓展"我知道什么",也可以拓展你的人脉关系。"我知道什么"和"我认识谁"又会强化或改变"我是谁"。

根据六度分离理论,你和任何一个陌生人之间所间隔的人不会超过五个,也就是说,最多通过五个人你就能够认识任何一个陌生人。所以认识一个人很容易,更重要的是我们需要思考在什么情况下我们才能获得他人的帮助和支持,让人脉关系真正成为资源?——最重要的就是让自己值得他人帮助,所有"你是谁"和"你知道什么"有时又会决定谁会成为你的资源。

唯有行动可以驱动"手中鸟"的成长和进化。

12.2 从自己所拥有的资源开始行动

捷克诗人米罗斯拉夫·赫鲁伯曾记下这样一个故事:一队负责侦察的匈牙利士兵在阿尔卑斯山迷路了。赫鲁伯写道:寒冷的风雪天里,他们几乎不大可能安全地返回营地。两天时间过去了,这队士兵没有一点儿消息,他们的中尉开始担心自己把这些人送上了不归路。

然而,第三天的时候,这队士兵奇迹般地安全返回了。中尉长舒了一口气,但仍很困惑,就问他们是怎么设法回来的。有个士兵从口袋里掏出了一张地图,表示当天气转好的时候,他们就按照地图寻找回来的路。中尉拿过那张地图看了看,结果,他更加困惑了——那是张比利牛斯山的地图。

管理学学者卡尔·维克从这个故事中总结道:"当我们迷路时,什么老地图都管用。"虽然那些士兵找到的是其他地方的地图,他们却因此在心理上有了依靠和慰藉,所以能冷静下来,并让自己开始行动。而一旦行动起来,他们就能主动去熟悉自己的周遭环境,并不断探讨如何达成他们的共同目标——安全返回营地。地图的价值不在于它的精准性,而在于它能让士兵们开始行动。尽管我们常常把成功归功于职业规划或个人计划,也即我们人生的地图,但真正导致结果发生的往往是我们的行动。问题是,许多人都喜欢按兵不动,迷失在无休止的计划中,或者像追逐者那样,眼巴巴地等着合适的资源到位再行动。

我们总爱计划,总是等待所有的资源都到位,这是现代生活中极为致命且极容易沦为自我束缚的陷阱。毫无疑问,资源越多越有着巨大的用处,但它也会拖累我们,甚至让我们偏离到达目的地的正轨。我们常常把自己的成功归功于缜密的计划、巨量的资源,却忘了最终决定我们表现如何的,是做了什么,而不是计划做什么。我们需要利用自己拥有的一切资源,行动起来,向目标迈进。凭借自己拥有的资源,而不是我们以为自己需要的资源,行动起来!

相对于那些没有的东西,我们应更关注自己已经拥有的,单凭这点,就已经抢占先机了。随时带着自己的资源前进,而这些资源正是我们当下所具备的。

我们也往往忘记或忽略了自己身边所拥有的大量资源。正如你将看到的那样,大部分时间,我们所需要的东西就在身边,随时等着了解、去利用。

每个人所处的时代、家庭背景,所拥有的经济实力,人脉关系和内在的性格养成,都赋予了个人不同的资源、不同的视野。你需要根据自己所拥有的资源,竭尽全力地调动起来,组合出自己的工具,帮助自己更有效率地实现梦想。

遵守内心的感受,从自己拥有的资源出发,快速行动,做对自己和他人有价值的事情。

从自己拥有的资源开始行动,而不是"等、靠、要、熬",直到拥有了足够的资源才开始行动。

从自己拥有的资源去行动的好处是:不用寻求外部支持,可以马上开始。行动的成本比较廉价,而且没有风险,因为是你自己可以掌控的资源,效率会很高,因为都是你所熟悉的,不需要学习。

一个20多岁的店铺经理伊桑跟我说,有一年夏天,他的店铺收到了一批设计拙劣的女裙,顾客没有兴趣购买。

他想了想,裙子不一定非得是裙子,它并非只能扮演其在最初设定好的角色。

于是,他拿来一把剪刀,剪掉了裙子上面的带子,把衣服卷起来,用一条丝带绑住,并贴上了"海滩罩衫"的标签。

这样,他创造了一款新的、更具吸引力的产品,并将其打造为泳装品类中的热销产品。

是什么让伊桑能够以这种出人意料的方式转变资源利用的方法？

社会学家阿米塔伊认为是心理所有权，它使人相信自己可以控制环境、控制资源，进而就能以各种不同的方法利用资源。

另外，没有太多的资源束缚，反而促使我们去快速行动，以更广阔的视野看待资源。资源少为何会促使人们以更加开阔的视野看待资源？

研究发现，如果没有制约条件，我们就倾向于从记忆中提取典型的资源使用方法。

比如，我们通常会坐在椅子上，所以我们很容易就会认为椅子就是用来坐的。

但在资源稀缺的情况下，人们在使用资源时就不会局限于传统的方式。

我们会投入更多的心力，更加专注于挖掘资源的潜在价值。

另外一项研究发现，如果你只是让某个人设计或者研制出某产品，你可能只会得到一些好想法。

但如果你让某个人在一定预算范围内设计或者研制出某个产品的话，你很有可能会得到更好的结果。

因为预算的限制大大有助于能充分利用资源的人应对这些挑战。

通过欣然接受局限，而不是试图以追逐更多资源的方式克服局限，我们不但可以解决问题，还会因为局限的存在而最终取得更好的结果。

1995年，在乘飞机去香港之前，39岁的保拉·迪克逊在去机场的路上从摩托车上摔了下来。事故发生后，她挣扎着起来，继续奔往机场。

但登机之后，迪克逊才注意到自己的前臂肿了。机上有两名医生——安格斯·华莱士和汤姆·王，他们的诊断结果是迪克逊的胳膊断了。两名医生利用飞机急救箱中的工具，用夹板把她的胳膊固定住了。认为自己圆满完成任务，看到病人没什么大碍之后，两位医生回到了自己的座位上。

但在这架波音747飞机飞行了一小时之后，迪克逊开始出现胸口剧痛、无法呼吸的情况。在惊恐地发现这些新症状之后，华莱士医生给迪克逊重新进行了检查，发现情况远比他最开始的诊断严重得多。迪克逊的肋骨已经刺破了肺部，需要立刻进行手术。

但是，就算在最近的机场降落也来不及救迪克逊了。更糟糕的是，飞机降落时的机舱压力变化会给迪克逊的生命带来致命性的威胁。华莱士医生该怎么办呢？

时间一分一秒地过去，华莱士医生没有时间多想，只能迅速行动起来。他在飞机尾部临时搭建了一间手术室。他不仅为迪克逊的手术临时挪出了一块地方，还给这场非同寻常的手术制作了许多"不一般的工具"。

他用高档白兰地酒当作消毒剂清洗了这些工具，用一把剪刀划开了迪克逊的胸口，用一个衣架安插管子，用一个矿泉水瓶把迪克逊肺部滞留的空气引了出来。头等舱的热毛巾成了这名危重病人的无菌伤口敷料。

幸运的是，迪克逊挺过了这次可怕的机上手术，活了下来。

虽然我们在工作和生活中面临的挑战与华莱士医生不同，但从他的故事中我们依然可以领悟到很多：当意外发生时，行动起来不仅有助于我们弄清楚状况，而且还有助于我们改变状况，而不是等所有的资源都齐备才去做，那样会失去机会。我们每个人都会经常遇到需要临时拼凑、即兴发挥的情形，比如，新竞争对手的出现、客户品位的改变、畅销产品销量骤减、监管制度变化导致行业规则的更改等,但我们都能克服这些工作和生活上的困难。其实,应对这些突发状况,我们只需要认识到,通过行动起来,从现有的资源出发,就可以让情况好转。

12.3 自己就是最大的资源

优秀的人、优秀的企业总是能自带吸引力,让别人自动向他靠拢。所谓的资源,总是跟自己能力成正比的。靠人不如靠己,优秀的自己,才是最大、最好的资源。

与其成天想着如何拉资源,不如多花时间提升自己。当你的能力足够卓越,遇到合适的机会,就能随时做好准备去迎接。

机会,从来都是留给有准备的人;资源,也往往还是要靠自己的努力。每个人最大、最牢靠的资源,永远是自己。

别人会选择信任你,抑或对你只是敬而远之,很大程度上,都取决于你的品行和优秀程度。优秀的人,身边总是自然而然的有很多资源。

只有自己足够优秀,才能真正交到良师益友。只有使自己变得有价值,才能拥有更好、更稳固的资源。

当你极度匮乏外力的时候,与其扩充没用的关系人脉,不如努力提升自己的综合素质。等到你自身足够优秀,你想要的资源,也就有了。

如果让你两小时内用五块钱去赚尽可能多的钱,你会怎么做?这是斯坦福大学创业课上的一项挑战,学生的表现让人脑洞大开!真正的创新,必始于惯性思维的颠覆。

如何在 2 小时内,让五块钱升值 100 倍?这听起来有些不靠谱。

但在斯坦福大学的课堂上,Tina Seelig 教授做了这样一个小测试:她给班上 14 个小组各一个装有 5 美元的信封,作为启动基金。

学生们有 4 天的时间去思考如何完成任务,当他们打开信封,就代表任务启动。

每个队伍需要在 2 小时之内,运用这 5 美元赚到尽量多的钱。

然后在周日晚上将他们的成果整理成文档发给教授,并在周一早上用 3 分钟在全班同学面前展示。

虽然斯坦福的学生个个顶尖聪明,但对于涉世未深的学生来说,这仍然是个不小的难题。为了完成这项任务,同学们必须最大化地利用他们所拥有的资源——也就是这 5 美元。

如果是你,你会怎么完成这项挑战呢?

"拿这 5 美元去拉斯维加斯赌一把!""拿这 5 美元去买彩票!"这样做并不是不可行的,但是他们必须承担极大的风险。

另外几个比较普遍的答案是先用初始基金 5 美元去买材料,然后帮别人洗车或者开个果汁摊。这些点子确实不错,赚点小钱是没问题的。不过有几组想到了打破常规的更好的办法,他们认真地对待这个挑战,考虑不同的可能性,创造尽可能多的价值。他们是怎么做到的呢?

其实,最宝贵的资源并不是这 5 美元。

挣到最多钱的几只队伍几乎都没有用上教授给的启动基金——也就是这5美元。他们意识到：把眼光局限于这5美元会减少很多的可能性。五美元基本上等于什么都有没有，所以他们跳脱到这五美元之外，考虑了各种白手起家的可能性。他们努力观察身边：有哪些人们还没有被满足的需求。通过发现这些需求，并尝试去解决，前几名的队伍在两个小时之内赚到了超过600美元，5美元的平均回报率竟然达到了4 000%！好多队伍甚至都没有用到他们的启动基金，这么看来的话他们的投资回报率竟然是无限的！所以他们是怎么创造这些奇迹的呢？代人排热门餐馆的号，测量他们的自行车轮胎气压……最成功的是将周一课堂上的三分钟展示作为商品出售给企业招聘部门。

"你活在盒子里，工作在盒子里，你驾驭这个盒子，最终又被埋葬在盒子里。跳出思维的盒子，当你真的发现这种思维方式的时候，你会发现，其实外面本没有盒子"。跳出你思维的盒子，你自己才是最大的资源，而不是等待所有的资源齐备去行动，你的生活也会增加许多可能性。

从你自己这"最大的资源"开始行动，所得到的，将绝不仅是几百美元而已。

我们通常有两种决策方式，一种是以目标为导向的决策，另一种是以资源为导向的决策。在5美元大挑战活动中，你很难制订明确的目标和详细的计划，时间也不允许你这样做，你更多地需要从拥有的资源出发，快速行动，在行动中调整。接下来，详细分析一下资源驱动决策相比目标驱动决策的优势，主要体现在以下方面：不必到处向外找资源，重点在于挖掘和利用自己闲置的资源；不必等待最佳机遇或最佳资源，马上就可以行动；资源驱动意味着要尽量利用自己的长处，规避自己的短处，发挥出优势；因为是从挖掘和利用自己闲置的资源，风险相对可控，没有压力；因为目标没有固化，有新伙伴加入时，会带来新的资源，可以拓展新的目标。也就是说视伙伴为新的机会，而不是达成目标的手段；资源驱动不是说没有目标，而是不局限于目标，会创造更大可能性。

珍妮·道森创办公司的时候，她关注因为无家可归或吸毒等问题而找不到工作的女性，并让这些人加入公司，变成勤勤恳恳的员工。道森的生意不断扩大，在英国已设立了150多个分销点。她的公司的价值宣言是这样写的：利用你已有的东西，关注你已有的资源。伦敦政治经济学院的教授安东尼·吉登斯提出的结构化理论，可以来解释珍妮·道森这类人是如何做到变废为宝的。结构化理论认为，你无法仅通过简单地推进镜头，研究个人的微观行为来理解社会行为。同样，你也无法仅通过拉远镜头，单从宏观的角度来理解诸如企业、社会等集体的行为。微观与宏观相互作用、相辅相成。组织理论学家玛莎·费尔德曼借鉴吉登斯的理论，将之应用于对资源的研究上。传统上，我们一般把资源视为可以获得的固定物体。于是垃圾永远是垃圾，这是由垃圾的本质所决定的。而费尔德曼教授不关注资源内在固有的价值，更强调人们利用资源的方式。她认为几乎所有事物，无论是有形的还是无形的，都具有资源潜力，但要把某样事物变成有价值的东西，这就需要行动了。

这让我们认识到：资源并不来自我们的身体之外——它并不是我们可以伸手拿来的东西，而是需要我们自己创造并塑形的东西。

在菲律宾一个非常贫穷的地方，人们居住在破破烂烂的房子里，想方设法在白天用最少的钱把屋子点亮。

这种急切想要节约宝贵资源的愿望，促使他们想出了一个非常聪明的办法：拿一个两升装的苏打水瓶子，盛满水，放在屋顶的一个洞口。装满水的瓶子会把太阳光折射进屋子，这样，在晴朗的日子里，他们就不用开电灯了。

你自己就是你最大的资源，不被外物所束缚，立即行动，便能创造各种可能性。

12.4　在行动中拓展资源

学生时代，看到别的同学买了某本课外书或者学习用品，总觉得自己也要有，否则就不会考出好成绩。

职场中，看到同事住着好房子、开着好车、穿着名牌衣服、用着商务手机，总觉得自己也要有，否则就是别人眼中的 loser。

生活中，看到别人家的孩子上奥数、学英语、练钢琴、学舞蹈，总觉得自家的孩子也要上这样的辅导班，否则就是输在起跑线上……

如果你有以上想法，那么就犯了现代社会人的一个通病——过分追求"多"，追逐更多的财富、更多的资源——似乎多就代表成功。

当然外部的资源对于人们的成功是一项必不可少的条件。但是如果我们仅仅是看重外部资源，或者将绝大部分精力都投放在外部资源的获取上，认为这样就可以让我们取得好成就，获得更多提升，这种想法其实就有失偏颇了。

当我们利用有限资源实现目的时，就能意识到，如何使用自己拥有的东西，远比资源本身更加重要。认识到这一点，我们就应该摒除获取更多资源的想法，转而注重发掘自己已有资源的价值。

试着摆脱传统的"如果我有这个，我就可以……"的思维方式，尝试另一种完全不同的方法吧：直接对更多资源说"不"。

在有限资源面前，有时候不一定要有成熟想法才去做，而应边做边发现，摸索前进。充分发挥延展思维，把想象变成行动，在行动中进行创造，在创造的过程当中迸发新的想法、新的点子，进而开始新一轮的创造。

其实所有的"延展"到最根本都是需要我们的行动力。只有开始行动，才有可能向内进行延展，找到延展的价值。

每次我们失败的时候，都会对自己说，是因为自己没有充足的资源。其实每个人的资源都是充足的，请相信这一点。只要心中有一个明确的目标，充分挖掘身边已有的资源，就可以释放出来无限的可能性。

正如在阿尔卑斯山迷路的匈牙利军队的故事告诉我们的道理一样：当你迷路的时候，其实任何老地图都管用，前提是行动起来，积极地去寻找出路。联系到组织或公司的决策战略，当你感到迷茫的时候，其实任何老套的战略计划都管用，前提是大家都行动起来，积极地寻找解决方案。战略计划，从这个意义上讲，和地图没有什么区别，它们最大的作用是让人看到希望，从而振作起来，对前途充满信心。只要他们真正行动起来，就会发现很多原来不曾有过的资源被利用，一些实实在在的结果就会出现。通过观察这些结果，解释这些结果,就可以制订下一步的行动方案。

而在现实中,创业者们往往把资源之类的东西看得太重,而忘记一个简单的道理:业绩是做出来的,而不是计划出来的、资源堆砌出来的。

喜欢绘画、梦想成为画家的汉森,在上高中后,右手出现了持续的震颤症状。医生诊断为永久性神经损伤。

汉森没有就此颓废,而是接受了手抖的现实,并开始关注自己能做什么,而不是不能做什么。后来,他找到了用颤抖的手进行绘画的新方法。随后,他又继续寻找克服自身生理局限的新方法,比如用双脚沾满颜料作画,用双手浸染颜料像空手道家一样向墙面砍去。最终,汉森被选定为第51届格莱美奖的官方艺术家。

几十年来,心理学家普遍认为,制约因素阻碍了人们创造性地使用资源。比如,在官僚机构工作一段时间后,会导致功能固着;在事无巨细的管理者手下工作几天,会丧失工作的自主感和控制感,从而失去心理所有权。

但是,伊利诺伊大学的梅塔和约翰斯·霍普金斯大学的朱梦经研究后,对"制约有害"提出了质疑。

两位专家设计了5项实验,其中一项实验是让60名大学生随机分成两组,这两组成员都需要完成一篇短文,其中一组成员的短文是讲述成长过程中资源短缺的故事(资源稀缺组),另一组成员的短文是讲述成长过程中资源富足的故事(资源富足组)。

随后,这两组成员又接到一个任务:学校有250张气泡包装纸需要处理,请为这些气泡包装纸找到合适的用途。

接着,两位专家请来了20个评委,让他们对所有气泡包装纸使用方案的新颖性进行评估。这20个评委不了解被评估对象是资源稀缺组成员还是资源富足组成员。

结果显示,与资源富足组相比,资源稀缺组想出的气泡包装纸的用法更具多样性和创造性。

为什么资源稀缺反而促使他们视野更开阔呢?两位专家进一步研究发现,在资源富足的情况下,即没有制约条件时,人们会倾向于从记忆中提取传统的资源使用方法。但资源稀缺的情况,反而能够促发人们的思考能力,让人们在使用资源时不再局限于传统的方式。

因而,我们需要打破功能固着的思维枷锁,不以死板的眼光看待资源,盘活存量、并且用好存量,充分利用现有资源,发挥资源的延展效应,实现多方式、多角度利用;接受并愿意让局限因素激发自己的想象力和创造力,进一步发掘不被人看好的资源中潜藏的价值。

12.5 "手中鸟"原则与新企业创办

不要盲目等待所谓的绝佳创意,或是所谓的"亿万美元"机遇。只需要从一个简单问题出发,思考它的实际解决方法,或者是你觉得有趣、值得尝试的东西,然后放手去做就可以了。

不要追求想象中的完美机遇,因为通常它们所需要的资金都是难以企及的,或者需要与并不能确定是否值得信任的人合作,或者投身于知之甚少的技术领域或市场。

资源并不只意味着金钱(有时候甚至不需要花一分钱)。

资源不仅包括自己所拥有的,还包括利益相关者们所拥有的,将它们以全新的方式组合在一起,就能为你带来竞争优势。

当你将"手中鸟"原则运用到实际当中,创办一家新企业就不再是充满不确定性的英雄主义冒险行为。在各种限制与可能性当中,总能找到可以做的事,你可以在任何时候着手创建新的企业。

每个人都有自己的人脉圈、朋友圈,你的身边最亲近的10个朋友的平均收入就是你的收入,这也就是说我们认识什么人,基本就是在什么圈子里混,那么你可以依靠这些亲近的朋友,做他们产品的上下游,首先起步就已经非常有保障了。

每一个人都要审视一下自己,看看自己究竟有哪些优势、劣势?有哪些独特的技术?缺少哪些能力?能为哪类用户提供什么样的服务?

作为创业者来说,首要的是如何充分利用现有资源,去创造更多的资源。

创业时尽管存在资源约束,但创业者并不会被当前控制或支配的资源所限制。

成功的创业者善于利用关键资源的杠杆效应,利用他人或者别的企业的资源来完成自己创业的目的:用一种资源补足另一种资源,产生更高的复合价值;或者利用一种资源撬动和获得其他资源。其实,大公司也不只是一味地积累资源,他们更擅长于资源互换,进行资源结构更新和调整,积累战略性资源。

对创业者来说,容易产生杠杆效应的资源,主要包括人力资本和社会资本等非物质资源。创业者的人力资本由一般人力资本与特殊人力资本构成,一般人力资本包括受教育背景、以往的工作经验及个性品质特征等。特殊人力资本包括产业人力资本(与特定产业相关的知识、技能和经验)与创业人力资本(如先前的创业经验或创业背景)。调查显示,特殊人力资本会直接作用于资源获取,有产业相关经验和先前创业经验的创业者能够更快地整合资源,更快地实施市场交易行为。而一般人力资本使创业者具有知识、技能、资格认证、名誉等资源,也提供了同窗、校友、老师以及其他连带的社会资本。

相比之下,社会资本有别于物质资本、人力资本,是社会成员从各种不同的社会结构中获得的利益,是一种根植于社会关系网络的优势。在个体分析层面,社会资本是嵌入和来自并浮现在个体关系网络之中的真实或潜在资源的总和,它有助于个体开展目的性行动,并为个体带来行为优势。外部联系人之间社会交往频繁的创业者所获取的相关商业信息更加丰裕,从而有助于提升创业者对特定商业活动的深入认识和理解,使创业者更容易识别出常规商业活动中难以被其他人发现的顾客需求,进而更容易获得财务和物质资源。

12.6 "手中鸟"原则与企业增长

现代社会有一个默认的价值观：

个人想要更多的财富，公司想要更多的资源——似乎多就代表成功。

过分追求"多"，是对的吗？

为何有些人或组织拥有的资源甚少却能取得成功，而有些人或组织掌握那么多资源却会失败？

为何我们会陷入不断追逐没有的东西的陷阱？

如果说追逐的根基在于追求尽可能多的资源，那么延展的基础就是专注于我们所拥有的东西。

"手中鸟"思维可以使我们摆脱"永远不够用"的焦虑，它能让我们明白：用当前拥有的东西就可以实现不凡的成就。

直接对更多资源说"不"。对追逐者来说，获取更多资源就像是某种瘾。他们养成了这种对获取更多资源的不健康的依赖性，而这正是因为他们错误地认为：

拥有更多的资源 ＝ 取得更好的结果。

但当我们改变自己的心态，更充分、更合理地使用资源时，就能意识到，如何使用自己拥有的东西，远比资源本身更加重要。认识到这一点，就更容易对更多资源说"不"，转而注重发掘自己已有资源的价值。

你可以试着摆脱传统的"如果我有这个，我就可以……"的思维方式，尝试另一种完全不同的方法：直接对更多资源说"不"。

再进一步的话，甚至可以要求自己使用更少的资源："如果我没有这个资源，我可以……"

然而事实真的如此吗？

1961年秋，一个名叫迪克·云岭的倔强少年离开了美国宾夕法尼亚州的农村，前往150英里外的一所实行军事化管理的中学读书。学校的作息安排和规章制度十分严格，学生清晨要早起，要穿海军风格的校服，还要向老师敬礼。这跟迪克在家乡的生活相去甚远。在家里，朋友们都叫他"派对小子"——这个绰号用在他这个当地啤酒厂老板的儿子身上，是再合适不过了。几年前，迪克就已经开始利用暑假时间，在堆满一箱箱啤酒的家族企业仓库里帮忙干活儿了。

开学一个月后，迪克的父母来看望他。迪克央求他们把自己带回家，让他学习打理家族生意。他的父母拒绝了。由于整个啤酒产业正处于举步维艰的发展阶段，他们希望自己的儿子能够在新的环境中奋发向上，找到一个远离啤酒产业的美好未来。

迪克却另有打算。他努力说服一名维修工给他一套便服，换掉校服后，他爬上一棵树，翻过一面墙，逃离了这个占地40英亩的校园。他跳上一辆开往费城的公交车，一路搭顺风车回到了家。他无法离开自己深爱的啤酒厂。从学校回家的路上，他除了身上的一套衣服,几乎什么都没有,而他最终成功到达目的地似乎也预示着他最终会充分利用手中的资源,把岌岌可危的家族企业变成全美最成功的一家啤酒制造商。

迪克家的啤酒厂原名叫鹰牌啤酒厂,由他们的德国籍祖先于1829年创立。这家啤酒厂比当时的许多啤酒厂历史都悠久。1985年,当迪克从疾病缠身的父亲手中将啤酒厂接管过来时,安海斯-布什、米勒和施特罗是当时的三大啤酒厂商,共占有全美啤酒市场70%的份额。迪克家的啤酒厂每年只能生产137 000桶啤酒,在全美近两亿桶的年产量中占比微乎其微。面对这些啤酒巨头的竞争,小企业通常有两种选择:放弃自己独立企业的身份,被竞争对手收购;尝试通过合并实现迅速扩张。

这两种选择都被迪克所不屑。他不愿意卖掉自家公司,也不愿意买别的公司。相反,他想以更好的方式利用自己手中的资源,打造成一家自己喜欢的蒸蒸日上的公司。

尽管在一般情况下,要推动啤酒销量的增长,意味着要投入大量的营销资金,但迪克打算另谋出路,利用自己有限的广告预算来获取更好的效果。他充分挖掘公司尚未得到很好利用的悠久历史资源,树立品牌知名度。"美国最古老的啤酒厂"这个称号确实有一定的吸引力,它将迪克的产品与三大巨头的产品区分开来。

迪克没有选择尽可能多地开发新市场,而是将销售限定在少数几个地区,营造出一种稀缺感,这反倒刺激了更大的需求。教徒般忠诚的啤酒迷甚至会跑到邻州去买这种极难买到的啤酒,这为该品牌蒙上了一层神秘面纱。一些狂热的啤酒迷成了该品牌啤酒最好的免费宣传者。他们甚至还自发举行了一些活动,试图吸引公司把业务拓展到他们所在的地区。

随着业务不断扩大,迪克开始购入二手啤酒罐、灌瓶机和贴标签机,并赋予它们新的生命。

到1996年,迪克的举措大获成功,他最大限度地发掘了这家160多岁高龄的家族产业的潜力,将年产量提升到50万桶,是工厂原产能的一倍还多。

在决定投资建新厂之前,迪克向他最重要的合作伙伴——他的四个女儿,进行了咨询。鉴于只有3%的家族企业能够发展到第四代或更多代,迪克想看看女儿们有没有兴趣成为第六代继承人。只有她们表现出强烈的兴趣,他才觉得继续扩张业务有意义。

最终,迪克经营的D.G.云岭集团成为美国最大的家族啤酒制造商,虽然这从来不是迪克的目标。他回忆道:"我们并没有争着抢着要成为最大的家族啤酒制造商。我们希望的只是把它经营下去……现在我的女儿们接手了,我希望将来她们的孩子也能够继续将它经营下去。这才是我真正在意的。"

根据《福布斯》估算,穿着蓝牛仔裤和运动鞋的迪克拥有近20亿美元的净资产。尽管如此,他依然开着低调朴实的车,离开办公室时还会随手关灯。他说:"他们说我很小气,但我知道自己只是比较节俭。"

"有什么用什么,并且要用到极致"——他的信条帮他实现了目标,创造了一个他和他的孩子们都愿意投身其中的蒸蒸日上、持续发展的企业。

迪克·云岭缺少其他大啤酒商拥有的营销预算,艺术家菲尔·汉森也没有一双不颤抖的手。

他们所面对的制约因素让他们别无选择,最终引导他们明白了充分利用自己所拥有的东西也能取得更多的成就。

并不是说,我们也得面对这样的生理限制或经济限制才能认识到延展的力量。而是,通过对更多资源说不,去培养一种全新的工作和生活视角。

我们有两种决策方式:一种是目标驱动决策,另一种是资源驱动决策。目标驱动的决策,其基本逻辑是"预测－目标－计划－执行",本质是预测性思维。与之不同的是,资源驱动的决策是从拥有的资源出发立即行动,在行动中快速学习并驱动资源的演化和成长,最终创造出多种可能性。

相比目标驱动决策,资源驱动决策有这样一些好处:

1. 从拥有的资源出发不必到处向外找资源,自己就是最大的资源,可以更好地挖掘自己,并成为更好的自己;

2. 不必等待最佳机遇或最佳资源,而是马上可以行动,而行动是降低不确定性最好的方法;

3. 从拥有的资源出发快速行动,有利于发挥自己的长处,规避自己的短处;

4. 任何外部资源的获取都是有代价的,利用自己可以掌控的资源,实现风险可控,没有压力;

5. 因为目标没有固化,我们视伙伴为新的机会,而不是达成目标的手段,从而拓展新的目标;

6. 当我们不局限于目标时,反而有更多的想象空间,创造出更大可能性。

第 13 章

互联网时代的组织策略

13.1 创业团队定义

创业团队是为了一个共同愿景、一起去做有可能失败却又有价值的事情的一群人。《西游记》中的"西天取经团队"、三国时代桃园三结义的"刘关张"、当代的"中国合伙人",都可谓创业团队的典型代表。创业团队成员既有共同性,也有互补性。

创业团队应具备一些基本规律:

(1) 关于成员角色。一般创业团队都包含精神领袖、技术领袖和执行领袖三种角色。因为,所有事物的成功都经历过两次创造。首先是设计,设计代表着战略与方向,是精神领袖的任务;其次是行动,行动代表着管理与执行,是执行领袖的任务;在设计和行动之间,需要技术的支持,技术是把精神世界转化成物质世界的载体,是技术领袖的任务。

(2) 关于成员数量。成员数量不宜过多,过多本身就会造成管理的内耗,沟通和协调的成本也会大幅增加,在面临不确定性时,成员越多往往决策的难度越大。

(3) 关于分工。有时候一个人可能扮演不同的角色,例如很多精神领袖也是执行领袖,很多技术领袖也扮演精神领袖的角色,但是一个人终究不能代表一个团队,正是不同成员之间思维方式、技术、性格、资源等方面的差异推动了创业目标的实现。

13.2 创业团队角色

在英特尔的辉煌创业史中,诺伊斯、摩尔和格鲁夫三人团队精诚合作的故事广为传颂。德鲁克在《管理的实践》中描述的"理想的董事长"实际上也是三人合一:一个善于对外交往的人、一个善于思考的人、一个善于行动的人。

三人团队模式中,一个定格公司文化、一个引领技术、一个负责执行。

美国的创业者普瑞尔·萨拉伊总结出了创业团队的"3H"模式:Hipster-潮人、

Hacker-黑客与Hustler-皮条客,也称创业团队"三剑客"。这种模式不是从书本上学来的,而是在街面上"混"的时候悟出来的,通常被称为"街头智慧(Street Smart)",但是在实际应用中确实非常有效。

Hipster-潮人,是在美国的嬉皮士文化影响下产生的一类独特的人群。他们有一点异类,有一点桀骜不驯、玩世不恭。但是他们对时尚的品位,对流行趋势的把握却是非常独到的。他们不循规蹈矩,也不会古板地依据市场调查来做判断,而是被内心的某种直觉所指引,敏锐捕捉方兴未艾的潮流元素,率先引领潮流,是时代的"弄潮儿"。

Hustler-皮条客,最大特点是八面玲珑。他们是出色的交际者,对内能做到八面玲珑,增强整个团队的凝聚力;对外能让每个用户都觉得自己是VIP。虽然他们的功能是WIFI式的服务每一个用户,但是每一个跟他们打交道的人都觉得自己得到的是蓝牙式的私人服务。在这些人的口中,一个产品的价值会被成倍地放大。这样的人在一个团队里非常重要,很多企业的CEO都是出色的Hustler。

Hacker-黑客,是掌握极具突破性、变革性技术的人。这些人能够发现现有技术的某些漏洞,并且能够点"漏"成金,把漏洞变成商业机会。这些人还能够运用自己掌握的技术,突破性地创造机会。

13.3 创业团队画布

好的创业团队往往不是组建的,而是生成的。创业团队的生成,关键且不易。依据团队画布(Alexey Ivanov,Dmitry Voloshchuk)与效果逻辑理论而提出的创业团队画布,为我们提供了一个生成创业团队的基本工具与讨论的共同语言。这个画布由5个要素构成:欲望(Desire)、资源(Means)、目标(Goals)、分工(Roles)、规则(Rules)。其中:

①欲望:即我们那些想做而未做的事情,该要素是画布中最为核心的首要要素。②资源:即我们拥有哪些资源,包括知识、能力、人脉等。③目标:每个为创业有所承诺的人都会为塑造创业前景和机遇贡献力量,利益相关者用自己所承诺的资源来进行交换,以获得重塑企业目标、影响最终创业结果的机会;通过资源组合,基于资源拓展给目标带来的拓展,每次互动都可能会创造出新的、有价值的事物,每一次利益相关者之间的互动都可能影响孕育中的新市场的可能形态。④分工:即我们的角色,一般与团队成员的知识、能力有关,不同成员之间思维方式、技术、性格、资源等方面的差异推动了创业目标的实现。⑤规则:创业者要设计合作规则,大家遵守一些基本规则,一起共创,让资源发挥价值,比如沟通机制、退出机制等。

创业团队画布(图13-1)使得团队无论在生成还是成长的过程中,都能清楚地意识到每个新加入的成员到底带来了什么"资源"?他的"分工"是什么?他的"目标"与团队发展一致吗?如何实现基于资源拓展给目标带来的拓展?他加入后开展工作的"规则"是什么?等等。

创业团队画布（Entrepreneurial Team Canvas）

资源 Means
每人贡献一个与想法相关的资源

目标 Goals
基于资源拓展给目标带来的拓展是什么

欲望 Desire

分工 Roles
写上创业团队的名字与角色分工

规则 Rules
合作规则（例如沟通）

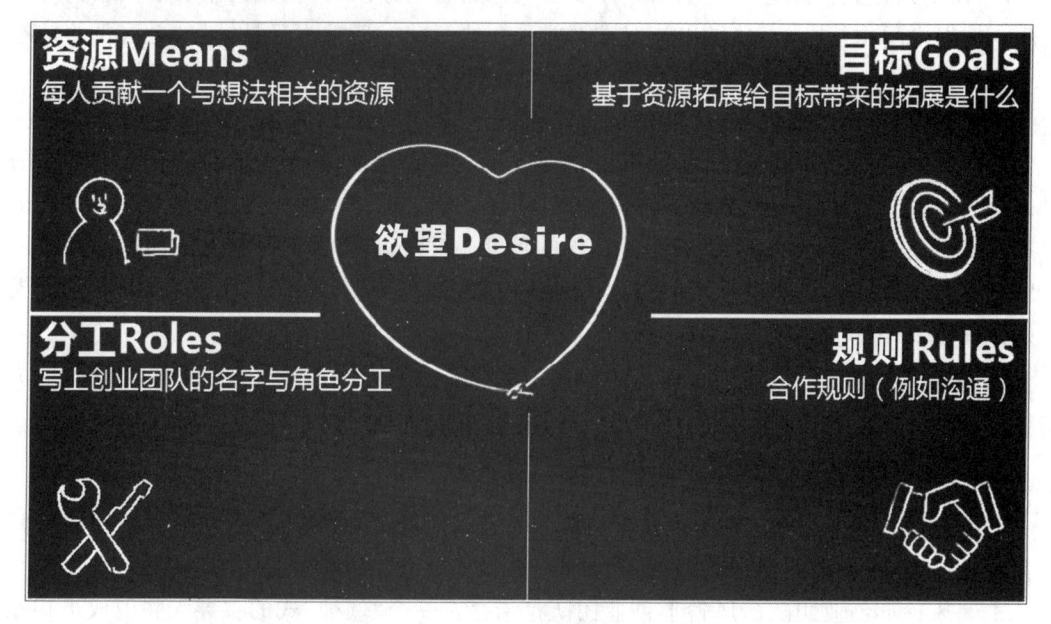

图 13-1　创业团队画布

13.4　创业团队生成

创业团队的生成一般会经历三个步骤：说服、承诺与共创。

- 说服：创业者基于手头拥有的资源与可承担的损失，广泛地与潜在的利益相关者互动，以使他们了解、认可创业者的想法，并说服可能的"伙伴"加入团队。合作伙伴可以自行选择进入新企业，并且付出不同的努力。没有承诺，你就没有合作伙伴，你有的只是一个潜在的合作伙伴。你与承担义务的利益相关者共同创造企业，这个企业通常与你最初构想的企业并不相像。你影响他们，他们也影响你，如图 13-2 所示。

影响他人——个人路演画布（Pitch Canvas）

	你是谁	你想做什么	
左脑：逻辑	你为什么做	对他人有什么价值	右脑：故事
	你需要什么资源（人、钱、时间投入、场地、心理支持等）		

图 13-2　路演团队画布

- 承诺：在认可创业者想法后，基于可承受的损失原则，新伙伴与创业者之间将进行共赢型的事前承诺，从而正式加入创业团队。合作伙伴只有在收到你的请求后才有可能选择是否加入你的新事业中。在创业的早期阶段,你通过开放式的对话与合作伙伴建立联系,而不只是获得你想要的东西。你要帮助他人看到你预见的机会、倾听他人想要的东西。你们之间相互影响,并做出让双方都能受益的行动。请求不只是销售,更重要的是建立关系。

• 共创:新伙伴的加入,会带来新的资源,也可能产生新的目标。从而使创业成为一个"共创"的过程,共同创造出新的市场、新的产品、新的业务,甚至新的企业。共创的原则是"Yes and"。"Yes and"本身不仅是即兴表演的原则,还是一种积极的人生态度,它真正地改变了整个生活。"Yes"代表全然接纳的包容心,"And"代表支持他人的创造力。在价值分享和生成团队并获得承诺的过程,相信每个人都有资源,珍视合作机会,设计合作规则让资源发挥价值,将"我"变成"我们"。

13.5 创业团队类型

创业团队并非一模一样,也不是一成不变的。依据创业团队的地位平等性和成员间依赖性的强弱,创业团队分为风铃形、环形、星形、散点形四种类型。

• 风铃形创业团队。风铃形创业团队是指存在一个"领袖"式的主导人物但成员相互间的独立性较强的团队。团队中的"领袖"往往是掌握了较强的技术或较好的创意之后,寻找合伙人加入该创业团队的人。而在选择合伙人的时候,"领袖"会根据自己的判断选择适合的人作为自己的"支持者"。风铃形创业团队的特点如下:①"领袖"的话语权较大。②做决策速度较快。③权力集中,导致决策失败的可能性增加。④在"领袖"和"支持者"的意见不统一时,"支持者"较为被动;但是,如果"支持者"离开团队,这种冲突对团队的影响相对较小。⑤不易形成权力重叠。⑥寻找团队目标的速度较快。⑦团队的执行力非常强。

• 环形创业团队。环形创业团队是由怀揣着共同的目标且相互依赖的成员组成的团队。这种创业团队没有一个明确的领导,而且它的形成常常是经过成员的共同协商后,将创业理念厘清,最终组合在一起的。对于初创企业而言,每一个"伙伴"都要找准自己在团队中的定位,并尽到自己作为"协作者"的职责。环形创业团队的特点如下:①团队中各个成员的话语权较平等,没有特定的"领袖"。②在做决策的时候,往往是大家相互讨论,因而做决策的速度较慢。③做出错误决策的可能性较小。④在各"协作者"的意见不统一时,成员倾向于采用协商的态度来解决冲突;不过,一旦冲突升级,有成员离开团队,那么将对整个团队的结构产生很大的影响。⑤由于团队成员的平等性,团队当中容易形成权力重叠。⑥寻找团队目标的速度较慢。⑦团队的执行力较强。

• 星形创业团队。星形创业团队中存在一个核心人物。他并不像"领袖"那样有着绝对的权威,而是在做决策的时候要充分地考虑团队成员的意见。另外,团队成员之间是相互依赖的,成员的地位也是平等的。因此,核心人物更多的是负责协调和统筹内部管理工作。星形创业团队的特点如下:①核心人物的选择多数是由团队成员投票决定的,所以具有令人信服的领导地位。②由于核心人物的存在,团队做决策的速度较快。③由于核心人物考虑成员的意见,决策失误的可能性较小。④当核心人物和普通成员发生意见冲突的时候,普通成员较为被动;且冲突升级的时候,普通成员可能会离队。⑤不易形成权力重叠。⑥寻找团队目标的速度比较快。⑦团队的执行力非常强。

散点形创业团队。散点形创业团队是指团队中不存在权威的领导,同时成员之间相互独立,工作中并不相互依赖的团队。由于这两种特点,这种创业团队的内部存在较严格的规则以约束和聚合团队成员。这种类型的创业团队往往出现在创业初期,而且团队中仅仅有一个模糊的创业目标,也就是说,这种团队提出的创业概念是笼统的、有待讨论的。随着理念日渐清晰,散点形创业团队往往会向其他类型发展。一个创业团队如果一直保持着松散的状态,对企业的长期发展是很不利的。散点形创业团队的特点如下:①各成员的话语权较为平等。②团队做决策的速度较慢。③做出错误决策的可能性较小。④成员之间发生意见冲突的时候,往往会平等讨论,通过协商解决问题。⑤有可能形成权力重叠。⑥寻找团队目标的速度较慢。⑦团队的执行力较弱。

创业团队类型的划分不是绝对的,一个创业团队的类型有可能介于两种类型之间。另外,就像散点形创业团队会向其他类型演化一样,其他三种类型的创业团队也有可能互相演变,在企业发展的特定阶段,创业团队在不同类型之间演变对企业来说是非常有利的。实际中,大学生在创业时往往会选择风铃形或环形创业团队,待企业越来越成熟,才将团队转变成星形创业团队。如图13-3所示。

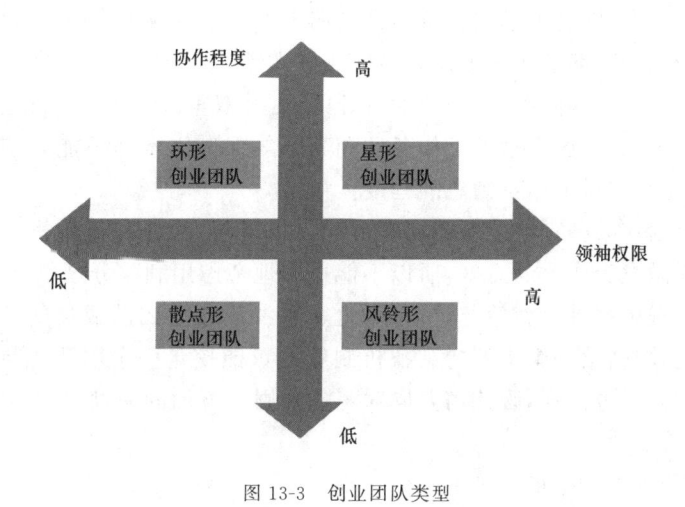

图13-3 创业团队类型

13.6 创业团队机制

为愿景而奋斗是高尚的,但是没有利益回报是难以持续的,利益分享没有通用的模式,但需要遵守一些基本法则:

第一,现在与未来的平衡

在公司初创早期至少拿出一部分股份(20%~30%)作为股票池,用于给未来的团队成员。创业团队会一直在调整和变化,在前进的过程中会有人掉队,也会有新人进来。只要方向不变、理念不变,就可能会凝聚更多的人加入创业团队,因此需要为未来加入的团队成员预留出空间。

第二,能力与股权的平衡

公司的创业领袖要有勇气去争取获得更多的股权,在被确认为领导者之后,在股份的划分上对领导者要有侧重,硅谷很多公司都是这样的。苹果最早有两个创始人,沃兹尼亚克和乔布斯,沃兹尼亚克是一个技术大牛,但乔布斯说:"我就是比你能干,我的股权就要比你多。"

如果是五人团队,股份平分,每人20%,看起来似乎很公平,但由于能力差异,这种划分其实并不公平,这种平分股份的方法从一开始就埋下了隐患。有能力的人会想:我比他们都能干,但为什么股份和大家一样?如果处理不好,这种矛盾随时可能爆发,导致严重后果。所以,从长远来看,团队成员之间能力与股权的平衡是非常重要的,且应该是精心设计的。

第三,财务与非财务的平衡

每个人加入创业团队的动机和诉求都不同,有财务的诉求,也有非财务的诉求,利益分配的核心原则是要激励团队成员做出更大贡献。

双因素理论认为:使员工感到满意的都是属于工作本身或工作内容方面的,是激励因素;使员工感到不满的,都是属于工作环境或工作关系方面的,是保健因素。满意和不满意并非共存于单一的连续体中,而是截然分开的,这种双重的连续体意味着一个人可以同时感到满意和不满意,它还暗示着工作条件和薪金等保健因素并不能影响人们对工作的满意程度,而只能影响对工作不满意的程度。

利益分享机制在某种程度上考虑更多的是外部环境,属于保健因素。保健因素到一定程度就不再能激发工作的满意度,所以不能过多地考虑用利益分享机制去激励,很多人是需要在创业过程中找到成就感与价值感,这也是激励很多团队成员的关键因素。保健因素的替代性比较高,给一个更好的利益机制就有可能挖走一个团队成员。传统的利益分享机制更多的是财务回报,因此需要同时考虑非财务方面的激励因素,让工作内容本身去激励团队成员。

第四,内部与外部的平衡

创业是一个长跑过程,是一群人一起努力把想法变成现实的过程。未来的创业不是一个人的创业,而是一个生态链的创业,生态链上每一个伙伴的积极性都可能会影响到整个创业链条,把投资人、创业者、员工、供应商、渠道商、生产商从理念到行动统一起来,这样的团队才是最有机会的团队。创业者要把蛋糕做大,为更多的人创造价值,在创业成长过程中需要吸收不同的人,需要投资人的资金和资源支持,需要创业者艰苦的付出,需要团队人员坚定的信念,需要伙伴一起去努力。所以,利益分享机制既要考虑内部团队,又要考虑外部生态链伙伴。

13.7 股权设计

创业企业的基础，一是合伙人，二是股权。归根到底，是合伙人股权。它基本奠定了一家创业企业的基因，每个创业者都有一个IPO的目标，希望自己的创业项目将来有一天能去主板或者海外敲钟，除了老干妈的老板，资本市场必然要求企业股权清晰、合理。

创始人在发起设立公司时，可以制定个性化的公司章程：股东持股比例可以与出资比例不一样；表决权可以与出资比例不一致。

创业者也要清楚以下几种股权结构是不可取：

一是不合理的股权架构。以西少爷为例，在公司刚刚走上正轨时，创始人团队分崩离析。三个创始人分别占股40%、30%、30%，这样的股权架构有什么问题？——没有一个人占51%以上，即没有一个人有公司的控制权。在我看来，创业初期主要创始人持股51%都还不够，好的股权架构是有一个老大持股三分之二。不合理的股权架构下，只要出现问题，一定是毁灭性的，一定有合伙人被踢出局。根据《公司法》的规定，有限责任公司"股东会会议做出修改公司章程、增加或者减少注册资本的决议，以及公司合并、分立、解散或者变更公司形式的决议，必须经代表三分之二以上表决权的股东通过。"而当创始股东仅两人、股权结构为6∶4时，只要有一人反对，就无法符合"代表三分之二以上表决权的股东通过"条件，这样的话，涉及上述事项的决策或决议就无法施行。

二是均等的股权结构。为什么？因为不同的合伙人他对创业项目的贡献不一样，虽然你出100元我也出100元，大家出资是一样的，但在实际操作过程中每个人的擅长点不一样，贡献度就不一样，如果出资一样，贡献度不一样，在企业早期还是OK的，项目没做成就不讨论了，项目做成了合伙人会因为利益分配不均衡而出现矛盾。

三是一个股东绝对不可取。因为公司法规定一人有限责任公司的股东如果不能举证证明个人财产与公司财产是独立的将对公司债务承担连带责任。很多创业企业一开始的财务不规范，往往经不起审计，所以这种一人有限公司是不可取的。

四是五五分的股权结构。均等里面最最差的就是5∶5配股，比如真功夫，通常这样的公司会陷入僵局，公司无法形成有效的决议。因为公司法股东会会议做出修改公司章程、增加或者减少注册资本的决议，以及公司合并、分立、解散或者变更公司形式的决议，必须经代表三分之二以上表决权的股东通过。通常的创业公司表决权都是按出资比例分配的，这种情况下，5∶5的股权是无法形成股东会决议的，那么导致的局面就是一个股东控制公司财务公章，另外一个股东逼急了就只能申请解散公司，但是解散公司也是有条件的，就是公司两年内不能形成有效的股东会决议，公司经营困难。最终的结局就是两败俱伤。

比较理想的股权分配方案，有以下几种：

模型一是绝对控股：创始人持有公司67%的股权，合伙人18%（指的是联合创始人），员工期权15%。在公司章程没有特别约定的情况下，就是绝对的老大，开句玩笑话可以为所欲为了，因为公司法规定大多数公司的决策按照出资比例投票即少数服从多数，这里边不包括公司章程有特别约定的，但是一些重大的事情是需要超过三分之二表决权的，修改公司章程、增加或减少注册资本，合并、分立及解散，67%刚好超过了三分之二，所以持股67%是绝对的老大。这种股权模式适合合伙人拥有核心技术，自己创业思路，掏了大多钱，自己的团队自己的技术。

模型二是创始人51%，合伙人32%，期权17%的股权；就是公司大多数事都是可以拍板的，但唯独上面的修改公司章程、增加或减少注册资本，合并、分立及解散，如果没有其他小股东同意决策不了。所以这种模式可以将期权池的股权由创始人代持，释放期权时只释放分红权而不释放表决权。

模型三是创始人34%，合伙人51%期权15%。这种情况下创始人虽然不能拍板，但是有搅和权，只有重大事项的一票否决权，没有决定权。这种情况是逼不得已，他适合那些无奈的创始人。对于创始人来说这是一种无奈的选择，创始人缺乏资金，联合创始人或者投资人比较强势，所以创始人只能保留一票否决权。

第4篇

Training赛训(T)

第 14 章

"互联网+"赛训

14.1 商业计划书

商业计划书是一份全方位描述企业发展的文件,是企业经营者素质的体现,是企业拥有良好融资能力、实现跨式发展的重要条件之一。一份完备的商业计划书,不仅是企业成功融资的关键因素,同时也是企业发展的核心管理工具。

商业计划书是企业或项目单位为了达到招商融资和其他发展目标,在经过对项目调研、分析以及搜集整理有关资料的基础上,根据一定的格式和内容的具体要求,向读者(投资商及其他相关人员)全面展示企业或项目单位目前状况及未来发展潜力的书面材料;商业计划书是包括项目筹融资、战略规划等经营活动的蓝图与指南,也是企业的行动纲领和执行方案。

商业计划书是依国际惯例通用的标准文本格式形成的项目建议书,是全面介绍公司和项目运作情况,阐述产品市场及竞争、风险等未来发展前景和融资要求的书面材料。

商业计划书首先是把计划中要创立的企业推销给了风险企业家自己。其次,商业计划书还能把计划中的风险企业推销给风险投资家,公司商业计划书的主要作用之一就是筹集资金。

14.2 商业计划

商业计划是指在战略导向下通过确定的商业模式实现阶段性战略目标的一切计划和行动方案。制订商业计划需要从深入分析行业发展趋势、研究竞争对手的竞争能力和竞争策略、理清自身的基本情况入手,选择业务发展方向,确定生意模式(包括产品和服务、竞争策略以及盈利模式),制定经营目标和行动计划(包含组织资源、配置资源、风险防范等),编制出符合商业计划基础的财务预算。

商业计划并非只是创业企业所必要的,对于那些已经建立的组织,也是一种很好的实践模式。制订商业计划是一项非常有价值的商业活动,当然前提是计划制订正确。然而需要牢记的是,制订一份好的商业计划并不一定能带来一个健康盈利、繁荣向上的企业。

制订商定计划是使未来的创业者集中精力思考问题的有效方法,创业者能够明确目标,并对自己组建经营企业的能力进行一番评估。

创业者通过制订商业计划,确定具体的目标和参数,并以此为尺度衡量业务的进程与营利性。

由于能够完全自筹资金的创业者相对较少,大多数创业者面临的一个问题就是外部融资,或在创业起步阶段,或在后期企业扩展及成长时期。对于这些人来说,是否有一份好的商业计划决定了他们的将来。

14.3 商业计划书范式

商业计划书的内容主要包括12个方面,分别是摘要、项目介绍、市场分析、行业分析、市场营销、管理团队、财务分析、资金需求、资金退出、风险分析、结论、附件。

1. 摘要

摘要是整个商业计划书的"凤头",是对整个计划书的最高度概括。从某种程度上说,投资者是否中意你的项目,主要取决于摘要部分。可以说没有好的摘要,就没有投资。

2. 项目介绍

主要介绍项目的基本情况、企业主要设施和设备、生产工艺基本情况、生产力和生产率的基本情况,以及质量控制、库存管理、售后服务、研究和发展等内容。

3. 市场分析

主要说明产品或服务的市场情况,包括目标市场基本情况、未来市场的发展趋势、市场规模、目标客户的购买力等。

4. 行业分析

主要论述企业所归属的产业、行业领域的基本情况,以及企业在整个产业或行业中的地位。和同类型企业进行对比分析,做 SWOT 分析,表现企业的核心竞争优势等。

5. 市场营销

主要阐明企业的发展目标、发展策略、发展计划、实施步骤、整体营销战略的制定以及风险因素的分析等。

6. 管理团队

主要描述管理理念、管理结构、管理方式、主要管理人员的基本情况、顾问队伍等基本情况、员工安排、薪金标准等。

7. 财务分析

主要对未来5年营业收入和成本进行估算,计算制作销售估算表、成本估算表、损益表、现金流量表、计算盈亏平衡点、投资回收期、投资回报率等。

8. 资金需求

主要介绍申请资金的数额、申请的方式,详细使用规划等。

9. 资金退出

主要告诉投资者如何收回投资，什么时间收回投资，大约有多少回报率等情况。

10. 风险分析

主要分析本项目将来会遇到的各种风险，以及应对这些的风险的具体措施。

11. 结论

对整个商业计划的结论性概括。

12. 附件

附件是对主体部分的补充。由于篇幅的限制，有些内容不宜于在主体部分过多描述。把这些内容或需要提供参考资料的内容，放在附录部分，供投资者阅读时参考。

14.4 一份好的商业计划书应该体现哪些方面？

（择优总结4～6点即可）

（投资人视角）

产品：痛点是否清晰？产品是否真正解决了用户的痛点？是否在用户可以接受的价格之内？如果产品解决痛点的方式具有独特性且难以复制，那说明客户需求度高，具有市场空间且未来不会有太激烈的同质化竞争。

布局：未来计划是否体现了前瞻性的布局？创业拼的是未来，市场瞬息万变，如果不能做前瞻性布局，便有可能处于落后和被动的局面。一份好的计划书，应该做好前瞻性规划，在危机到来之前提前做好准备布局。

资源：知识、经验、人脉、资本都是创业不可或缺的资源。创业团队是否拥有独占性或稀缺资源？好的资源积累可以让创业路走得更顺畅。

团队：投资人可以根据项目创始人的经历判断其是否了解项目所在的行业，还可根据创始人是否有过创业经历判断其是否有抗挫折风险能力，还可以根据创业团队的构成判断团队是否便于管理。

政策：所选择的行业是否处于政策红利期？关注国家鼓励和扶持的产业方向抓住专项资金政策红利，可在创业路上获得事半功倍的效果。

时机：指的是市场机遇。是否处于最佳切入点？如果已经过了窗口期，布局已经来不及，投资人会谨慎进入。如果还未到爆发期，投资人也会思考进入时期是否太早。

技术：具有独占性的技术带来的先发优势主要有两方面。第一是技术壁垒，竞争对手研发同类技术绕过保护的专利需要时间和更多成本。第二是用户心智壁垒。当一个产品发布以后如果竞争对手还没来得及在180天以内反应，先行者就能很快建立起自己的口碑和用户基础，从而大大增加竞争对手的赶超压力。

模式：业务模式是否符合逻辑，是否有赢利的可能？且随着业务的发展，是否可以体现更大的盈利空间与可复制性？

例：

基于 MUST 体系的"互联网+"创业计划书

参考目录

执行概述

一、市场部分(M)

1. 项目背景

1.1 项目来源

1.2 项目痛点

1.3 项目规划

2. 市场分析

2.1 市场大环境分析

2.2 市场容量及整体水平

2.3 痛点分析

2.4 细分市场分析

2.5 竞争对手分析

二、用户部分(U)

3. 用户分析

3.1 客户定位

3.2 客户需求

4. 商业模式

三、策略部分(S)

5. 营销策略

5.1 目标市场与定位

5.2 营销战略

5.3 营销计划

5.4 营销方案

5.5 营销推广

6. 团队策略

6.1 团队介绍

6.2 组织架构

6.3 团队优势

6.4 管理文化

7. 财务策略

7.1 资金需求分析(在分析基础上,可以点评一句:投入小 风险低)

7.2 融资计划

7.3 成本预测

7.4 经营成果预测

7.5 财务报表

7.6 财务分析

8. 发展规划

8.1 前期战略

8.2 中期战略

9. 风险管理

9.1 技术风险及其规避

9.2 信息安全风险

9.3 市场风险及其规避

9.4 财务风险及其规避

第 15 章

路演（工具）

路演是指在特定场所向利益相关方进行演说、演示产品、推介理念，或推介自己的公司、团队、产品、想法的一种活动。路演有很多方式，其中，如何快速引起利益相关方的注意是路演活动中很关键环节。"Pitch"就是一种最为经常使用的快速路演方式，如 30 秒 elevator pitch 等。

"Pitch"是扔、投掷的意思。在路演中是指创业者抛出一个想法或需求，看看谁愿意来接（Catch）这个想法，即对这个想法产生兴趣，例如吸引投资人的投资、创业团队成员的加入、早期顾客等。快速引起利益相关方的注意力是 Pitch 成功的关键。

路演不仅仅用于向投资人获取资金，更重要的是获得有价值的资源。同时，路演也是一种重要的创业评估和市场测试方法。

1. 资源获取

路演除了用于获取早期创业基金外，还可以用于吸引早期顾客、招募创业团队成员、与合作伙伴交流、获得政府支持等重要资源。

2. 创业评估

创业者可以经常向自己或创业团队做呈现，通过自问自答或团队提问的方式获得反馈，从而不断修正自己的想法。

3. 市场测试

市场测试是路演的重要用途，包括产品测试和商业模式测试。产品测试的对象是用户，目的是测试解决方案是否满足用户需求；商业模式测试的对象既包括用户，也包括其他客户，目的是测试他们是否愿意为产品付费。

参考文献

[1] 赵大伟.互联网思维独孤九剑.北京:机械工业出版社,2014.
[2] 蒂姆·布朗.IEDO,设计改变一切.侯婷,译.北方联合出版传媒(集团)股份有限公司,2011.
[3] 柴春雷,邱懿武,俞丽颖.商业创新设计.武汉:华中科技大学出版社,2014.
[4] 张凌燕.设计思维——右脑时代必备创新思考力.北京:人民邮电出版社,2015.
[5] Sarasvathy Saras D. Causation and Effectuation: Toward a Theoretical Shift from Economic Inevitability to Entrepreneurial Contingency. [J]. Academy of Management Review,2001,26(2). 243-263.
[6] 蒂姆·克拉克,亚历山大·奥斯特瓦德,伊夫·皮尼厄.商业模式新生代(个人篇):一张画布重塑你的职业生涯.毕崇毅,译.北京:机械工业出版社,2012.
[7] 亚历山大·奥斯特瓦德,伊夫·皮尼厄,格雷格·贝尔纳达,艾伦·史密斯.价值主张设计.余锋,曾建新,李芳芳,译.北京:机械工业出版社,2015.
[8] 三谷宏治.商业模式全史.马云雷,杜君林,译.南京:江苏文艺出版社,2016.
[9] 伽斯柏.开放型商业模式:如何在新环境下获取更大的收益.程智慧,译.北京:商务印书馆,2010.
[10] 约翰·马林斯.如何测试商业模式:创业者与管理者在启动精益创业前应该做什么.郭武文,叶颖,译.北京:机械工业出版社,2016.
[11] 原磊.商业模式与企业创新.北京:经济管理出版社,2017.
[12] 魏炜,朱武祥.新金融时代:重构商业模式.北京:机械工业出版社,2010.
[13] 埃里克·莱斯.精益创业.吴彤,译.北京:中信出版社,2012.
[14] Ash Maurya.精益创业实战.张玳,译.北京:人民邮电出版社,2013.
[15] 詹姆斯 P. 沃麦克,丹尼尔 T. 琼斯.精益思想.沈希瑾,张文杰,李京生,译.北京:机械工业出版社,2015.
[16] 斯图尔特·瑞德.卓有成效的创业.新华都商学院,译.北京:北京师范大学出版社,2015.
[17] 汤姆·凯利,戴维·凯利.创新自信力.赖丽薇,译.北京:中信出版社,2014.
[18] 汤姆·凯利,乔纳森·利特曼.创新的艺术.李煜萍,谢荣华,译.北京:中信出版社,2013.
[19] 海迪 M. 内克,帕特里夏 G. 格林.如何教创业:基于实践的百森教学法.薛红志,李华晶,译.北京:机械工业出版社,2015.
[20] 朱燕空.创业学什么:人生方向设计,思维与方法论.北京:机械工业出版社,2018.
[21] 朱燕空.创业思考与行动.北京:机械工业出版社,2021.

[22] 彼得·德鲁克.创新与企业家精神.蔡文燕,译.北京:机械工业出版社,2009.

[23] 史蒂夫·布兰克.四步创业法.七印部落,译.北京:机械工业出版社,2012.

[24] Noam Wasserman.创业者的窘境.七印部落,译.武汉:华中科技大学出版社.2017.

[25] 海迪 M·内克(Heidi M. Neck),等.如何教创业:基于实践的百森教学法.薛红志等,译.北京:机械工业出版社,2015.

[26] 张玉利,薛红志,陈寒松,李华晶.创业管理.北京:机械工业出版社,2016.

[27] 杰弗里·蒂蒙斯,小斯蒂芬·斯皮内利.创业学.6版.周伟民,吕长春,译.北京:人民邮电出版社,2005.

[28] 克莱顿·克里斯坦森.创新者的窘境.胡建桥,译.北京:中信出版社,2010.

[29] 史蒂夫·布兰克.创业者手册.新华都商学院,译.北京:机械工业出版社,2013.

[30] 伦纳德.A.施莱辛格.创业:行动胜于一切.郭霖,译.北京:北京大学出版社,2017.

[31] 孙陶然.创业36条军规.北京:中信出版社,2015.

[32] 龚焱.精益创业方法论:新创企业的成长模式.北京:机械工业出版社,2015.